JN250927

MINERVA
人文・社会科学叢書
223

セキュリティ・ガヴァナンス論の脱西欧化と再構築

足立研幾 編著

ミネルヴァ書房

セキュリティ・ガヴァナンス論の脱西欧化と再構築

目　次

序　章　セキュリティ・ガヴァナンス論の現状と課題……足立研幾…1

  1　セキュリティ・ガヴァナンス論の現状………………………………………1

  2　グローバル・ガヴァナンス論の展開……………………………………3
     グローバル・ガヴァナンス論の登場
     グローバル・ガヴァナンス論の射程

  3　安全保障分野のガヴァナンス…………………………………………5
     安全保障分野におけるグローバル・ガヴァナンスの試み
     セキュリティ・ガヴァナンス概念の登場

  4　セキュリティ・ガヴァナンス論の問題点………………………………7
     多様な主体間の秩序観の共有　　中央政府の安全保障提供能力

  5　セキュリティ・ガヴァナンス論の脱西欧化……………………………11
     セキュリティ・ガヴァナンスの4類型　　本書の狙いと構成

第Ⅰ部　「失敗国家」におけるセキュリティ・ガヴァナンス

第1章　シエラレオネにみる「民主主義」が作り出した協調行動
　　　　………………………………………………………………岡野英之…23

  1　民主主義の言説によって存続しえたカバー政権………………………23

  2　アフリカに共通する安全保障の構図とシエラレオネ…………………25
     国内レベル　　リージョナルなレベル　　国際レベル

  3　カバー政権成立までのシエラレオネ内戦………………………………27
     シエラレオネ内戦前史　　シエラレオネ内戦初期の展開
     軍事政権 NPRC の成立　　民政移管とカバー政権の成立

  4　カバー政権下で繰り返される軍事介入…………………………………30
     1997年5月のクーデター　　16事件（January-six）　　2000年5月事件

  5　介入諸主体の意図…………………………………………………………37
     ナイジェリア：西アフリカの不安定化阻止・欧米諸国との関係改善へ
     イギリス：ブレア政権の姿勢を示すためにシエラレオネを利用した

  6　「民主主義」が紡ぎ出す一過性の協調行動……………………………41

第2章　テロ対策と両立する「領土的一体性」に挑むマリ…山根達郎…49

  1　マリ紛争をめぐるセキュリティ・ガヴァナンスの検討………………49

目　次

2　アフリカにおける武力紛争の脅威と紛争解決に向けた
　　アクター間の協調………………………………………………………………50
　　　冷戦終結後のアフリカにおける武力紛争の拡大とその特色
　　　アフリカにおける安全保障のアクター間の制度化の動き

3　2012年以降のマリ北部紛争概略──限定された国内アクター間の「合意」…53
　　　遊牧民トゥアレグとマリの近代化
　　　マリ政府に対するトゥアレグの反発と武装蜂起
　　　国際介入と和平合意の締結

4　ECOWAS と AU の狭間──「アフリカ主導」によるガヴァナンス形成……56
　　　ECOWAS による対応の経緯
　　　ECOWAS の動きに対する国連と周辺国の反応
　　　求められた AU の登場
　　　「アフリカ主導」のセキュリティ・ガヴァナンス

5　フランス・国連 PKO・EU の関与
　　──国家建設とテロ対策のためのガヴァナンス…………………………………60
　　　「テロとの戦い」に挑むフランス
　　　AFISMA 終了に伴う国連と EU の協調
　　　治安部門改革を進める国連と EU

6　「合意」の中で進むセキュリティ・ガヴァナンスの残された課題………64

第Ⅱ部　中央政府崩壊後のセキュリティ・ガヴァナンス

第3章　旧ユーゴスラヴィア諸国にみるアクター間の同床異夢
………………………………………………………………中内政貴…77

1　旧ユーゴスラヴィア諸国におけるセキュリティ・ガヴァナンスの特徴…77
　　　強制力の行使の非独占状態　　国際アクターの意向

2　現地アクターへの着目………………………………………………………82
　　　先行研究　　本章の分析枠組み

3　コソヴォにおける同床異夢のセキュリティ・ガヴァナンス……………83
　　　問題の経緯
　　　1998〜99年：一元的なセキュリティ・ガヴァナンスの動揺
　　　1999〜2008年：国際アクター主体のセキュリティ・ガヴァナンス
　　　2008年〜：同床異夢のセキュリティ・ガヴァナンスへ

4　同床異夢がもたらす均衡………………………………………………………93

iii

第4章　モザイク化するアフガニスタンをめぐる安全保障論の再考

……………………………………………工藤正樹 … 101

1　アフガニスタンと安全保障論………………………………………… 101
　問題意識　　目的と構成

2　研究の枠組み……………………………………………………………… 103
　SSR論とセキュリティ・ガヴァナンス論　　分析の枠組み

3　アフガニスタンの経済・社会………………………………………… 104
　現状：発展と後退　　経済：外国依存体制
　社会：複雑な民族分布と国民のアイデンティティ

4　アフガニスタンの政治──統治原理と秩序観をめぐる闘争………… 108
　独立, 内乱, タリバーン　　新政権の発足

5　ガヴァナンス構造と規律アクター…………………………………… 112
　アフガニスタンのガヴァナンス構造
　西欧のガヴァナンス構造との比較

6　攪乱アクター……………………………………………………………… 115
　タリバーン　　ハッカニ・ネットワーク　　イスラーム党
　イスラーム国（IS）　　アフガニスタンの攪乱アクターの特徴

7　アフガニスタンとセキュリティ・ガヴァナンス論………………… 120
　SSR論の批判的考察
　非西欧型セキュリティ・ガヴァナンス論とアフガニスタン

第5章　分断がもたらすイラクの不確実な安定の促進…山尾　大 … 127

1　戦後イラクの安全保障を考える……………………………………… 127

2　軍の解体と再建の蹉跌………………………………………………… 128
　解体と再建　　頓挫した再建

3　準軍事組織の台頭……………………………………………………… 131
　戦後の秩序を作ったシーア派民兵　　治安を回復したスンナ派部族軍
　IS掃討作戦の旗手シーア派民兵──人民動員隊
　再建を目指すスンナ派部族軍

4　分断される安全保障と利害関係の一致が作る安定………………… 137
　分断される安全保障政策　　一時的な利害関係が生み出す安定

5　イラクの前近代型セキュリティ・ガヴァナンス…………………… 143

目　次

第Ⅲ部　非西欧「近代国家」におけるセキュリティ・ガヴァナンス

第6章　スリランカ内戦における安全保障と人権の相克
………………………………………………………………………佐々木葉月 … 153

1　セキュリティ・ガヴァナンス論から見るスリランカ紛争…………………… 153

2　スリランカ紛争の歴史的背景…………………………………………………… 154
　　スリランカにおける民族間対立　　LTTE に対するスリランカ政府の対応

3　紛争中のカルナ派との協調関係の形成と人権問題をめぐる国際的干渉… 156
　　カルナ派離脱の軍事・政治的インパクト
　　政府と反 LTTE 武装勢力との協調関係の形成
　　カルナ派の子ども兵問題をめぐる国際的圧力

4　紛争末期以降の反 LTTE 武装勢力の統合と再燃する人権問題………… 163
　　民主的プロセスへの統合の深化と紛争終結
　　紛争の記憶と再燃する人権問題

5　セキュリティ・ガヴァナンスと人権のジレンマ……………………………… 169
　　スリランカの事例の理論的示唆　　「人権問題」という副作用

第7章　フィリピンの紛争と再編される安全保障の協働関係
………………………………………………………………………山根健至 … 177

1　紛争と暴力の比較優位…………………………………………………………… 177
　　紛争に関係する主体　　暴力の比較優位

2　ミンダナオ紛争と安全保障上の脅威…………………………………………… 178
　　イスラーム教徒の反政府武装勢力
　　多層的な紛争構造──政治一族の抗争、過激派・犯罪集団の活動

3　国内安全保障における政府と政治一族との協働関係……………………… 183
　　マギンダナオ州──アンパトゥアン家と MILF
　　私兵団と国家の治安機構
　　アロヨ大統領とアンパトゥアン家の協働関係──二重の誘因構造
　　政治リスクの増大と協働の終焉

4　セキュリティ・ガヴァナンスの再編──和平という秩序観の共有……… 190
　　アキノ政権下での和平と攪乱アクター　　国軍と MILF の協働

5　セキュリティ・ガヴァナンスの副産物と柔軟性…………………………… 194
　　政治的誘因と副産物　　柔軟性としての再編

v

第8章　シリア内戦において「消極的平和」を模索するトルコ

……………………………………………………………今井宏平… 205

1　セキュリティ・ガヴァナンス論の再考を促す中東…………………………205
セキュリティ・ガヴァナンス論は中東に適用可能か
中東地域の安全保障の特徴

2　セキュリティ・ガヴァナンス論再考の鍵概念………………………………209
結果的な協力を促す脅威認識　　複合的な脅威

3　シリア内戦がトルコに与える複合的脅威……………………………………211
軍事的脅威　　政治的脅威　　経済的脅威　　社会的脅威

4　シリア内戦に対するトルコのセキュリティ・ガヴァナンス………………216
秩序安定化から脅威の均衡へ　　脅威の均衡の確保
「消極的な平和」は継続するのか

第9章　コロンビア麻薬戦争における政府と外部アクターの協働

……………………………………………………………福海さやか… 231

1　コロンビアの麻薬と暴力……………………………………………………231
麻薬組織──メデジン・カルテルとカリ・カルテル
カルテルとゲリラ組織の連携

2　プラン・コロンビアと政府の思惑…………………………………………237
麻薬産業と共有責任　　2つの麻薬規制政策

3　国際社会の反応………………………………………………………………240
米国の交渉と支援　　EUの拒絶
近隣ラテンアメリカ諸国の警戒

4　プラン・コロンビアとセキュリティ・ガヴァナンス………………………245
安全保障と国際協力
コロンビアにおけるセキュリティ・ガヴァナンス

終　章　セキュリティ・ガヴァナンス論の新地平…………足立研幾… 261

1　多様な主体間の多様な協働形態……………………………………………261

2　「失敗国家」におけるセキュリティ・ガヴァナンスの諸相………………262
シエラレオネ：「民主主義」を掲げた一時的協働は持続可能か
マリ：新しい中世型セキュリティ・ガヴァナンスの課題

3 中央政府崩壊後のセキュリティ・ガヴァナンスの諸相……………………266
　　コソヴォ：持続する奇妙な均衡の行方
　　アフガニスタン：一時的部分均衡は全体均衡へとつながるか
　　イラク：一時的均衡はナショナルな紐帯で持続できるか

4 非西欧「近代国家」におけるセキュリティ・ガヴァナンスの諸相……272
　　スリランカ：人権問題を抱える反政府勢力との協働の功罪
　　フィリピン：政府と政治家一族との共存共栄関係の成立と崩壊
　　トルコ：複合的脅威に対応する「消極的」セキュリティ・ガヴァナンス
　　コロンビア：不足するリソースを外部勢力に依存する政策の功罪

5 セキュリティ・ガヴァナンス論の再構築……………………………………281
　　セキュリティ・ガヴァナンスの諸相
　　中央政府主導のセキュリティ・ガヴァナンスの課題
　　目的共有によるセキュリティ・ガヴァナンスの課題
　　外部アクター主導のセキュリティ・ガヴァナンスの課題
　　結びにかえて

あとがき　291
人名索引　293
事項索引　294

序　章

セキュリティ・ガヴァナンス論の現状と課題

足立研幾

1　セキュリティ・ガヴァナンス論の現状

　世界政府が存在しない国際社会において，いかに秩序を形成・維持するのか。これは国際政治学における根源的な問いである。様々な問題領域で，国家間条約が結ばれたり，専門国際機関が設立されたりして，国際社会にも一定の秩序は形成されてきた。ただし，国際安全保障分野については，国家間協力は容易ではなく，秩序の形成・維持はとりわけ困難とされてきた。国家よりも上位の権威が不在な国際社会においては，国家が暴力を独占し国内の安全保障を担う一方で，国家間関係は緊張度の高いものとなった。これが，国際政治学において長く支配的な位置を占めてきたリアリズムの見方である。

　国際安全保障分野においても国家間の協力や，国家と非国家アクターの協働が徐々にではあるが増えつつある。また，国家安全保障においても，中央政府が暴力を独占せず，中央政府と多様な主体が協働する事例がみられるようになってきた。「セキュリティ・ガヴァナンス」という概念を用いて，そうした動向を捕捉しようとする「セキュリティ・ガヴァナンス論」が近年盛んになりつつある[1]。しかし，現在みられるセキュリティ・ガヴァナンス概念を用いた研究には大きな問題がある。というのも，それらの研究はこれまでのところその多くが西欧諸国を事例に取り上げ，中央政府が安全保障上の役割を独占していた状態から，徐々に多様な主体へと安全保障上の役割を分有・共有するようになりつつあるという流れを当然視しているからである。

　しかし，非西欧社会においては，より多様な形で，政府とその他の主体が安全保障上の役割を分有したり，対立したりしている。非西欧社会においては，

I

そもそも中央政府が暴力を独占するに至ることなく，多様なアクター間の均衡と協調（あるいは対立）に基づいて安全保障確保が行われている事例も少なくない。実際，これまでのセキュリティ・ガヴァナンスという概念を用いた研究が射程に捉えていた国際機関や，NGO，民間軍事会社のようなものだけではなく，自警団，準軍事組織，マフィア，民兵なども，安全保障上一定の役割を担ったり，あるいはセキュリティ・ガヴァナンスのあり方に影響を与えたりしていることがしばしばある。また，中央政府が暴力を独占していないからこそ発生する，西欧諸国が直面するのとは異質な安全保障上の課題も存在しうる。

　セキュリティ・ガヴァナンス論は，特殊西欧的な国家観や安全保障概念を前提にするのではなく，こうした非西欧社会の事例をも取り込みつつ，発展させていく必要がある。むしろ，そうした非西欧社会の事例を分析することにこそ，セキュリティ・ガヴァナンスという概念は強みを発揮するとすら言えるかもしれない。実際，現在，国際安全保障上の大きな課題となっている問題の多くは，中央政府による安全保障が確立していないからこそ引き起こされている。いわゆる「イスラーム国（IS）」の問題はそうした典型である。こうした安全保障の課題に取り組んでいく上では，西欧的な国家観，安全保障観，セキュリティ・ガヴァナンス概念にとらわれないことが重要である。なお，本書で「セキュリティ・ガヴァナンス」という語を用いる際，それは多様な主体が協働して安全保障を確保しようとしている態様を表すものとする。また，本書で「非西欧」と言う時，それはいわゆる理念型としての「西欧」ではないという意味で用いており，必ずしも地理的概念を意味しているわけではない。

　本書では，これまでの研究が用いてきた「セキュリティ・ガヴァナンス」概念の射程を広げ，「西欧近代国家」ではない領域において，極めて多様な主体が様々な形で協働しつつ，いかに安全保障を確保しようとしているのか，その態様を分析する。脅威が多様化し，容易に国境を超えるようになる中，「西欧諸国」であっても中央政府独力で安全保障を行うことはますます困難になりつつある。また，グローバル化の深化に伴って，1国・1地域における安全保障の失敗が，国境を越えて波及し，グローバルな安全保障問題となる傾向は強まりつつある。それだけに，特殊西欧的な前提にとらわれることなく，実際に各

地で試みられているセキュリティ・ガヴァナンスの実態を捉える事例分析を積み重ねていくことは重要である。そうした実態を踏まえつつ，多様な主体間の協働を通した安全保障の確保をめぐる議論，すなわちセキュリティ・ガヴァナンス論，を脱西欧化することで，「西欧諸国」を含む各国，あるいは国際社会が直面する安全保障上の課題に，より適切に対応できるようになると思われる。本書が目指すのは，そうした第一歩となることである。

2　グローバル・ガヴァナンス論の展開

グローバル・ガヴァナンス論の登場

　国家よりも上位の権威，つまりは世界政府などが存在しない以上，国家は自らの身を，自らの力で守るしかない。それゆえ，どの国も自国パワーの最大化を目指す。これが，リアリズムの世界観である。リアリズムでは，このような世界を「アナーキー」と呼ぶ。ただし，「アナーキー」は必ずしも「無秩序」と同義ではない。秩序の形成・維持にとって，政府の存在は必要条件ではない。世界政府不在の中にあっても，一定の秩序が形成・維持されることはしばしばあった。リアリズムは，勢力均衡によってそれが可能になると考えていた。それに対して，リベラリズムは，通商や国際法を通して秩序が形成・維持されると考えていた。

　グローバル・ガヴァナンス論は，「アナーキー」な国際社会において秩序が形成・維持されている状態が，いかに達成されるのかに注目する議論である。グローバル・ガヴァナンス論は，1990年代以降盛んになった。だが，国際社会における秩序の形成・維持は，1990年代以降に新たに立ち現れてきたテーマというわけではない。なぜ，1990年代以降になって盛んにグローバル・ガヴァナンスが論じられるようになったのか。また，それは従来なされてきた議論と何が異なるのだろうか。

　グローバル・ガヴァナンス論が1990年代以降に盛んになった背景の1つには，冷戦終焉によって，改めて秩序の形成・維持のあり方が論じられるようになったことがある。秩序の形成・維持に際して，透明性（Transparency）や説明責

任（Accountability）を重視する傾向も強まりつつあった。また，加速度的なグローバル化の深化を受けて，1国では対処しきれない喫緊のグローバルな問題群が頻出するようになった。その結果，グローバルな課題にいかに対応するのかを考察する機運が高まった。グローバル化の深化を支える移動や通信手段の進歩は，多国籍企業やNGOなど非国家主体の活動範囲と活動能力も大きく向上させた。こうした変化を踏まえて，いかに秩序を形成・維持するのかが改めて考察されるようになったのである。

グローバル・ガヴァナンス論の射程

　世界政府が存在しなくとも，国際社会においてもルールが存在し，一定程度機能してきたことはレジーム論などが指摘するところである[2]。グローバル・ガヴァナンス論は，秩序が形成・維持されている「状態」がいかに達成されるのかを考察する。それゆえ，国際法やレジームのようなルールだけではなく，情報共有や協働学習，あるいは19世紀の欧州協調体制などといった多様な方法によって，秩序が形成・維持されている状態を分析射程に含んでいる。また，レジーム論が単一の問題領域を想定する傾向があるのに対して，グローバル・ガヴァナンス論はより包括的な対象領域を念頭に置いている。さらに，レジーム論が国家間の関係に主として注目するのに対して，グローバル・ガヴァナンス論は国家のみが統治の主体であるとは必ずしも考えない。

　たとえば，グローバル・ガヴァナンス委員会は，「公的および私的な個人や組織が共通の問題群を管理・運営する多くの方法の総体である」とグローバル・ガヴァナンスを定義している[3]。グローバル化の深化と非国家主体の活動能力向上という現実を踏まえて提示された，秩序の形成・維持に関するより包括的な概念が，グローバル・ガヴァナンスという概念であると言える。グローバル・ガヴァナンスは，現実として多様な主体が国際問題の管理・運営に関与するようになっている実態を捉えようとする概念である。同時に，グローバル・ガヴァナンス委員会は，国家と非国家主体が協働することを積極的に評価しており，グローバル・ガヴァナンスには，今後の秩序の形成・維持のあり方に関する規範的な概念という面もある。

いずれにせよ，国際社会には，中央政府が存在しないがゆえに，多様な主体の協働によりいかに秩序を形成・維持するのかという点にもともと敏感になる素地が存在した。1992年には『政府なき統治[4]』と題した書籍が出版され，いち早く非国家主体がいかに統治に関与するのかが論じられるようになった。このような問題意識は，グローバルな秩序の形成・維持に留まらず，ナショナル，ローカル，その他さまざまな空間や問題領域における秩序形成・維持の局面においても共有しうるものであった。グローバルな問題に限定されない，ガヴァナンス論へと展開していったゆえんである。

3　安全保障分野のガヴァナンス

安全保障分野におけるグローバル・ガヴァナンスの試み

様々な問題領域の中でも，とりわけ困難とされるのが安全保障分野における秩序の形成・維持である。安全保障分野におけるグローバル・ガヴァナンスの試み自体，まだあまり多くない[5]。国内においては，各国政府が暴力を独占し秩序の形成・維持に責任をもつ一方で，国際的には各国間の協調は容易には達成されない状況が続いている。安全保障に関わる問題は，政府の専管事項に属し，政府以外の主体が関与できる余地はあまりないと考えられてきた。また，各国利害が最も先鋭に対立する国際安全保障分野においては，そもそも国家間協力自体やレジーム形成は極めて困難であると見なされてきた[6]。個々の問題領域に関してレジームが形成され，国家の行動に影響を与えることはあるが，こうした現象は例外的であるとの指摘がなされてきた[7]。

しかし，冷戦終焉後，1992年に化学兵器禁止条約が形成され，1997年には対人地雷禁止条約が形成されるなど，安全保障分野においてもレジームが相次いで成立した。その後も，小型武器規制が強化されたり，「不発弾および遺棄弾の処理に関する議定書」（2003年）や「クラスター弾に関する条約」（2008年）が採択されたりするなど，個別問題におけるレジームの形成・強化の動きが盛んになった[8]。こうしたレジームにおいては，国際機関やNGOなどの非国家アクターが一定の役割を果たすことが増えつつある。

対人地雷禁止条約はその典型的な例であろう。対人地雷の全廃を訴える
NGO の国際ネットワークである地雷禁止国際キャンペーンは，問題意識を共
有するカナダ政府などと協働し，対人地雷の全面禁止に賛同する国のみによる
条約形成交渉プロセスを立ち上げた。プロセスを通して，国家と NGO が巧み
に協働し，例外・留保条件のない対人地雷禁止条約が形成された。対人地雷禁
止国際キャンペーンの活動は条約交渉過程に留まらない。条約形成後も各国の
履行状況を監視するなど，対人地雷問題において重要な役割を果たし続けてい
る。また，同様に国家と NGO などが協働するレジーム形成プロセスは，クラ
スター弾に関する条約の形成過程などにおいても成果をあげている。国際安全
保障分野においても，統治活動に貢献する非国家主体が増加しつつある。

セキュリティ・ガヴァナンス概念の登場

　安全保障分野においても，様々な主体が，情報収集能力や情報発信能力を高
め，専門知識や実務経験を蓄積するようになってきた。グローバルな空間領域
に限らず，リージョナル，ナショナル，あるいはローカルなレベルにおいて
も，安全保障分野で統治活動に貢献できるだけの能力を有するものが存在する
ようになった。これまで暴力を独占してきた中央政府が，安全保障に関わる活
動においても民間軍事会社や NGO など政府以外の様々な主体と，役割分担を
行う余地が増してきたのである。

　そして，実際に，各国政府と地域機構や NGO，その他の多様な主体が，安
全保障問題において協働する事例が散見されるようになってきた。こうした動
きを捉えるべく，近年発達してきた概念が，セキュリティ・ガヴァナンスとい
う概念である。セキュリティ・ガヴァナンス概念を用いた研究が盛んになる 1
つのきっかけとなったマーク・ウェバー等による論文は，冷戦終焉後の，ヨー
ロッパ各国政府と，NATO，EU の連携を捉えようとする中で，グローバル・
ガヴァナンス論を踏まえつつ，セキュリティ・ガヴァナンスという概念を提示
した。

　ウェバー等が挙げているセキュリティ・ガヴァナンスの特徴として，以下の
5 点がある。すなわち，第 1 に多様な主体の関係が水平的（ヘテラーキカル）で

あること，第2に公的および私的な多くの主体の相互作用があること，第3に公式および非公式な制度化が見られること，第4に公式な規制と同様に規範や相互理解によって形作られる観念的な主体間の関係が見られること，第5に集合的目的が存在することである。中央集権的な政府（government）が政治的に支配する垂直的（ハイラーキカル）な安全保障政策ではなく，公的・私的な多様な主体間の調整を通した安全保障政策を捉えようとしている点が，セキュリティ・ガヴァナンス論に共通する特徴である[12]。

　グローバル・ガヴァナンス論が，政府なき統治，つまりは世界政府不在の中でいかに多様な主体間の調整を達成するのかに関心があるのに対して，セキュリティ・ガヴァナンス論は，安全保障確保における各国政府の役割を重視している[13]。そもそも，各国レベルにおいては，中央政府が暴力を独占し，安全保障を提供してきた。しかし，とりわけ冷戦終焉後，安全保障環境が大きく変化し，またグローバル化が加速度的に深化する中で，安全保障概念が拡大し始めた。他国の軍的脅威から自国を軍事的手段で守るという「伝統的」な課題に留まらない，地球環境や感染症，移民・難民，麻薬，テロといった様々な問題を安全保障の課題と捉える見方が広まっていった[14]。安全保障の課題が拡大すると，中央政府が安全保障政策全てを自ら立案・実施することが，必ずしも効率的でなくなった。また，中央政府の予算制約も厳しくなる中で，政策実施の効率性を高めるために，安全保障政策であっても，時として政府以外の主体に協力を求めるようになっていった。こうして，依然中央政府が重要な役割を果たしつつも，中央政府と多様な主体が協働し安全保障を追求する態様を分析する，セキュリティ・ガヴァナンス論が発展してきた。

4　セキュリティ・ガヴァナンス論の問題点

多様な主体間の秩序観の共有

　近年発展しつつあるセキュリティ・ガヴァナンスという概念は，その概念構築にあたって，基本的には西欧諸国が念頭に置かれている。それゆえ，これまでのセキュリティ・ガヴァナンス論は，中央政府が安全保障上の役割を独占し

ていた状態から，徐々に多様な主体へと安全保障上の役割を分有・共有するようになりつつあるという流れを前提としている。そして，安全保障分野においても，多様な主体が協働することを，効率性，説明責任，透明性といった観点から積極的に評価しようとする。しかし，西欧諸国を念頭に置きつつ構築されてきた，セキュリティ・ガヴァナンス論には，大きく2つの問題がある。

1つ目の問題は，中央政府と多様な主体が，いかなる秩序をいかに形成・維持するのかという点に関する考え方，すなわち秩序観を共有していると暗黙裡に想定している点である。こうした暗黙の前提があるからこそ，多様な主体が安全保障分野において責任を分担し合うことが，積極的に評価されている。これは，自由主義的民主主義に基づく秩序を暗黙の前提としているグローバル・ガヴァナンス論にも見られる特徴である。グローバル・ガヴァナンス論の流れを汲み発展してきた，セキュリティ・ガヴァナンス論がこうした前提を置くことは不思議なことではない。

だが，現実には，中央政府が暴力を独占するに至ることなく，多様なアクター間の均衡と協調（あるいは対立）を通して安全保障確保を行わざるをえない場合もある。その際，これまで発展してきたセキュリティ・ガヴァナンス論が射程に捉えていた国際機関や，NGO，民間軍事会社のようなものだけではなく，自警団，準軍事組織，マフィア，民兵なども，安全保障上一定の役割を担っていることが往々にしてある。これら安全保障に関わっている多様な主体は，必ずしも皆が中央政府と秩序観を共有しているとは限らない。一時的な利害の一致に基づいて，中央政府に「協力」しているだけの主体も少なからず存在する。こうした「協力」は，一時的な秩序の形成・維持には有効なケースも少なくない。だが，秩序観を共有しないアクターと協働することにより，そうしたアクターの活動が，中央政府によって正統なものとしてお墨付きを与えられたと受け止められることで，中長期的には安全がかえって阻害される可能性もある。

これまでのセキュリティ・ガヴァナンス論研究では，政府主導によるセキュリティ・ガヴァナンスに従わないアクターに注目が集まることはあまりなかった。しかし，とりわけ政府が暴力を独占するに至っていない国家においては，

中央政府主導の秩序形成・維持の試みに従わないアクターが存在することが少なくない。本書では、「中央政府によって形成・維持されている、あるいは形成・維持が試みられている秩序が、自らの秩序観、権力、利益を脅かすと信じ、その攪乱のために、暴力を用いる集団」を「攪乱アクター」と呼ぶこととする。[15] 中央政府が暴力を独占していない国家において安全保障を確保する上で、こうした攪乱アクターを、いかに管理するのかがカギとなる。

　一時的な利害の一致だけによって、多様な主体が協力するのであれば、それは極めて脆い協力である。多様な主体は、セキュリティ・ガヴァナンスに協力するアクターにも、攪乱するアクターにもなりうる。一時的に協力したにすぎない主体は、利害の一致がなくなれば、政府主導のセキュリティ・ガヴァナンスに協力しなくなる場合もあるのである。それゆえ、多様な主体が、一体どのようなインセンティブに基づいて協働するのか。どのような条件が整った時に、攪乱アクターを、セキュリティ・ガヴァナンスの担い手として継続的に取り込むことができるのか。多様な主体がガヴァナンスに関与することが、いかなる結果をもたらすのか。こうした点を、西欧以外の地域の事例も含めて検証する必要がある。

中央政府の安全保障提供能力

　2つ目の問題は、中央政府が単独で安全保障政策を実施するだけの能力を、基本的に有していると想定している点である。グローバル化の深化や冷戦終焉を受けて安全保障概念が拡大し、統治にあたって効率性や透明性、説明責任を求める声が強まった。そうした中で、暴力を独占してきた中央政府が、安全保障政策にあたっても多様な主体と協働する現象が観察されるようになった。こうした現象を捉えようとして発展してきたのがセキュリティ・ガヴァナンスという概念である。だが、繰り返し述べているとおり、西欧以外の地域には中央政府がそもそも暴力を独占するに至っていない多くの国家が存在する。そうした国では、中央政府が単独で安全保障を提供できないがゆえに、効率性や透明性、説明責任のいずれか、あるいは全てに反してでも、多様な主体と協力して安全保障を確保せざるをえなくなる場合もある。

中央政府が安全保障を提供する能力をある程度有している場合と，そもそも中央政府が安全保障を単独で提供する能力を十分に有していない場合とでは，全く異なる形で，多様な主体の協働がなされる可能性がある。また，そうした国においては，中央政府が暴力を独占していないからこそ発生する，西欧諸国が直面するのとは異質な安全保障上の課題も存在しうる。近年発展しつつあるセキュリティ・ガヴァナンス論においては，これらの問題点が，十分に認識されているとは言い難い。

　上記のような西欧中心的な概念構築の際のゆがみは，紛争後社会における国家再建，平和構築の現場においても問題を引き起こしている。というのも，紛争後の国家再建，平和構築あたって，西欧的な自由主義的民主主義に基づく秩序構築を目指すことが当然視されることが多いからである。実際，国家再建や平和構築の多くは，西欧諸国や，西欧諸国が中心的な役割を担う国際機関，あるいは西欧に拠点を置く NGO によって主導されてきた。平和構築にあたって，これらのアクターが自由主義的民主主義に基づく秩序形成を目指し，民主化と市場経済化を推し進めようとしがちである。そうした試みがうまくいかなかった場合にも，自由主義的価値規範を基盤とした制度が十分に確立していないことにその原因を求め，そうした制度構築支援（Institutionalization before Liberalization）を行うべきであるとの主張がなされてきた。[16]そこには，西欧的国家観，秩序観とは異なる秩序が成立する可能性へのまなざしはほとんどない。[17]

　以上のように，これまで発展してきたセキュリティ・ガヴァナンス論は，西欧的な国家を前提に概念構築をしてきたがゆえに，理論的にも，実践的にも問題が多い。一方で，グローバル化が加速度的に進展する中で，政府だけで安全保障を提供することがますます困難になりつつあるし，望ましくもないと考えるものが増えつつある。そうした中にあって，多様なアクターが，安全保障に関わる態様を捉えようとするセキュリティ・ガヴァナンス論はその重要性を増している。それだけに，特殊西欧的な国家や安全保障概念を前提にするのではなく，西欧的な国家観，安全保障観を乗り越え，セキュリティ・ガヴァナンス概念を鍛えていくことが不可欠であると思われる。

5　セキュリティ・ガヴァナンス論の脱西欧化

セキュリティ・ガヴァナンスの4類型

　本書は，前節までで見てきた問題意識の下，セキュリティ・ガヴァナンス論を脱西欧化していこうとするものである。セキュリティ・ガヴァナンスという概念は，理論的には，グローバル，リージョナル，ナショナル，ローカルといった様々な地理的領域における安全保障をその分析射程に含みうる。本書では，セキュリティ・ガヴァナンス論の新地平を切り拓く第一歩として，まずは基本的にナショナルなレベルの問題に焦点を絞りたい。ナショナルな安全保障を確保するにあたっても，他の地理的レベルの安全保障問題が密接に絡むことも少なくない。あるいは，ナショナルな安全保障問題であっても，リージョナル，あるいはグローバルな問題関心に基づいて，外部アクターが介入してくることもしばしばある。ただし，異なる地理的レベルの安全保障確保にあたっては，それぞれ異なった位相の問題が現れうる。それゆえ，本書では，グローバル，リージョナルなレベルの問題は一旦脇に置き，ナショナルなレベルの安全保障を確保するにあたって，いかに多様なアクターが協働したり，あるいは対抗したりしているのか，その態様を検討する。

　なお，前節までの議論を踏まえ，理論的にはセキュリティ・ガヴァナンスは，図序－1のような類型化が可能であると思われる。すなわち，中央政府が安全保障を提供するための能力をどの程度有しているのかという観点と，安全保障政策に関与する多様なアクター間でどの程度，秩序観を共有しているのかという観点の2つによる分類である。近年発展してきている「セキュリティ・ガヴァナンス」概念が念頭に置くのは，第Ⅰ象限のセキュリティ・ガヴァナンスである。すなわち，中央政府がある程度高い安全保障提供能力を有しているものの，効率性，説明責任，透明性といった観点から，中央政府が，自らと秩序観を共有する多様な主体と，水平的に協働する公式，非公式の制度を通して安全保障提供を試みるものである。「西欧近代国家」の成立を経た上で，暴力を独占していた中央政府が，秩序観を共有する多様な主体と安全保障上の役割を共

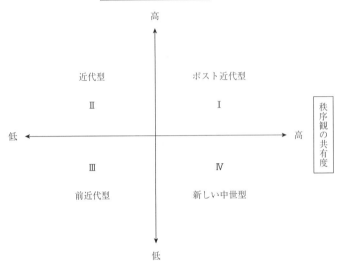

図序-1 セキュリティ・ガヴァナンス概念図

有・分有するようになる,いわば「ポスト近代型セキュリティ・ガヴァナンス」とでも言うべきものである。

本書は,中央政府が単独で安全保障を提供する能力を十分に有していない際に,いかなる形でセキュリティ・ガヴァナンスが試みられているのかという観点から,セキュリティ・ガヴァナンス概念の地平を拡げたいと考えている。すなわち,第Ⅲ,第Ⅳ象限にあたる部分に注目する。中央政府が十分な安全保障能力を有していない場合,中央政府が単独で安全保障を提供することはできない。西欧型の近代国家形成に至らない国も,依然少なくない。そうした国の中央政府は,十分に秩序観を共有していない主体とであっても,手を結んで安全保障確保を目指さざるをえない。多様な主体間で最低限の共通利益を見出して協力し合うこともあれば,共通の外敵に対抗すべく多様な主体が協力し合う場合もある。こうした一時的な利害の一致に基づく協働による安全保障提供は,近代国家成立以前には,一般的に見られた安全保障提供の形態である。それゆえ,「前近代型セキュリティ・ガヴァナンス」と呼ぶこととしよう（第Ⅲ象限）。

序章　セキュリティ・ガヴァナンス論の現状と課題

　ただし，前近代と比して，現在は外部アクターがセキュリティ・ガヴァナンスに関与する度合いが格段に大きい。秩序観を十分に共有しない多様なアクターの協働によるセキュリティ・ガヴァナンスの試みという意味では，「前近代」と共通点が多いものの，国際機関や他国政府，NGO など多様な外部アクターが関与する度合いは格段に大きいという点では，前近代とは異なる点に留意することが必要である。また，この形態によってセキュリティ・ガヴァナンスを試みることに対しては批判も少なくない。すなわち，一時的な利害の一致に基づいて，秩序観を共有しない主体と手を結ぶことに対する批判である。国内的には，背に腹を代えられない事情が理解される場合もありえよう。しかし，そうした場合であっても，たとえば民主的ではない主体，人権を尊重しない主体などと，中央政府が協働してセキュリティ・ガヴァナンスを試みると，それに対して西欧諸国などから強い批判が噴出することも少なくない。中央政府が，単独で安全保障を提供するだけの能力を有しない場合，そうした批判をするだけでは建設的とは言えない。秩序観を十分に共有していないアクターを，政府側に取り込めなければ，彼らは秩序を乱す攪乱アクターとなる。攪乱アクターの勢力が大きくなれば，内戦へと至ってしまう恐れが高くなる。

　中央政府が十分な能力を有しない場合であっても，秩序観を共有する多様な主体が協働する可能性もある。中世ヨーロッパにおいては，キリスト教に基づく秩序観の下，多様な主体が緩やかに協力し合いながら秩序を形成・維持していたとされる。また，冷戦終焉後，自由主義的民主主義に代わるイデオロギーが消滅し，自由主義的民主主義という普遍的イデオロギーの下，多様な主体が協働する領域である「新しい中世圏」が広がりつつある，といった指摘もある。[19] 平和構築や国家建設の現場においても，自由主義的民主主義に基づく国家建設・半和構築が目指され，国際機関や西欧諸国といった外部アクターと中央政府やローカルなアクターが協働することはしばしば見られる。こうしたケースは，「新しい中世型セキュリティ・ガヴァナンス」と呼ぶことができるかもしれない（第Ⅳ象限）。

　「新しい中世型セキュリティ・ガヴァナンス」が目指される際，その地域の伝統的な秩序を破壊する可能性がある点に対して，批判があることは前述のと

13

おりである。また，自由主義的民主主義を共有しない主体が，少なからず国内に存在することも多い。これらの主体は，攪乱アクターとなって中央政府と外部アクターによるセキュリティ・ガヴァナンスに対抗・抵抗することもある。外部アクター主導で，自由主義的民主主義に基づく秩序形成を目指す場合，外部アクターの提供する能力のおかげでセキュリティ・ガヴァナンスが容易になる側面と，外部アクターが主導するがゆえに国内の様々な主体の反発をかえって強めてしまう側面がある。非西欧社会における平和構築の現場で，「新しい中世型セキュリティ・ガヴァナンス」が機能しうるのか。機能するためには，いかなる条件が整うことが必要となるのか。どのような形で，どのような外部アクターが関与する場合に，「新しい中世型セキュリティ・ガヴァナンス」がよりうまく機能するのか。このあたりについて，事例分析を通して検討をしていきたい。

　また，秩序観を共有する多様な主体が協働するにあたって，必ずしも自由主義的民主主義に基づく秩序形成を目指すとは限らない。中世ヨーロッパのように，特定の宗教などに基づく何らかの秩序観を共有する多様な主体が協働するセキュリティ・ガヴァナンスによって，秩序が安定することも理論的にはありうる。現代において，持続可能な秩序を形成・維持するためには，それが自由主義的民主主義の価値観に基づいていることは必要条件なのであろうか。もしそうだとするならば，伝統的な秩序を破壊するとの批判を浴びても，自由主義的民主主義に基づく平和構築・国家再建を進めることは中長期的には正当化しうるということになる。一方，もし自由主義的民主主義に基づかない，持続可能な秩序がありうるのだとするならば，上記のような試みを，西欧的価値観の押しつけと批判する声にも説得力があることになる。

　第Ⅱ象限は，単独で安全保障を提供するのに十分な能力をもった中央政府が，たとえ秩序観を共有しないアクターが存在したとしても，それらを力で抑え込み安全保障を提供しようとするセキュリティ・ガヴァナンスの形態である。中央政府が暴力を独占している場合，安全保障政策において，政府が多様なアクターと協働する必要はない。いわゆる西欧近代国家はこうした状況を理念型としている。ただし，あとでも詳しく見るように，近代国家において，政府が常

に暴力を完全に独占できているとは限らない。中央政府が，全般的に国家安全保障を提供できるだけの能力を有している場合であっても，特定の地理的領域や，問題領域における安全保障確保のための能力については十分に有していない場合もある。そうした際に，特定の（地理的／問題）領域において，秩序観を共有していない主体と中央政府が協働することがしばしば観察される。こうした状況も含め，政府がある程度高い安全保障提供能力を有しているものの，安全保障政策に関わる多様なアクター間で秩序観が共有されているとは言えない中，安全保障提供を試みる態様を「近代型セキュリティ・ガヴァナンス」と呼ぶことにしたい。

　中央政府が十分な能力を有しているとは言い難い場合，多かれ少なかれ，秩序観を共有しない主体と中央政府が協働せざるをえない。秩序観を必ずしも共有しているとは言えない多様な主体と中央政府とが協働するセキュリティ・ガヴァナンスの実態を検証し，そこにいかなる問題が発生し，またそうした問題をいかにすれば克服可能なのか。こうした現象は，「非西欧」近代国家にも分析射程を広げることで，見えやすくなると思われる。本書は，「西欧近代国家」の理念型を前提としていては覆い隠されてしまうこの点にも光を当てて，セキュリティ・ガヴァナンス論の新地平を拓くことを目指している。

　「近代型セキュリティ・ガヴァナンス」においても，多様な主体の協働には，様々な主体の能力活用，中央政府の経費削減といった観点から一定のメリットがある。その一方で，「ポスト近代型セキュリティ・ガヴァナンス」が想定していない問題を引き起こす可能性もある。すなわち，秩序観を共有しない主体と安全保障政策において協働することで，そうした主体の正統性を高めてしまい，逆機能を引き起こしかねないという問題である。一時的な利害の一致に基づく多様な主体間の協働を，いかに安定させるのか。あるいは，利害が一致せず，中央政府主導のセキュリティ・ガヴァナンスに協力しない攪乱アクターを，いかにすれば抑え込み，あるいはセキュリティ・ガヴァナンスに協力させることができるのか。多様な形で外部アクターも関与している中で，秩序観の異なる多様な主体間の協働をいかに達成するのかを検証する意義は大きいと思われる。

本書の狙いと構成

　前項の図序 - 1 の第Ⅱ，第Ⅲ，第Ⅳ象限へとセキュリティ・ガヴァナンス概念を拡張することによって，いかに安定的で，持続可能な秩序を形成・維持するのかを考察する手がかりを得たい，というのが本書の目的である。これまで平和構築の現場などでは，第Ⅳ象限のような形でのセキュリティ・ガヴァナンスが目指されたが，必ずしもうまくいってきたとは言い難い。あるいは第Ⅲ象限のような前近代型の，一時的な利害の一致や均衡に基づく秩序形成はしばしば見られたものの，それをいかにすれば持続可能なセキュリティ・ガヴァナンスへと制度化していけるのかという点は，十分に検討されてきたとは言えない。一時的な利害一致や均衡に基づく，前近代型セキュリティ・ガヴァナンスを批判するのではなく，そうした前近代型セキュリティ・ガヴァナンスによって達成される消極的平和を，いかに安定的なセキュリティ・ガヴァナンスへと移行していくのかを検討することが重要である。また，西欧近代国家を念頭に置くことが多かったがゆえに，第Ⅱ象限の「近代型セキュリティ・ガヴァナンス」に潜む問題点についても，十分に検討がなされてきたとは言えない。

　中央政府に十分な安全保障提供能力がないケースは，中央政府の統治能力がそもそも脆弱な「失敗国家」と，紛争などによって中央政府が崩壊してしまったポスト紛争国家とに大別される。そこで，まず本書の第Ⅰ部において，「失敗国家」におけるセキュリティ・ガヴァナンスの特徴をあぶりだすべく，シエラレオネとマリをとりあげて分析を進める。第Ⅱ部においては，紛争などによって中央政府が崩壊してしまった国におけるセキュリティ・ガヴァナンスの諸相を分析するため，旧ユーゴスラヴィア（特にコソヴォ），アフガニスタン，イラクを取り上げる。これらのケースでは，中央政府が暴力を独占し，安全保障を一元的に提供することは期待できない。それゆえ，従来のセキュリティ・ガヴァナンス論が想定していたのとは全く異なる要請から，多様な主体の協働による安全保障提供が試みられてきた。また，上記のとおり，中央政府がある程度安定した統治を行っている場合であっても，一部領域や，あるいは特定の問題領域においては多様な主体と協働せざるをえない場合もある。第Ⅲ部ではこうした事例を取り上げる。具体的には，スリランカ，フィリピン，コロンビア，

序章　セキュリティ・ガヴァナンス論の現状と課題

トルコを取り上げ，それらの国で見られるセキュリティ・ガヴァナンスの実態
とそこに潜む課題について分析する。

　各章で明らかにされたそれぞれの事例におけるセキュリティ・ガヴァナンス
の実態を踏まえ，終章ではそこからセキュリティ・ガヴァナンス論に対してい
かなる理論的貢献がなされうるのかを検討する。第Ⅰ部，第Ⅱ部，第Ⅲ部で取
り上げる事例の数は十分とは言い難い。包括的，体系的とも言えない。しかし，
それぞれについて複数の事例を取り上げて分析を進めることで，各事例に潜む
課題や問題点を一定程度相対化することはできよう。そうした作業を通して，
セキュリティ・ガヴァナンス論の脱西欧化を進め，セキュリティ・ガヴァナン
ス論を再構築していく上で何が課題・論点となりうるのかを示唆し，今後の研
究の1つの道標となること。それが本書の目指すところである。

注

⑴　こうした初期のものとして，たとえば，Eric Krahmann, "Conceptualizing Securi-
　ty Governance," *Cooperation and Conflict*, No. 38, 2003；Mark Webber, Stuart Croft,
　Jolyon Howorth, Terry Terrif and Elke Krahmann, "The Governance of European
　Security," *Review of International Studies*, Vol. 30, 2004；Emil Kirchner and James
　Sperling, *EU Security Governance*, Manchester University Press, 2007；Charlotte
　Wagnsson, James A. Sperling and Jan Hallenberg ed., *European Security Gover-
　nance: The European Union in a Westphalian World*, Routledge, 2009など。

⑵　レジーム論については，Stephen D. Krasner ed., *International Regimes*, Cornell
　University Press, 1983，またレジーム論からガヴァナンス論への展開については，
　山本吉宣『国際レジームとガバナンス』有斐閣，2008年を参照。

⑶　Shiridath S. Ramphal and Ingvar Carlsson, *Our Global Neighborhood: The Re-
　port of the Commission on Global Governance*, Oxford University Press, 1995, pp.
　2-3.

⑷　James N. Rosenau and Ernst-Otto Czempiel eds., *Governance without Govern-
　ment: Order and Change on World Politics*, Cambridge University Press, 1992.

⑸　山本，前掲書，337頁。

⑹　安全保障分野における国家間関係はゼロサム的であり，裏切りにあった場合の損
　害が極めて重大であるため，この分野におけるレジーム形成は極めて困難であると
　考えられてきた。Robert Jervis, "Security regimes," Stephan D. Krasner ed., *Inter-
　national Regimes*, Cornel University Press, 1983, pp. 173-194.

(7) ロバート・ジャーヴィスは，19世紀のヨーロッパにおける大国間協調システムな
ど，例外的なケースが存在することを指摘している。*Ibid.* また，1980年代後半に
なると，安全保障分野の個別問題領域におけるレジームに関する分析が現れ始めた。
こうした初期のものとして，たとえば，Joseph Nye, Jr., "Nuclear Learning and
U.S.- Soviet Security Regimes," *International Organization*, Vol. 41, No. 3, 1987;
Volker Rittberger, Manfred Efinfer and Martin Mendler, "Toward an East-West
Security Regime: The Case of Confidence and Security Building Measures," *Journal of Peace Study*, Vol. 27, No. 1, 1990, pp. 55-74など。

(8) 足立研幾『レジーム間相互作用とグローバル・ガヴァナンス——通常兵器ガヴァ
ナンスの発展と変容』有信堂，2009年。

(9) この過程について，詳しくは，足立研幾『オタワプロセス——対人地雷禁止レ
ジームの形成』有信堂，2004年を参照。

(10) 足立，前掲書，2009年。

(11) Mark Webber et al., *op. cit.*, pp. 4-8.

(12) Eric Krahmann, *op. cit.*, pp. 10-11.

(13) Mark Webber et al., *op. cit.*, p. 6.

(14) 当時盛んになった安全保障概念再定義の動きについては，Ronnie D. Lipshutz
ed., *On Security*, Colombia University Press, 1995；Keith Krause and Michael C.
Williams eds., *Critical Security Studies*, University of Minnesota Press, 1997；Barry
Buzan, Ole Wæver and Jaap de Wilde, *Security: A New Framework for Analysis*,
Lynne Reinner Publishers, 1998；赤根谷達雄・落合浩太郎編『新しい安全保障論の
視座』亜紀書房，2001年などを参照。ただし，安全保障概念を拡大することに反対
する声が少なからずあったことも事実である。たとえば，ステファン・ウォルトは，
安全保障概念を「拡大して定義すると，それまでの知的一貫性が失われ，どの問題
も解決されなくなってしまう」として批判している。Stephan M. Walt, "The Renaissance of Security Studies," *International Studies Quarterly*, Vol. 35, 1991.

(15) 攪乱アクターという概念は，和平プロセスにおけるスポイラー（spoiler）と類似
した概念である。ただし，本書の射程は和平プロセスに限定しておらず，攪乱アク
ターという概念の射程は，スポイラーよりも広い。スポイラーの定義については，
Stephen John Stedman, "Negotiation and Mediation in Internal Conflicts," in Michael E. Brown ed., *The International Dimensions of Internal Conflict*, MIT Press,
1996, pp. 369-371；Stephen J. Stedman, "Spoiler Problems in Peace Processes," *International Security*, Vol. 22, No. 2, 1997, p. 5を参照。また，スポイラーとスポイリ
ング（行為）に関する広義の定義としては，Edward Newman and Oliver Richmond eds., *Challenges to Peacebuilding: Managing Spoilers During Conflict Resolution*, United Nations University Press, 2006, p. 1を参照。

序章　セキュリティ・ガヴァナンス論の現状と課題

⒃　Roland Paris, *At War's End : Building Peace after Civil Conflict*, Cambridge University Press, 2004.

⒄　こうした平和構築の試みが，西欧的国家観・秩序観とは異なる伝統的秩序を破壊していることを批判するものもいる。そうした代表的期なものとして，Oliver Richmond, *The Transformation of Peace*, Palgrave, 2005, Chap. 5.

⒅　本書では，基本的にナショナルなレベルにおける安全保障に焦点を当てる。そして，当該国家領域の外に拠点を置くアクターを外部アクターと呼ぶ。また，外部アクターの中でも，国際機関や多数の国で活動する国際 NGO など，そのアクター自体が国際性を有する場合については国際アクターという表現も用いる。

⒆　田中明彦『新しい中世──21世紀の世界システム』日本経済新聞社，1996年。

参考文献

赤根谷達雄・落合浩太郎編『新しい安全保障論の視座』亜紀書房，2001年。

足立研幾『オタワプロセス──対人地雷禁止レジームの形成』有信堂，2004年。

足立研幾『レジーム間相互作用とグローバル・ガヴァナンス──通常兵器ガヴァナンスの発展と変容』有信堂，2009年。

足立研幾編「特集：セキュリティ・ガヴァナンス論の新地平」『立命館大学人文社会科学研究所紀要』第109号，2016年。

田中明彦『新しい中世──21世紀の世界システム』日本経済新聞社，1996年。

山本吉宣『国際レジームとガバナンス』有斐閣，2008年。

Braveboy-Wagner, Jacqueline Anne, *Institutions of the Global South*, Routledge, 2008.

Buzan, Barry, Ole Wæver and Jaap de Wilde, *Security : A New Framework for Analysis*, Lynne Reinner Publishers, 1998.

Jervis, Robert, "Security regimes," Stephan D. Krasner ed., *International Regimes*, Cornel University Press, 1983.

Kirchner, Emil and James Sperling, *EU Security Governance*, Manchester University Press, 2007.

Kirchner, Emil and Roberto Dominguez eds., *The Security Governance of Regional Organizations*, Routledge, 2011.

Krahmann, Eric, "Conceptualizing Security Governance," *Cooperation and Conflict*, No. 38, 2003.

Krasner, Stephen, D. ed., *International Regimes*, Cornell University Press, 1983.

Krause, Keith and Michael C. Williams eds., *Critical Security Studies*, University of Minnesota Press, 1997.

Lipshutz, Ronnie D. ed., *On Security*, Colombia University Press, 1995.

Newman, Edward and Oliver Richmond eds., *Challenges to Peacebuilding:Managing Spoilers During Conflict Resolution*, United Nations University Press, 2006.

Newman, Edward, Roland Paris and Oliver Richmond eds., New Perspectives on Liberal Peacebuilding, United Nations University Press, 2009.

Nye, Joseph Jr., "Nuclear Learning and U.S.-Soviet Security Regimes," *International Organization*, Vol. 41, No. 3, 1987.

Paris, Roland, *At War's End:Building Peace after Civil Conflict*, Cambridge University Press, 2004.

Paris, Roland and Timothy D. Sisk eds., The Dilemmas of Statebuilding:Confronting the contradictions of postwar peace operations, Routledge, 2008.

Ramphal, Shiridath S. and Ingvar Carlsson, *Our Global Neighborhood:The Report of the Commission on Global Governance*, Oxford University Press, 1995.

Richmond, Oliver., *The Transformation of Peace*, Palgrave, 2005.

Rittberger, Volker, Manfred Efinfer and Martin Mendler, "Toward an East-West Security Regime:The Case of Confidence and Security Building Measures," *Journal of Peace Study*, Vol. 27, No. 1, 1990.

Roberts, David, *Liberal Peacebuilding and Global Governance:Beyond the Metropolis*, Routledge, 2011.

Rosenau, James N. and Ernst-Otto Czempiel eds., *Governance without Government: Order and Change on World Politics*, Cambridge University Press, 1992.

Stedman, Stephen John, "Negotiation and Mediation in Internal Conflicts," in Michael E. Brown ed., *The International Dimensions of Internal Conflict*, MIT Press, 1996.

Stedman, Stephen John, "Spoiler Problems in Peace Processes," *International Security*, Vol. 22, No. 2, 1997.

Wagnsson, Charlotte, James A. Sperling and Jan Hallenberg ed., *European Security Governance:The European Union in a Westphalian World*, Routledge, 2009.

Walt, Stephan M., "The Renaissance of Security Studies," *International Studies Quarterly*, Vol. 35, 1991.

Webber, Mark, Stuart Croft, Jolyon Howorth, Terry Terrif and Elke Krahmann, "The Governance of European Security," *Review of International Studies*, Vol. 30, 2004.

Zuercher, Christoph, Carrie Manning, Kristie D. Evenson, Rachel Hayman and Sarah Riese, *Costly Democracy:Peacebuilding and Democratization After War*, Stanford University Press, 2014.

第Ⅰ部

「失敗国家」におけるセキュリティ・ガヴァナンス

第1章

シエラレオネにみる「民主主義」が作り出した協調行動

岡野英之

1 民主主義の言説によって存続しえたカバー政権

　西アフリカに位置するシエラレオネ（図1-1）は11年にもわたる内戦を経験している。その始まりは1991年3月に隣国リベリアから武装勢力「革命統一戦線（Revolutionary United Front：RUF）」が国境を越えて侵攻してきたことであった。それ以来，内戦が終結する2002年までに約7万人が死亡し，約260万人が難民ないし国内避難民になっている。この数字は，人口400万人（当時）を擁するこの国で，半分以上が故地を追われたことを意味する。[(1)]

　本章が論じるのは，アフマド・テジャン・カバー政権の転覆を防ぐために国内アクター，リージョナルなアクター，外部アクター（リージョン外のアクター）が軍事的な協力関係を構築したことである。カバー政権は内戦下の1996年に実施された民政移管で誕生したものの，内戦に対処するための十分な軍事力を有しておらず，その存続のために国内外の諸主体に軍事力を依存した。国内では農村コミュニティの自警団カマジョーを各地から動員することで準軍事組織「市民防衛軍（Civil Defense Force：CDF）」を組織し，国外からはナイジェリアやイギリス等による軍事力の支援を受けた。国内外の諸主体が協調行動を取った結果，カバー政権は3度にわたる存続の危機を切り抜け，2002年の紛争終結まで存続することができた。[(2)]

　本章では，カバー政権が3度にわたる存続の危機を乗り越えることを可能とした多様な主体間の軍事的協調がいかに形成されたのかを分析する。カバー政権に軍事力を提供した主体の動機は様々であった。それら複数の主体がカバー政権の存続のために協調することができたのは「民主主義を守る」という大義

23

第Ⅰ部 「失敗国家」におけるセキュリティ・ガヴァナンス

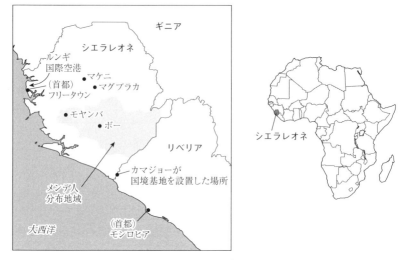

図1-1 シエラレオネの地図

名分があったからである。ただし，この大義名分は見せかけにすぎず，その背後では多様な主体が異なる目的を有していた。本章では，カバー政権下で見られた協調行動を考察し，民主主義の言説が多様な主体を一時的に協力関係に導く役割を果たしたことを指摘する。

　本章は6節で構成される。本節に続く第2節では，アフリカで一般的に見られる安全保障の構図を論じることで，シエラレオネ内戦がアフリカの安全保障の構図を代表しうる事例であることを示す。第3節では，本章の考察対象であるカバー政権が成立するまでの内戦の展開を記述する。第4節では，カバー政権が転覆の危機に面した3つの事件を中心に内戦の展開を記述する。その記述を通し，国内外の主体がいかに協調したのかを考察する。第5節では，前節で十分に論じ切れていない国際的な主体，ナイジェリアとイギリスがなぜシエラレオネに介入したのかを論じ，第6節（最終節）で議論をまとめ，セキュリティ・ガヴァナンス論への示唆を提示する。

2 アフリカに共通する安全保障の構図とシエラレオネ

アフリカでは1990年代に多くの武力紛争が発生した。武力紛争では国内外から様々な主体が介入した。その介入主体を大別すると、3層（3つのレベル）に分けることができる。

国内レベル

第1の層として国内レベルがある。武力紛争下では、中央政府が機能せず、国内の統治が中央政府に一元化されていない。こうした国では、国内のセキュリティの維持が国内に割拠する非政府主体によって担われている。武装勢力、ローカルで伝統的な政体、町や村の自治組織などである。

シエラレオネ内戦も例外ではない。シエラレオネの農村部では、反政府組織RUFからコミュニティを守るために首長（paramount chief）が若者を動員することで組織された自警団が各地にあった。その中でもメンデ（Mende）人（図1-1）の自警団がカマジョー（Kamajor）と呼ばれた。反乱勢力掃討のための十分な軍事力をもちあわせていなかったカバー政権はそのカマジョーを動員することで政府系準軍事組織CDFを組織したのである。言い換えるならば、カバー政権は国内的には農村コミュニティのセキュリティを担う首長および自警団カマジョーと協力関係を築いたと言える。

リージョナルなレベル

第2の層がリージョナルなレベル、すなわち、隣接する複数の国家から構成される地理的領域のレベルである。アフリカでは複数の国家が隣接しており、国境管理も十分ではない。ゆえに、1つの国の武力紛争が周辺国へと影響を及ぼすことが多々見られる。そうした状況では、当該国の政府や武装勢力が、周辺諸国の政府や武装勢力と軍事的な協力関係を結ぶことがある。本章では、こうした国境を越えた協力関係が構築される数カ国のまとまりを第2のレベルとする。ここでは「紛争連動地域」と呼ぶことにする。

第 I 部 「失敗国家」におけるセキュリティ・ガヴァナンス

シエラレオネはリベリアを中心とする紛争連動地域の一部である。両国の紛争の対立軸は、リベリアのチャールズ・テイラーと協力関係にある「テイラー陣営」と、それに対抗する「反テイラー陣営」との対立と捉えることができる。テイラーとは第1次リベリア内戦の反政府勢力「リベリア愛国戦線（National Patriotic Front of Liberia：NPFL）」のリーダーであり、内戦後にリベリア大統領となった人物である。テイラーは NPFL の活動の中で周辺国の不安定化工作を画策し、その工作は大統領になってからも続けられた。シエラレオネを見ると、反政府組織 RUF はテイラーからの支援を受けている。カバー政権はそれに対して反テイラー陣営に属するといえる。ゆえにカバー政権の軍事力を増強させることは、シエラレオネ国内のみならず紛争連動地域全体のパワーバランスを変化させることにつながる。

国際レベル

第3の層がリージョンよりも広域のレベルである。1国の内戦を取り囲む状況を見ると、国際機関（地域機構を含む）や、他国（隣国ではない他国）からの軍事介入を招く場合があった。外部からの介入主体は、国内のセキュリティ・ガヴァナンスを構成する一部となる場合もあり、時には紛争を左右するほど強大な軍事力を行使することさえある。シエラレオネの事例でもナイジェリアとイギリスがカバー政権を軍事的に支援した。本章ではリージョン外からの介入主体を「外部アクター」と呼ぶことにする。

上述のようにアフリカに見られる武力紛争への介入主体は3層に分類することができる。カバー政権に協力する主体も例外ではない。次節以降は、この3層分類に依拠しながら、シエラレオネ内戦の展開を記述する。その記述を通して、(1)カバー政権に協力する主体が、いかなる動機をもって介入したのか、ならびに、(2)そうした多様な主体間の協調はいかに実現したのか、を明らかにする。

3 カバー政権成立までのシエラレオネ内戦

シエラレオネ内戦前史

シエラレオネ内戦の淵源は1980年代に遡ることができる。この頃，シエラレオネは，全人民党（All People's Congress：APC）による一党独裁下で急激な経済悪化に見舞われた。学生は一党制に反対する運動を展開し，その運動は在野の運動家も巻き込み始めた。反政府勢力 RUF は，そうした運動の中でも，APC を打倒するためには武装闘争も辞さないと考える武闘派が組織した勢力である。彼らは隣国リベリアにわたり，すでに発生していた第 1 次リベリア内戦に参加することで実戦経験を積んだ。その受け皿となったのがチャールズ・テイラー率いる武装勢力 NPFL であった。[4]

第 1 次リベリア内戦は1989年に NPFL が蜂起することで始まった。NPFL が反旗を翻したのは大統領サムエル・ドーに対してである。テイラーはかつて中央政府の高官であったが，ドーによる強権政治によって国外への逃亡を余儀なくされた。NPFL を組織したのは，テイラーをはじめドーに排除された政治エリートである。NPFL は1989年12月に隣国コートジボワールからリベリアへと侵攻し，1 年もたたないうちに国土の大半を掌握した。後に RUF と名乗る運動家たちはこうした NPFL で活動しながら，蜂起の機会を狙ったのである。

RUF が実際にシエラレオネへと侵攻したのは1991年 3 月である。リベリアから国境を越えてシエラレオネへと侵攻した。その際，テイラーは大規模な人員を RUF に「貸し出す」ことで，シエラレオネ内戦の火付け役となった。RUF はリベリア人戦闘員の助けを借りて支配地域を拡大した。シエラレオネ人戦闘員は，その支配地域で新たなシエラレオネ人を戦闘員として動員することで勢力を拡大した。

テイラーが大規模な支援を与えた背景にはシエラレオネ政府が，第 1 次リベリア内戦へと介入した多国籍軍「西アフリカ諸国経済共同体監視団（Economic Community of West African States Monitoring Group：ECOMOG）」に協力したことがある。[5] ECOMOG は，西アフリカ経済共同体（Economic Community of West

African States：ECOWAS）から第 1 次リベリア内戦へと派遣された停戦監視部
隊である。[6]派遣当時，ナイジェリア，ガーナ，ガンビア，シエラレオネ，ギニ
アの 5 カ国から構成され，その総数は約3455名であった。シエラレオネより派
遣されたのは約300人である。シエラレオネは ECOMOG に人員を提供すると
ともに後方基地を提供した。[7]1990年 8 月に ECOMOG はリベリアの首都モンロ
ビアへと上陸する。上陸当初，ECOMOG の任務は平和維持的なものに留まっ
ていたが，激しい攻撃を受けたことから方針を転換し，積極的に戦闘を開始す
る。以降，ECOMOG はテイラーの首都進攻を阻む勢力であり続けた。ECO-
MOG に協力するシエラレオネに対してテイラーは1990年11月，英国放送協会
（British Broadcasting Corporation：BBC）のラジオ・ニュース番組を通じて非難
声明を発表し，首都フリータウン近郊に位置するルンギ空港の破壊も辞さない
とまで述べた。[8]RUF が蜂起したのは，その 4 カ月後のことであった。[9]

シエラレオネ内戦初期の展開

RUF の侵攻を受けて，シエラレオネ政府は反乱に対処する必要に迫られた。
十分な軍事力をもちあわせていないシエラレオネ政府は，後にシエラレオネへ
と積極的に介入することになるイギリスにも支援を求めた。しかし，1991年当
時のジョン・メジャー保守党政権は殺傷性のない軍事物資の提供を約束するに
留めている。[10]

シエラレオネ政府が軍事力を強化するためにとった方策の 1 つが，リベリア
人難民の武装化である。[11]RUF がシエラレオネに侵攻した当時，すでにシエラ
レオネ国内には多くのリベリア難民が流入していた。そうした難民の中には，
NPFL によりリベリアを追いやられたリベリア国軍の軍人も含まれていた。彼
らは第 1 次リベリア内戦の中で十分な実戦経験がある。シエラレオネ政府は，
彼らを組織し，対 RUF 戦に従事させた。同年 9 月，彼らはリベリア領内へと
侵攻し，国境地帯を NPFL から奪還した。シエラレオネ政府は RUF に支援を
与える NPFL を排除するために，リベリア人戦闘員がリベリアへと侵攻する
ことをも念頭に置いていたとも言われる。シエラレオネ政府から支援を受けた
リベリア人勢力は，第 1 次リベリア内戦における新たな武装勢力「リベリア民

主統一解放運動（United Liberation Movement of Liberia for Democracy：ULIMO）」
となった。シエラレオネ政府は，RUF と NPFL からなる「テイラー陣営」に
対して，「反テイラー陣営」を作り上げたのである。

軍事政権 NPRC の成立

　シエラレオネでは1992年4月に APC の一党独裁が幕を下ろした。しかし，
それは RUF によるものではない。当時のジョゼフ・サイドゥ・モモ政権は
クーデターによって転覆したのである。このクーデターを実行したのは RUF
との戦闘のため前線に派遣されていた下士官たちである。待遇に不満をもつ彼
らは密かに首都へと戻り，クーデターを実行した。モモは海外へと亡命し，
クーデターの首謀者らは軍事政権「国家暫定統治評議会（National Provisional
Ruling Council：NPRC）」を設立した。その議長となったのはクーデター首謀者
らの中で最も地位が高かったヴァレンタイン・ストラッサー大尉である。

　ストラッサーは内戦の終結を公約として掲げ，国軍の強化に踏み切った。国
軍の装備は改善され，兵士の数も大幅に増員した。それにより RUF は劣勢に
転じ，戦略の転換を迫られた。それまでは支配地域を拡大しながら戦闘を繰り
返していた RUF は支配地域を放棄した。その代わりジャングル内に基地を設
け，そこを拠点に30人ほどからなる小隊を用いて戦闘を継続した。小隊はジャ
ングルを通り，人目を阻んで政府支配地域に入り，急襲をかけた。その際，略
奪をしたり，戦闘員や荷役夫として使うために子どもや若者を誘拐したりした。

　こうしたゲリラ戦略は一時的に功を奏し，首都近郊でも RUF の襲撃が見ら
れるようになった。それに対して軍事政権 NPRC は軍事強化のために国外の
民間軍事会社と契約した。その中でも，南アフリカのエグゼクティブ・アウト
カムズ社（Executive Outcomes：EO）の貢献は特に大きかった。シエラレオネ
政府は，同社に軍事訓練・情報収集・治安維持を委託し，その成果により
RUF は後退を迫られた。[12]

民政移管とカバー政権の成立

　その後 NPRC は，国内外の圧力を受けて民政移管を迫られることになった。

29

第Ⅰ部 「失敗国家」におけるセキュリティ・ガヴァナンス

国内では学生を中心に民主化要求運動が高まり，国外からも援助供与国から民主化を迫られた。NPRCは1993年11月に民政移管プログラムを発表する。国民の４分の１が国内避難民や難民となる中，選挙人登録が行われた。選挙キャンペーン期間は３カ月であった。内戦のさなかであるため候補者は移動の安全が確保できず，飛行機での国内移動を迫られた。総選挙は1996年２月に実施され，その結果をもとに３月には大統領の決選投票が行われた。それらの選挙で与党となったのがシエラレオネ人民党（Sierra Leone People's Party：SLPP）であり，大統領に選出されたのがアフメド・テジャン・カバーである。[13]

　大統領となったカバーは，20年近く国連開発計画（United Nations Development Programme：UNDP）で働いた経験をもつ。いわば，国際公務員としてのキャリアを生きてきた人物である。1992年に引退し，シエラレオネへと帰国した。帰国後，NPRCの国家諮問評議会（National Advisory Council）のメンバーとなった。民政移管プロセスの中でカバーはSLPPの党首に選ばれ，選挙の結果，３月末に大統領に就任した。

4　カバー政権下で繰り返される軍事介入

　1996年３月に成立したカバー政権は，十分な軍事力をもちあわせておらず，３度も転覆の危機に見舞われている。本節ではカバー政権が転覆の危機に面した３つの事件を取り上げ，それらの事件に３つのレベルの諸主体が関与していることを確認していく。

1997年５月のクーデター

　最初にカバー政権が危機に瀕したのは，1997年５月に発生したクーデターである。そのクーデターの背景には，カバー政権が国軍の縮小を断行したこと，および，軍事力を準軍事組織に依存したことが挙げられる。それにより国軍とカバー政権との関係が悪化したのである。

　カバー大統領は就任後，NPRC政権期に開始された和平交渉を継続し，11月にRUFとの間でアビジャン和平協定を締結した。この和平協定で定められた

のは，中立的な監視団を設立した上での武装解除，RUF 構成員に対する恩赦，
シエラレオネ国軍の縮小，EO 社の撤退などである。

　アビジャン和平協定に基づきカバー政権は国軍を縮小した。当時，国軍は内
戦によって肥大化していた。内戦に対処するために急激な増員を行ったり，前
線の兵士が必要に応じて地元の若者を動員したりしたからである。その結果，
国軍の構成員は非正規兵も含めてふくれ上がり，統率がとれなくなっていた。
どれだけの構成員がいるのかさえカバー政権は把握していなかった。カバー政
権は国軍の規模を把握するため調査を実施した。その結果，国軍は約 1 万7000
名の兵力を抱えていると報告された。カバー政権はそれを7000名弱にまで削減
しようとした。また，毎月国軍へと提供される支給米の削減も実施した（シエ
ラレオネの人々は米を主食とする[14]）。

　カバー政権は RUF との和平合意を履行する一方で，RUF の掃討作戦も継続
した。しかし，その際に依拠したのは国軍ではなかった。メンデ人農村コミュ
ニティの自警団カマジョーを動員し，政府系勢力へと再編成したのである。そ
の役割を担ったのが副防衛大臣サムエル・ヒンガ・ノーマンであった[15]。ノーマ
ンは，各地のカマジョーに支援を与え，RUF の掃討作戦に動員した。各地の
カマジョーにとってもノーマンの傘下に入ることで武器弾薬が入手できるため，
その関係はカバー政権にとっても農村コミュニティにとっても有益であった[16]。
カバー政権が国軍を軽視したことにより，国軍の不信感は募り，それがクーデ
ターにつながった。

　クーデターが発生したのは1997年 5 月25日である。カバー大統領はギニアへ
と亡命し，亡命政権を樹立した。首都では軍事政権「国軍革命評議会（Armed
Force Revolutionary Council：AFRC）」が設立され，その議長にはジョニー・
ポール・コロマ少佐が就いた。AFRC は内戦を終結させるために RUF と共同
で政権を運営する用意があると発表し，それに呼応した RUF は各地で国軍と
合流した。

　この共同政権 AFRC/RUF は 8 カ月あまりで転覆し，カバー政権は1998年 3
月に復帰することになる。それが可能となったのは，ナイジェリア軍をはじめ
とした西アフリカ諸国が積極的に軍事介入を実施したからである。

第Ⅰ部　「失敗国家」におけるセキュリティ・ガヴァナンス

　ナイジェリアによる AFRC/RUF への強硬な態度はクーデター直後から見られた。ナイジェリアは，クーデター発生直後の 6 月 2 日，ECOWAS の承諾なく独自の判断でフリータウンの港湾に対する砲撃を実施した[17]。さらにルンギ国際空港やフリータウン郊外に軍を展開し，プレゼンスを確保した[18]。それにガーナ軍とギニア軍が加わり，カバー政権の即時復帰を求めて軍事政権 AFRC/RUF と対峙することになった。この一連の軍事介入は，ナイジェリアをはじめとした一部の国がシエラレオネで取った自発的行動であったのにもかかわらず，第 1 次リベリア内戦に派遣されたはずの ECOMOG の名によって実施された。既成事実となった ECOMOG のシエラレオネでの活動は同年 8 月に追認される形で，正式に ECOWAS の任務となった[19]。

　ナイジェリア軍はシエラレオネ国内で軍事介入を実施しただけではない。隣国リベリアに駐留する部隊を通してカマジョーに対して軍事支援を与えた[20]。AFRC/RUF との戦いの中で，カマジョーの一派がリベリアとの国境地帯に逃げ込み，そこを後方基地とした。この一派はカバー政権と近い勢力であり，カバー政権の復帰のために武力を用いて戦おうとした。その勢力はナイジェリア軍から提供される支援物資をシエラレオネへともち込み，各地のカマジョーへと分配した。こうした軍事物資の分配により，各地のカマジョーはさらに体系的に政府系準軍事組織として組織化された[21]。

　さらに国境地帯のカマジョーは，リベリアの武装勢力 ULIMO の戦闘員を吸収した。前述のように ULIMO は RUF を討伐するためにシエラレオネ政府の支援によって作られた武装勢力である。ゆえにシエラレオネ人も多く加入していた。ULIMO に参加したシエラレオネ人はリベリア人戦闘員も連れてシエラレオネへと戻り，カマジョーへと参加した[22]。当時，ULIMO の戦闘員は第 1 次リベリア内戦が終わり食い扶持がなかった。彼らは日々の糧にありつくためにカマジョーに参加しただけかもしれない。とはいえ，結果としては反テイラー陣営内でのリージョナルな協力関係が強化されることになった。

　1998 年 2 月，ECOMOG およびカマジョーの共同作戦が実施され，首都および主要な地方都市が AFRC/RUF から奪還される。こうして首都を取り戻したカバー政権は 1998 年 3 月に復権することになった。

第1章　シエラレオネにみる「民主主義」が作り出した協調行動

　このプロセスを見ると，カバー政権は，ナイジェリア（外部レベル），リベリア人戦闘員（リージョナルなレベル），カマジョー（国内レベル）と協調関係を作った。それによりカバー大統領は復帰することができたのである。

　ナイジェリアはカバー政権が復権した後も，カバー政権を維持・存続させるための主要な役割を担った。カバー大統領は 3 月10日に帰国し，政権への復帰を正式に宣言した。しかし，農村部では AFRC/RUF が依然として活動を展開し，状勢は不安定のままであった。シエラレオネ国軍の大半は AFRC として逃亡をしており，カバー政権は頼るべき軍事力を有しなかった。ECOMOG とカマジョーは，引き続きカバー政権に軍事力を提供することになった。カマジョーはこの頃から「市民防衛軍（Civil Defense Force：CDF）」という名前を使用するようになる。メンデ人の民族色を隠し，市民が民族主義を守るために組織した勢力であることを示したかったのだという[23]。

　カバー大統領は CDF を ECOMOG の指揮系統に置くことに決定し，ECOMOG と CDF が AFRC/RUF の掃討作戦を担うようになった。

16事件（January-six）

　カバー政権が 2 度目の危機に瀕したのは，一度は農村部へと敗走したAFRC/RUF が首都へと猛攻をかけた時である。1999年 1 月の出来事であってこの時，AFRC/RUF は，一時は首都の大半を支配することができた。しかし，西アフリカ諸国が ECOMOG の増兵を断行したことから，AFRC/RUF は首都から追いやられ，再び農村部へと身を潜めた。この事件は，AFRC/RUF がフリータウンへと侵入した 1 月 6 日にちなんで「16事件（January-six）」と呼ばれている。

　AFRC/RUF が首都へと進軍したのは，すでに逮捕されていた RUF の指導者フォディ・サンコーに死刑判決が下されたからである。サンコーは1997年 3 月（クーデターでカバー政権が転覆する前），滞在先のナイジェリアで武器の不法所持で逮捕された。サンコーの身柄はカバー政権の復権後にナイジェリアからシエラレオネへと引き渡され，1998年10月23日に反逆罪で死刑判決が下された。その死刑判決を受けて AFRC/RUF は猛攻をかけることになった。AFRC/

33

第Ⅰ部 「失敗国家」におけるセキュリティ・ガヴァナンス

RUFはこの侵攻を「皆殺し作戦（Operation No Living Things）」と銘打ち，「最後の鶏1匹まで殺す」とBBCラジオで宣言した。AFRC/RUFは1月6日にフリータウンへと入り，2週間以上にもわたる市街戦を展開した。

この進軍にはリベリアのテイラー（前述した武装勢力NPFLの指導者）による援助があったと言われている。この頃，テイラーはリベリアの大統領になっていた。リベリアでは1996年8月にアブジャⅡ協定が結ばれ，第1次内戦が収束に向かった。諸武装勢力の武装解除も終わり，民主的な選挙も実施された。1997年7月に実施された大統領選挙でテイラーは75.3％という圧倒的な得票率で大統領に選出され，翌8月2日に大統領に就任した。テイラー大統領は，その在任中，シエラレオネだけではなく，ギニアやコートジボワールに対しても派兵をし，不安定化工作を試みた。テイラーは16事件に先立ち，南アフリカ軍の退役将校をシエラレオネに派遣し，RUFに軍事訓練を施し，さらにフリータウン近郊の漁港に武器弾薬を運ばせたといわれる。[24]

1月6日，AFRC/RUFは一般人に紛れてフリータウンへと侵攻した。その侵攻を受けてカバー大統領はルンギ国際空港へと避難した。ルンギ国際空港はECOMOGが駐留し，その軍事力で守られていた。ECOMOGはフリータウン各所に展開するものの，人員が限られ，装備が不十分なことから大規模な反撃を行えず，各地で撤退を重ねた。AFRC/RUFはフリータウン主要部を制圧した。それに対してナイジェリア本国は数千人規模の兵力増強を断行し，ガーナも援軍を派遣した。こうした兵力増強により1月20日にはAFRC/RUFを首都主要部から撤退させた。[25]

16事件のあと，シエラレオネ内戦の解決のためには武力による解決よりも和平交渉を優先させる必要があるとの認識が国際社会の中で共有されることになった。ECOWAS諸国，イギリス，アメリカ，国連が和平交渉のセッティングに乗り出した。また，ナイジェリアは政策を転換し，シエラレオネからの撤退を模索し始めた。国外からの圧力を受けてカバー大統領はサンコーを釈放し，トーゴで和平交渉を進めることとなった。和平交渉の結果，1999年7月7日，ロメ和平協定が調印される。本協定では，戦闘員の武装解除・動員解除・社会統合プログラム（Disarmament, Demobilization, Reintegration：DDR）の実施，

34

RUF の政党化および統合政権の設立，RUF メンバーの入閣，鉱物資源を一元管理する戦略資源管理国家再建開発委員会の新設と同委員長職へのサンコーの就任が決められた。また，これまでカバー政権側に加担してきた ECOMOG の役割を，平和維持と治安維持という中立的な任務に限定させるとともに，シエラレオネからの段階撤退が決められた[26]。

　戦闘員の武装解除は，ECOMOG と，和平協定締結前からすでに派遣されていた国連シエラレオネ監視団（United Nations Observer Mission in Sierra Leone：UNOMSIL[27]）が担うことになった。しかし，ECOMOG が段階的撤退を開始することから，国連は ECOMOG に代わる要員を確保する必要があった[28]。10月22日には国連安保理決議1270が採択され，6000人の軍事要員が派遣されることが決まった[29]。その結果，組織されたのが国連平和維持活動「国連シエラレオネ派遣団（United Nations Mission in Sierra Leone：UNAMSIL）」である。UNAMSIL のマンデートに含まれたのは，DDR の実施を目的としたシエラレオネ政府への支援，それに伴う主要地域への展開，国連要員の安全と移動の自由の確保，停戦遵守の監視，人道的援助物資の運搬促進，シエラレオネ憲法に基づいて実施される選挙支援，である[30]。

　ロメ和平協定に基づきフリータウンでは統合政権が作られ，サンコーが副大統領に就任した（大統領はカバーのまま）。しかし地方では，和平協定に同意しない AFRC/RUF の一部が戦闘を繰り返していた。

2000年 5 月事件

　3 度目にカバー政権が危機に瀕したのは2000年 5 月である。4 月半ば，マケニ，マグブラカ，ボー，モヤンバの各地（図 1 - 1 ）に DDR キャンプが設置されると RUF は武装解除に強く反発した。ナイジェリア軍が 5 月 2 日に UNAMSIL に編入する以外の全ての部隊を撤退させると RUF は大規模な軍事行動に移る。UNAMSIL は戦闘に備えていなかった。停戦監視の部隊だったからである。RUF は UNAMSIL の要員を次々と拘束し，フリータウンへと進軍した[31]。それに対してサンコーの自宅前では平和を求めるデモ行進が行われた。サンコーのボディガードはデモ隊に発砲し，銃撃戦へと発展した。その混乱の

第Ⅰ部　「失敗国家」におけるセキュリティ・ガヴァナンス

中でサンコーは逃亡し行方不明となった。10日ほどたった頃，彼は自宅付近で発見され，逮捕された。RUF は首都へと進軍を続けた。

　再度，首都での攻防戦が懸念される事態となった。それを避けるため軍事介入を行ったのはイギリスである。軍事介入の正当性を主張するためにイギリスは，在留イギリス人を保護するという介入理由をもち出した。イギリス国籍保持者が500人ほどシエラレオネにいたのである。当時のトニー・ブレア労働党政権の外務大臣ロビン・クックはシエラレオネ派兵の目的を「イギリスとイギリスが領事責任を負っている他国の国民の生命の保護にある」と述べている。しかし，派遣規模を見ると，それ以上の目的があったと考えざるをえない。派⁽³²⁾遣部隊には「フォー・ツー・コマンド」と呼ばれる700名の海兵隊特殊部隊やパラシュート部隊第1大隊が含まれていた。また，7隻の艦船，4機の大型ヘリコプター，8機の輸送機が派遣された。イギリスが派遣した艦船は5月12日にシエラレオネへと到着し，その日のうちに上陸した。いわば軍事介入の規模はその目的を達成するため以上に大きかったのである。

　UNAMSIL が戦闘に備えておらず，RUF に反撃できなかったのに対し，イ⁽³³⁾ギリス軍は積極的に RUF に応戦した。イギリスは RUF を放逐した後も，要所の確保や兵員の輸送などを通して，UNAMSIL およびカバー政権に対する支援を続けた。イギリスは6月15日には主要な部隊を引き上げたものの，訓練チームを派遣してシエラレオネ国軍に対する訓練を行った。こうしてイギリス⁽³⁴⁾は，崩壊しかかっていた UNAMSIL を守り抜き，カバー政権の崩壊を防ぐこととなった。⁽³⁵⁾

　その後，カバー政権は2002年の内戦終結まで存続する。存続の危機に立たされるような大きな事件も起きなかった。2000年8月，RUF は逮捕されたサンコーに代わり暫定指導者としてイッサ・セサイを指名した。セサイはロメ和平合意を受け入れ，内戦は収束に向かった。2002年1月18日，武装解除・動員解除（DDR のうちの DD）の事業が終了し，カバー大統領は内戦の終結を宣言した。

5　介入諸主体の意図

　ここまでシエラレオネ内戦の展開を，カバー政権期を中心に記述した。その記述からは，カバー政権へと軍事力を提供する主体が，それぞれ異なる意図をもって介入をしていることが分かるはずである。ただし，なぜナイジェリアとイギリスがカバー政権側に立ち，シエラレオネ内戦へと介入したのかは，これまでの記述では論じきれていない。本節では，ECOMOG の中心となったナイジェリア，および，2000年5月に軍事介入を実施したイギリスの二国がいかなる動機でシエラレオネへと介入したのかを考察する。

ナイジェリア：西アフリカの不安定化阻止・欧米諸国との関係改善へ

　1997年5月25日に発生したクーデターでカバー政権が転覆した際，ナイジェリアが首都への爆撃を含む積極的な介入をしたことは前述した。その行動は迅速を極めた。クーデターの翌日26日にナイジェリアはすでにシエラレオネへと軍を到着させており，かつ，クーデター発生当初からクーデター勢力を鎮圧するつもりで軍事行動を取っている[36]。しかし，ナイジェリアはクーデター勢力を鎮圧することはできなかった。以降，カバー政権側に軍事力を提供し続けることとなった。ナイジェリアの関与は，1999年に結ばれたロメ和平協定に基づきECOMOG が撤退するまで続いた。なぜナイジェリアは積極的にカバー政権へと軍事力を提供し続けたのだろうか。

　第1に考えられるのは，西アフリカで発生した紛争が自国に影響を及ぼすかもしれないという懸念である。ひとたび武力紛争が発生すれば，その国からは難民が流出し，小型武器が拡散することになる。それらは西アフリカ全体の安全保障に大きな影響を及ぼしかねない。地域大国であるナイジェリアは，難民の受け入れによる負担や，小型武器流入による国内の治安悪化を未然に防ぐ必要性に迫られた。また，同国はナイジャー・デルタにおける紛争も抱えており，近隣諸国の政情不安が国内に波及することを危惧していた[37]。ナイジェリアが即時に軍事介入をしたのは，西アフリカの不安定化を恐れたという理由があった

第Ⅰ部 「失敗国家」におけるセキュリティ・ガヴァナンス

からかもしれない。[38]

　第2に，欧米諸国との関係を改善するためであったという解釈もある。[39] シエラレオネでクーデターが発生した1997年当時，ナイジェリアはサニ・アバチャ率いる軍事政権の統治下にあった。アバチャ政権は1993年11月に成立して以降，強権的な傾向を強め，ナイジェリアの軍事政権の中でも最も独裁的な支配を行うようになった。[40] 特に象徴的なのが，ノーベル賞作家で著名な人権・環境保護運動家であった K.B. サロ＝ウィワを1995年に処刑したことである。アバチャによる強権的な支配に対して欧米諸国は批判した。そうした批判を回避し，欧米先進国との関係を改善するためにアバチャ政権はシエラレオネへと軍事介入したという見方もある。[41]

　また，ナイジェリアが積極的な介入を継続し続けることができたのは，国際社会の追認があったからだとも言える。クーデターの発生を受けて各国や国際機関は声明を発表した。そうした声明は，民主的に選ばれたカバー政権に支持を表明し，このクーデターがシエラレオネの問題のみならず，アフリカの民主化にとって大きな後退であるという論調であった。たとえば，マリは5月27日にこのクーデターは民主主義の原則に反すると批判し，国際社会およびアフリカ統一機構（Organization of African Union：OAU）に対して合法的な政府の回復に必要な措置を講じることを求めた。また，6月初旬にハラレで開催されたOAU首脳会議ではクーデターを非難し，カバー政権の即座の復帰を求める声明が発表された。さらにシエラレオネも加入しているコモンウェルスは，クーデターを認めず無条件の合法政権の回復を求め，それに応じられない場合はいかなる措置も講ずるべきであるとした。さらには，ハイチの民主政権を回復するためにアメリカを主体とする多国籍軍が1994年に介入したことに言及し，この事例が，シエラレオネにおけるクーデターへの対応への先例になりうるとまで述べている。

　こうした論調は，ナイジェリアによる軍事介入の容認（黙認）につながった。ナイジェリアは1997年5月のクーデターに対して ECOWAS の正式な派遣手続きをとらずに軍事介入を実施しているものの，それに対してアメリカをはじめとした諸大国はコメントを控えた。また，国連安保理においてもクーデターに

対する非難は積極的に表明されたものの，ナイジェリアによる武力行使についての公式見解は表明されなかった。さらに，アフリカの首脳たちはナイジェリアの行動を追認するかのように，シエラレオネの法秩序を回復するためにはECOWAS が軍事的な介入を明確な任務とするべきであるとの立場を示した。[42]こうした評価によってナイジェリアはカバー政権に軍事力を提供し続けたのだとも考えられる。

　ナイジェリアが積極的な介入姿勢から撤退へと政策を転換したのは，政権交代がきっかけであった。積極的にシエラレオネへと関与をしていたアバチャは1998年6月に急死し，その後，民政移管が実施され，1999年2月には選挙が行われた。大統領に選出されたオルシェグン・オバサンジョは，選挙戦でシエラレオネからの早期撤退を公約として掲げていた。ナイジェリアはシエラレオネ内戦において1日当たり100万ドル以上を支出するなど，ECOMOG 派遣の約90％の経費を負担したため国内の不満が増大していたのである。オバサンジョが1999年5月に就任した2カ月後にはロメ和平協定が結ばれ，ECOMOG の撤退も決められた。

　以上のように，アバチャ政権は，西アフリカの不安定化を防ぐため，および，欧米諸国との関係改善を図る1つの手段としてシエラレオネへの軍事介入を実施したと判断できる。欧米諸国との関係改善を考えると，民主主義が規範として国際社会に受け入れられているということが，アバチャ政権がシエラレオネに介入する前提としてあったといえる。

イギリス：ブレア政権の姿勢を示すためにシエラレオネを利用した

　次に，2000年5月にイギリスがなぜ軍事介入を実行したのかを考えよう。イギリスがシエラレオネへと介入したのは，トニー・ブレア労働党政権期である（在任期間：1997年5月～2007年6月）。ブレア政権の外交政策は，それまでのメジャー保守党政権とは対照的あり，積極的な介入姿勢を見せた。ブレア政権の方針は，民主主義，自由，正義，国際主義といった倫理的な諸理念を重視し，それらが軽視される場合，人道的介入も辞さないというものである。

　外務大臣に就任したロビン・クックは就任直後に行った外交方針演説の中で

外交政策の4つの目標を提示している。その1つとして提示されたのが，世界平和と民主主義を世界に広げることがイギリスの国益へとつながるという姿勢である。その演説では「民主主義の権利が保障されない他国の人々を支援してイギリスへの尊重を確固たるものにする」という説明が付け加えられた。[43]また，1998年7月に発表されたイギリスの国防戦略を示す報告書「戦略防衛見直し（Strategic Defence Review）」にも，冷戦後の不安定な状況に対応するためには政情が安定しない地域には積極的に軍事介入すべきであり，そうした軍事介入はイギリスの安全保障を確保することにもつながると述べられている。[44]

　こうしたブレア労働党政権の積極姿勢は，対外的には欧州をめぐる安全保障の変化が背景として挙げられ，[45]対内的（イギリス国内）には前任のメジャー保守党政権を批判する野党として労働党の姿勢の延長として捉えることができる。[46]

　ブレア政権の積極的な介入姿勢は，1999年のコソヴォ危機に対する対応でも見られる。NATOの空爆はアメリカの主導で実施されたものであったが，ブレア政権はアメリカ政府と同様，あるいはそれ以上に軍事的手段を辞さずに強硬にユーゴスラビア連邦政府を説得する必要性を主張した。[47]空爆が継続される1999年4月，ブレア首相はアメリカのシカゴにおいて「国際共同体のドクトリン（the doctrine of the international community）」と題する演説を行っており，その中で「不介入原則は重要な局面において適用を除外されなければならない」と述べている。[48]とはいえ，コソヴォ危機で明らかになったのは，軍事介入がアメリカ主導で実施されており，欧州諸国における独自の危機管理能力が十分ではないことであった。2000年7月に発表された報告書「コソヴォ——危機からの教訓（Kosovo：Lessons from the Crisis）」では，イギリスは自らが危機に対応する能力をもつ必要があると記された。[49]

　2000年5月において実施されたシエラレオネへの軍事介入は，こうしたイギリスの積極的介入政策の延長として捉えることができる。当時のシエラレオネの状況はイギリスにとって軍事介入を実行に移す条件が整っていた。民主主義が脅かされていたのである。また，上述の報告書「戦略防衛見直し」を受けて整備された「緊急展開能力（rapid-reaction capability）」の有効性を試す機会でもあった。さらに偶然も左右した。2000年5月にAFRC/RUFがフリータウン

に向けて進軍し始めた時，イギリス海軍の艦隊がたまたま西アフリカ沿岸部に展開していたのである[50]。こうした条件によって実施されたイギリスの軍事介入が，UNAMSIL およびカバー政権の崩壊を防いだことは前述したとおりである。

　以上の経緯から，イギリスがシエラレオネへと介入したのは，ブレア政権が，民主主義，自由，正義，国際主義といった倫理的な諸理念を重視し，それらが軽視される場合，人道的介入も辞さないという姿勢を取ったからだといえる。シエラレオネはその姿勢を具体的に実行するための格好の場となったといってよい。

　ただし，イギリスは2000年５月に唐突にシエラレオネへと軍事介入したわけではない。1997年５月２日に発足したばかりのブレア政権は５月25日にシエラレオネでクーデターが発生し，AFRC 政権が発足すると，それに対する措置として対シエラレオネ経済制裁案を国連安保理へと提出し，安保理決議1132として決議させている。こうしたシエラレオネへの関与が2000年５月の軍事介入に対する布石となったと言えなくもない。

　ブレア政権の積極姿勢は，シエラレオネ介入後も続けられ，イギリスは2001年にはアフガニスタン，2003年にはイラクへの介入へと向かっていくことになった。

6　「民主主義」が紡ぎ出す一過性の協調行動

　本章では，シエラレオネ内戦の一主体であるカバー政権に対して国内外の複数の主体が軍事力を提供し，それによりカバー政権が政権を維持することができたことを確認した。いまいちど，３つのレベルに分けて介入主体の動機を確認していこう。

　第１に，国内レベルではカマジョー /CDF がカバー政権に対して軍事力を提供している。カマジョーは RUF から農村コミュニティを守るために作られた自警団であるから，RUF を放逐することはカバー政権の利害を共有している。またシエラレオネ政府から武器弾薬の支援を受けることで自警の能力も高

まった。第2に，リージョナルなレベルでは，リベリア人戦闘員がカマジョー /CDFに流入している。リベリアの反テイラー勢力ULIMOはシエラレオネで作られたため，カマジョー /CDFとコネクションがあった。そうしたコネクションを通じてULIMOの戦闘員はカマジョー /CDFへと流れた[51]。これは反テイラー陣営内における協力関係と理解することができる。

第3に，外部アクター（ナイジェリアやイギリス）にとっては，カバー政権が民主的に選ばれた政権ということが重要であった。ナイジェリアがシエラレオネ内戦に介入した意図の1つは，民主的に選ばれた政権を守ることで欧米諸国からの批判をかわすことであった。また，イギリスは，ブレア政権下で外交政策（介入姿勢）をアピールするためにシエラレオネへと介入した。

以上，本章ではカバー政権を維持するために国内外の主体が協力関係を保ったことを明らかにした。この事例は，セキュリティ・ガヴァナンス論および安全保障の研究に対して以下のような示唆を与えうる。

第1に，多様な国内外の主体の協調は一過性のものにすぎないということである。カバー政権を維持するためには，カマジョー /CDFやリベリア人戦闘員のもつ軍事力だけでは十分ではなく，イギリスやナイジェリアの介入が不可欠であった。ただし，この2国の介入はタイミングがよかったから実施されたと言える。ブレア政権には国外への介入姿勢を見せたいという動機があった。ナイジェリアには欧州との関係を改善したいという動機があった。ナイジェリアはもう1つ，西アフリカの秩序を維持したいという動機をもつものの，2000年5月にカバー政権が3度目の危機に瀕した時には介入姿勢を見せていない。ゆえにナイジェリアの介入も一過性のものと考えざるをえない。

第2に，治安維持のための協力関係が異なる主体間で築かれているといっても，紛争国の国内および「紛争連動地域」だけの協力関係は紛争を助長することになる。軍事力が十分でないからである。カバー政権が存続しえたのは，ナイジェリアやイギリスといった外部アクターの介入が重要であった。

第3に，従来，軍事介入が考察される時，国内のアクターと外部アクターがいかに関わるのかは論じられていなかった。それに対してシエラレオネでは，ナイジェリアはカバー政権の側につき，その準軍事組織CDFにも支援してい

る。本考察が語るのはナイジェリア軍の介入がCDFの成長に寄与していることである。軍事介入を論じる際，国外からの介入がいかに国内紛争の紛争構造を変えるのかも議論される必要がある。

　本章の議論をまとめると，カバー政権を維持するという目的は諸主体に共有されたものの，その目的を遂行しようとする意図は諸主体によって異なった。様々な意図をもった主体がゆるやかに統合した結果，カバー政権を中心とした協調関係が形成された。すなわち，序章で示された前近代型セキュリティ・ガヴァナンスによって，カバー政権は3度の存亡の危機を乗り越えることができたのである。

注

⑴　岡野英之『アフリカの内戦と武装勢力──シエラレオネにみる人脈ネットワークの生成と変容』昭和堂，2015年，3頁。

⑵　その後，2002年の選挙でカバーは，2選目の勝利を果たし，2007年に任期を満了した。

⑶　Abdullah, Ibrahim, "Bush Path to Destruction: The Origin and Character of the Revolutionary United Front/ Sierra Leone," *The Journal of Modern African Studies*, Vol. 36, No. 2, 1998, pp. 203-235.

⑷　NPFLが蜂起準備の拠点としていたのはブルキナファソであり，コートジボワールは通過しただけである。Waugh, Colin M., *Charles Taylor and Liberia: Ambition and Atrocity in Africa's Lone Star State*, London and New York: Zed Books, 2011, pp. 120-122.

⑸　その他，国境地帯に広がるダイヤモンド採掘場を掌握したいという意図もあったと言われる。Smillie, Ian and Larry Minear, *The Charity of Nations: Humanitarian Action in a Calculating World*, Bloomfield: Kumarian Press, 2004, p. 25.

⑹　ECOMOG（ECOWAS監視団）はECOWASの名を冠しているものの正式な派遣手続きを踏まえていたわけではない。コートジボワール，セネガル，ブルキナファソなどの仏語圏諸国が派遣に反対したものの，本文中の5カ国がECOWASの枠組みを利用し，自発的に兵力を派遣している。六辻彰二「西アフリカ諸国経済共同体（ECOWAS）の紛争管理メカニズム」『サブサハラ・アフリカにおける地域間協力の可能性と動向』（平成15年度外務省委託研究），日本国際問題研究所，2004年。

⑺　Gberie, Lansana, *A Dirty War in West Africa: The RUF and the Reconstruction of Sierra Leone*, Bloomington and Indianapolis: Indiana University Press, 2005, p. 58.

⑻　落合雄彦『西アフリカ経済共同体（ECOWAS)』国際協力事業団研修所，2002年，42頁。

⑼　Gberie, *op. cit.*, p. 58.

⑽　カーボ，マイケル（岡野英之訳）「ブレア・ドクトリン——なぜ，イギリスは軍事介入したのか」落合雄彦編『アフリカの紛争解決と平和構築——シエラレオネの経験』昭和堂，2011年，41～54頁。

⑾　その他，相互防衛協定を結んでいた隣国ギニアの国軍が展開している。また，ECOMOGの一部として駐留していたナイジェリア軍も展開したが，積極的な戦闘には加担せず，防衛の姿勢を取ったという。Gberie, *op. cit.*, p. 64.

⑿　*Ibid.*, pp. 93-94.

⒀　Kandeh, Jimmy D. "Transition without Rupture:Sierra Leone's Transfer Election of 1996," *African Studies Review,* Vol. 41, No. 2, 1998, pp. 91-111;Pham, J. Peter, *Child Soldiers, Adult Interests:the Global Dimensions of the Sierra Leonean Tragedy,* New York: Nova, 2005, p. 113.

⒁　Pham, *op. cit.*, p. 121.

⒂　防衛大臣はカバー大統領が兼任した。

⒃　Hoffman, Danny, *The War Machine:Young Men and Violence in Sierra Leone and Liberia,* Durham and London:Duke University Press, 2011, p. 43.

⒄　ブラ，オスマン・落合雄彦「西アフリカ諸国経済共同体による軍事介入」落合編，前掲書，9頁。

⒅　Pham, *op. cit.*, p. 129.

⒆　ブラ・落合，前掲論文，3～21頁。

⒇　ECOMOGナイジェリア大隊としてリベリアの停戦監視のために駐留していた。この頃，第1次リベリア内戦は収束に向かいつつあった。

㉑　岡野，前掲書，236頁。

㉒　同上，244～251頁。

㉓　同上，218頁。

㉔　Gberie, *op. cit.*, p. 124.

㉕　ブラ・落合，前掲論文，11頁。

㉖　同上，12～13頁。

㉗　UNOMSILは，40名規模の軍事オブザーバーからなる政治ミッションであり，ECOMOGの軍事活動を監視し，ECOMOGひいてはECOWASに対する国連の統制を確保するために1998年7月に設立された。

㉘　ナイジェリアは10月までに約9000人の部隊を引き上げ，また，ガーナも2000年1月までに自国軍の撤退を完了させている。落合雄彦「シエラレオネ」総合研究開発機構（NIRA)・横田洋三共編『アフリカの国内紛争と予防外交』国際書院，2001

年，206～213頁。

㉙　その後も UNAMSIL の要因は拡大する。国連は2000年2月には定員規模を1万1100人にまで拡大し，さらに5月には1万3000人にまで拡大させる決議を採択した。その後は2万3000人にまで規模を拡大し，国連平和維持軍ではこれまで類を見ない規模へと拡大した。落合，前掲論文，212頁，Gberie, *op. cit.*, pp. 169-170.

㉚　酒井啓亘「国連の介入」落合編，前掲書，23～40頁。

㉛　大西健「平和作戦における軍事力の機能に関する一考察——シエラレオネへの介入を事例として」『防衛研究所紀要』第15巻1号，2012年。

㉜　カーボ，前掲論文，47頁。

㉝　大西によると，UNAMSIL のマンデートは武力の行使も認められていたものの，UNAMSIL に参加した部隊はマンデートを理解しておらず，戦闘に備えていなかったという。大西，前掲論文，37～66頁。

㉞　同上，49～51頁。

㉟　Smillie and Minear, *op. cit.*, pp. 34-35.

㊱　落合雄彦「シエラレオネ紛争関連年表」武内進一編『アジア・アフリカの武力紛争——共同研究会中間成果報告』アジア経済研究所，2002年。

㊲　六辻，前掲論文，26頁。

㊳　正確を期すならば，この介入動機は本章が分析枠組みとして設定とした3層のレベルからはこぼれ落ちてしまう。本章で設定したリージョナルなレベルでは紛争連動地域，すなわち国境を越えて軍事的な協力関係が政府や武装勢力間で形成される数カ国からなるまとまりを分析レベルとして設定した。それに対してナイジェリアの懸念は，武器の流通や難民の流入に対するものであるため，より広範な地域を念頭に置いていると言える。本章ではこのレベルを便宜的に国際レベルへと分類した。

㊴　六辻，前掲論文，26頁。

㊵　落合雄彦「ナイジェリアにおける軍事政権と個人支配」佐藤章編『アフリカの「個人支配」再考』アジア経済研究所，2006年，62頁。

㊶　六辻，前掲論文，26頁。

㊷　王志安「シエラレオネのクーデターへの国際的対応——不承認及び崩壊せしめる政策の展開」『政治学論集』48，1998年，1～40頁。

㊸　山田亮子「ブレア政府の外交政策：逸脱と回帰——二人の外相の視点から」『上智ヨーロッパ研究』3，2011年，133～157頁。

㊹　Strategic Defence Review, Presented to Parliament by the Secretary of State for Defence by Command of Her Majesty, July 1998.

㊺　細谷雄一「ブレア労働党政権と欧州安全保障の変容——「欧州防衛イニシアティブ」をめぐるイギリスのリーダーシップ」『欧州安全保障システムの新展開からの米欧同盟の考察』（平成12年度外務省委託研究），日本国際問題研究所，2001年。

第Ⅰ部 「失敗国家」におけるセキュリティ・ガヴァナンス

⑷ 阿部悠貴「「ニュー・レイバー」政権によるコソヴォ紛争への介入——ボスニア紛争をめぐるイギリス労働党の議論とその影響に注目して」『上智ヨーロッパ研究』第2巻，2010年，51〜73頁。

⑺ 細谷，前掲論文。

⑻ 阿部，前掲論文。

⑼ この報告書は，コソヴォ危機におけるイギリスやNATOの対応を省察したものである。

⑸ カーボ，前掲論文，51頁。

⑹ 岡野，前掲書，128〜134，244〜247頁。

参考文献

阿部悠貴「「ニュー・レイバー」政権によるコソヴォ紛争への介入——ボスニア紛争をめぐるイギリス労働党の議論とその影響に注目して」『上智ヨーロッパ研究』第2巻，2010年。

王志安「シエラレオネのクーデターへの国際的対応——不承認及び崩壊せしめる政策の展開」『政治学論集』第48巻，1998年。

大西健「平和作戦における軍事力の機能に関する一考察——シエラレオネへの介入を事例として」『防衛研究所紀要』第15巻1号，2012年。

岡野英之『アフリカの内戦と武装勢力——シエラレオネにみる人脈ネットワークの生成と変容』昭和堂，2015年。

落合雄彦「シエラレオネ」総合研究開発機構（NIRA）・横田洋三共編『アフリカの国内紛争と予防外交』国際書院，2001年。

落合雄彦「シエラレオネ紛争関連年表」武内進一編『アジア・アフリカの武力紛争——共同研究会中間成果報告』アジア経済研究所，2002年。

落合雄彦『西アフリカ経済共同体（ECOWAS）』国際協力事業団研修所，2002年。

落合雄彦「ナイジェリアにおける軍事政権と個人支配」佐藤章編『アフリカの「個人支配」再考』アジア経済研究所，2006年。

カーボ，マイケル（岡野英之訳）「ブレア・ドクトリン——なぜ，イギリスは軍事介入したのか」落合雄彦編『アフリカの紛争解決と平和構築——シエラレオネの経験』昭和堂，2011年。

酒井啓亘「国連の介入」落合雄彦編『アフリカの紛争解決と平和構築——シエラレオネの経験』昭和堂，2011年。

ブラ，オスマン・落合雄彦「西アフリカ諸国経済共同体による軍事介入」落合雄彦編『アフリカの紛争解決と平和構築——シエラレオネの経験』昭和堂，2011年。

細谷雄一「ブレア労働党政権と欧州安全保障の変容——「欧州防衛イニシアティブ」をめぐるイギリスのリーダーシップ」『欧州安全保障システムの新展開からの米

欧同盟の考察』（平成12年度外務省委託研究），日本国際問題研究所，2001年。

三井光太「NATO によるユーゴ空爆（コソヴォ紛争）の全容——軍事的視点からの分析」『防衛研究所紀要』第 4 巻 2 号，2001年。

六辻彰二「西アフリカ諸国経済共同体（ECOWAS）の紛争管理メカニズム」『サブサハラ・アフリカにおける地域間協力の可能性と動向』（平成15年度外務省委託研究），日本国際問題研究所，2004年。

山田亮子「ブレア政府の外交政策：逸脱と回帰——二人の外相の視点から」『上智ヨーロッパ研究』第 3 巻，2011年。

Abdullah, Ibrahim, "Bush Path to Destruction: The Origin and Character of the Revolutionary United Front/ Sierra Leone," *The Journal of Modern African Studies*, Vol. 36, No. 2, 1998.

Alie, Joe A. D., *A New History of Sierra Leone*, Oxford: Macmillan Education, 1990.

Gberie, Lansana, *A Dirty War in West Africa: The RUF and the Reconstruction of Sierra Leone*, Bloomington and Indianapolis: Indiana University Press, 2005.

Hoffman, Danny, *The War Machine: Young Men and Violence in Sierra Leone and Liberia*, Durham and London: Duke University Press, 2011.

Jackson, Robert H., *Quasi-states: Sovereignty, International Relations and the Third World*, Cambridge and New York: Cambridge University Press, 1990.

Kandeh, Jimmy D. "Transition without Rupture: Sierra Leone's Transfer Election of 1996," *African Studies Review*, Vol. 41, No. 2, 1998.

Penfold, Peter, *Atrocities, Diamonds and Diplomacy: The InsideStory of the Conflict in Sierra Leone*, South Yorkshire: Pen and Sword Books, 2012.

Pham, J. Peter, *Child Soldiers, Adult Interests: the Global Dimensions of the Sierra Leonean Tragedy*, New York: Nova, 2005.

Reno, William, *Corruption and State Politics in Sierra Leone*, Cambridge and New York: Cambridge University Press, 1995.

Smillie, Ian and Larry Minear, *The Charity of Nations: Humanitarian Action in a Calculating World*, Bloomfield: Kumarian Press, 2004.

Strategic Defence Review, Presented to Parliament by the Secretary of State for Defence by Command of Her Majesty, July 1998.

Waugh, Colin M., *Charles Taylor and Liberia: Ambition and Atrocity in Africa's Lone Star State*, London and New York: Zed Books, 2011.

第2章

テロ対策と両立する「領土的一体性」に挑むマリ

山根達郎

1　マリ紛争をめぐるセキュリティ・ガヴァナンスの検討

　本章は，アフリカにおけるセキュリティ・ガヴァナンスの動態を探ることを問題意識としながら，2012年以降に発生したマリにおける武力紛争に対して，主要なアクターがどのような「ガヴァナンス」を形成したのかという問いについて検討する1つの試みである。

　2010年末に生じたチュニジアにおける民主化運動は，その後，北アフリカから中東地域にまで拡大し，「アラブの春」とも呼ばれる事態に発展した。リビアでも「アラブの春」を受けて体制が崩壊した。リビアでの統治の揺らぎは，同国を離れる武装集団の隣国マリへの越境を助長し，その結果，マリ北部での歴史的武装闘争を再燃させた。その後にマリ政府の要請を受けて治安の安定化と国家建設のために現地に展開したフランスやアフリカ連合（African Union：AU），そして国際連合平和維持活動（国連 PKO）といった多様な国際アクターによる協働は，一部の紛争当事者の間で和平合意の締結を促した。しかし，2017年に入った現在もなお，マリ国内の各所において，反対武装集団による武力衝突が起きており，本格的な和平に向けた兆しは見えていない。

　このようにマリでは，本書の序章で示された「中央政府の安全保障提供能力」の程度が，「国家の失敗」と呼ばれるレベルにまでに低下していると言わ[(1)]ざるをえない。ただし，その能力を多様な外部アクターが，互いに協力し，セキュリティ・ガヴァナンスを形成した痕跡が，マリの事例では窺える。したがって，本章の着眼点はそこにある。

　本章での考察を通じ，マリにおける紛争解決をめぐる「国際アクター間の秩

第 I 部 「失敗国家」におけるセキュリティ・ガヴァナンス

序観の共有」が，セキュリティ・ガヴァナンスの制度構築機能をより一層強固なものにしている側面が，まずは浮かび上がることになる。他方で本章の結論部は，「国際アクター間の秩序観の共有」が，マリにおける反対武装集団にとっては対立概念として映り，セキュリティ・ガヴァナンスの脅威削減の機能に対する逆作用をもたらしていると論じる。加えて，マリにおける国家建設の条件として国内アクター間で当面合意された内容の中核的要素である「領土的一体性」をめぐる不確実性について，本章は指摘したい。そのために，本章は次の順に論を進める。まず第 2 節は，アフリカにおける安全保障上の脅威と，これに対抗する多様なアクター間の協働の概要について示す。第 3 節は2012年以降のマリでの紛争状況の概要について述べ，その上で第 4 節は，アフリカ内部の国際アクターとして西アフリカ諸国経済共同体（Economic Community of West African States：ECOWAS）と AU を，そして第 5 節は，外部アクターとしてフランス，国連 PKO，そして EU を取り上げ，マリにおける統合的かつ多層的なセキュリティ・ガヴァナンスの特色について探る。最後に本章のまとめとなる第 6 節は，上述の結論を提示する。

2 アフリカにおける武力紛争の脅威と紛争解決に向けたアクター間の協調

冷戦終結後のアフリカにおける武力紛争の拡大とその特色

　冷戦が終結した後も，現在に至るまで，アフリカ地域での武力紛争は絶えることはない。そのことは，平和維持や平和構築のために派遣される国連 PKO による展開地域を見れば一目瞭然である。国連によれば，国連 PKO の初の設置が決まった1948年の事例から数えて2016年 8 月末まで，（派遣終了事例を含めて）71件にも及ぶ国連 PKO が展開している。[2] そのうちアフリカ地域については，31件が該当する。[3] 派遣中（2016年 8 月末時点）の16件の国連 PKO のうち，アフリカ大陸全域では，西サハラ，中央アフリカ共和国，マリ，コンゴ民主共和国（以下，コンゴ（民）），スーダン（ダルフール地域），同じくスーダン（アビエイ地域），南スーダン，コートジボワール，リベリアの 9 件となっている。同

50

じ国連資料（2016年8月末時点）によれば，11万8792名の国連PKO派遣要員全体のうち，上記9件の総数は9万8566名にも及び，この数字は全体の8割以上を占めている。

　ともあれ，リベリアやコートジボワールへの国連PKO派遣要員数は，治安状況の改善に伴い，現在は減少傾向にある。しかし，それぞれの派遣開始年が2003年（国連リベリア・ミッション）と2004年（国連コートジボワール活動）と，両国連PKOともすでに派遣開始から10年以上が経過している。これらは，紛争終結後の長期的で多様なニーズに応える国家建設の営みにはかくも時間を要するという具体例となった[4]。とはいえ，国連PKO予算規模も年々膨らむ傾向にあり，派遣の度に求められる大規模な要員数や拠出金額をいかにして確保するかという課題が国連PKO派遣の大きな重荷となっている[5]。

　ところで，シエラレオネやリベリアをはじめ，1990年代以降のアフリカにおける武力紛争は，紛争による混乱を維持することで違法に利得を収奪する武装集団を指した「ウォーロード[6]」をめぐる議論によって特色付けられる傾向にあった。しかし，次第にアフリカでは「テロリスト」型の武装集団に対する脅威についても語られるようになっていった。「アラブの春」の流れを反転させたその後のエジプトにおける軍政支配やリビアにおける内乱の継続などを受けた中東・アフリカ地域情勢の動揺は，現在，イスラーム過激派の周辺地域への流入を加速化させている。モートン・ボアスとケビン・ダンは，今やアフリカの武装集団は，脱植民地化闘争に従事するものから，ウォーロード，あるいは国際テロリスト集団へと変貌しつつあると論じている[7]。

アフリカにおける安全保障のアクター間の制度化の動き

　このように，アフリカは，極度な「国家の失敗」状態が各所で目立つ中，ウォーロードやテロリスト集団が跋扈している状況に置かれている。そのため，紛争状態を平和な状態へと転換するための安全保障面の制度化について，冷戦終結後，とりわけ2000年代以降のアフリカで顕著な動きが見られた。これは，より広い文脈ではグローバル化する「新しい戦争[8]」へのアフリカ地域をめぐる対応の深化・拡大の動きでもあった[9]。域内の経済統合機能を促進するために設

立されたアフリカ統一機構（Organisation of African Unity：OAU，1963年設立）は，2002年，上述の課題解決に乗り出すため，加盟国の主権を越えた正当な紛争解決機能を果たすべく AU へと改組された。その 2 年後，AU は，AU 域内における紛争予防・紛争解決メカニズムとして，「アフリカ平和・安全保障アーキテクチャー（Africa Peace and Security Architecture：APSA）」構想を発表し，そのメカニズムを動かすための具体的な政策決定機関として，AU 平和・安全保障理事会を設立した。これを受けて国連は，『世界サミット成果文書』（2005年）の「平和維持」分野の項目で，国連憲章第 8 章に基づき，地域機構が国際の平和と安全の課題解決についてより一層の貢献を行うよう求めた。さらに同文書は，「強力な AU の重要性（importance of strong AU）」に留意し，国連が EU などのアフリカ地域外の地域機構と協力して，AU の紛争対応能力を開発するための支援を促進すべきであると明示した。

　その後，国連と AU は，国連・AU ダルフール合同ミッション（UN/AU Hybrid Operation in Darfur：UNAMID）と呼ばれる共同部隊を設置した。同ミッションは，それより先行して派遣されていた AU スーダン・ミッション（AU Mission in Sudan：AMIS）を引き継ぐものであったが，当時のスーダン大統領が国連 PKO の独自派遣に対して難色を示したことを背景として，これが初の国連・AU 間のハイブリッド型ミッションの設置となった。また，AU による平和維持活動の設置・派遣後に国連 PKO がこれを引き継ぐ形式としては，中央アフリカ共和国，そしてマリでの各事例がスーダンの事例に続いている。

　また，アフリカでは，国連と AU との連携に加え，EU によるアフリカ安全保障への取り組みも増えてきている。新たに共通安全防衛政策（Comprehensive Security and Defense Policy：CSDP）を2003年に採択した EU は，具体的な欧州安全保障戦略（The European Security Strategy：ESS）の実現を目指すための不可欠な要素として，失敗国家やテロリズムといった越境的な問題を抱えるアフリカ地域へのアプローチを強化していった。より具体的には，2007年に開催された第 2 回アフリカ・EU サミットでの採択文書，「EU・アフリカ戦略パートナーシップ：共同アフリカ・EU 戦略（The EU Africa Strategic Partnership：A Joint Africa EU Strategy）」が国連・EU 間の協力体制の内容を示している。政

策連携が進展する一方，EUによる軍事・文民両形式での平和支援ミッションが，アフリカ地域へも多数派遣されることになった。EUミッションの派遣は，国連PKOやAUによる平和維持活動の派遣地に重ねられつつ，同時にそのAUによる平和維持活動に対してはEUからの資金的援助や技術支援が提供される傾向にある。[16]

このように，アフリカにおける紛争に対する安全保障上の制度化の動きは，国連のみならず，近年はアフリカ内外の複数の地域機構によっても活発化していることが分かる。以上を踏まえ，次節以降では，マリの事例の特色について，セキュリティ・ガヴァナンス論の観点から考察を進めたい。

3　2012年以降のマリ北部紛争概略
——限定された国内アクター間の「合意」

遊牧民トゥアレグとマリの近代化

本節は，2012年に本格化したマリ北部紛争の背景や，その紛争解決に向けた外部アクターの関わり，そして紛争当事者間の和平合意の形成過程といった，一連の紛争概略を示す。

経済協力開発機構（Organisation for Economic Co-operation and Development：OECD）の資料によれば，現在のマリ（図2-1）は，20程度の言語が交錯する中で，60程度の民族集団で構成されている。[17]多様な民族集団が存在するマリであるが，大別する見方によれば，同国北部と南部との間の地理的区分が，「サブサハラ」と「アラブ＝ベルベル」とにそのアイデンティティを分ける。この大別では，同国がモーリタニアの南部に面して東西に接する国境線から，マリ北部のトンブクトゥ，ガオ両都市の周辺からニジェール川に沿って東に抜けるラインよりも南側の地域に住むサブサハラ系民族が全人口の9割程度を，他方でその北側の地域に住むアラブ＝ベルベル系民族が残りの1割程度を占めている。[18]少数派の北部民族の中にあって，トゥアレグは，大部分が砂漠で覆われる同国最北から西部にかけての地域で遊牧やキャラバン貿易を営んできた民族である。そのトゥアレグの反乱分子とマリ政府との間の歴史的な対立が，2012年

53

第Ⅰ部　「失敗国家」におけるセキュリティ・ガヴァナンス

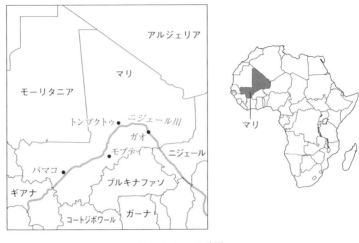

図2-1　マリの地図

の北部紛争の背景として存在していた[19]。

　もともとトゥアレグと呼ばれる人々は，サヘル地域を移動する先住の民であった。1885年から正式に開始されたフランスによる植民地統治の時代からトゥアレグは，「外部」の侵攻に反抗を繰り返してきた[20]。1960年の独立後においては，マリ政府によって進められた近代化政策は，旧態依然との評価からトゥアレグの伝統的生業の継続を阻んだ。すなわち，マリ政府は，遊牧民の生活様式は近代化政策と相容れないものと捉え，遊牧民が多いマリ北部を「無駄なマリ (the useless Mali)」と決めつけ，現地住民の伝統的価値への十分な配慮も見せることはなかった[21]。また，これとは対照的に，マリでは都市部を中心とした近代化が進められていった。

マリ政府に対するトゥアレグの反発と武装蜂起

　国民と国家制度の形成過程で周縁化したトゥアレグの遊牧民は，1970～80年代にかけてのマリ北部での干ばつでさらに疲弊した。こうした中，マリ北部開発援助資金を着服したとされるマリ政府に対する彼らの反発が強まると，周辺国に「移住」するトゥアレグの若者の数が増加した。そして彼らの多くは，リ

ビアで民兵としてムアマル・カダフィ政権によって徴用されていったのである[22]。1990年の初めにはリビアで戦闘経験を積んだトゥアレグでマリ政府に反抗心を抱く者たちが，首都バマコを拠点にマリ北部の問題解決を望む一部のトゥアレグ知識層と結び付くことで，マリ政府に対する反乱が開始された[23]。その後，マリ政府とトゥアレグ系反乱武装集団との間で戦闘が散発的に繰り返された。遊牧民であるトゥアレグにとって，基本的生活様式と相容れない政策を推し進めようとするマリ政府は，生存に関わる脅威であり続けた[24]。

　リビアの内戦でカダフィが殺害されたことで，戦闘員としての職を失いリビアに留まることもできずに帰還を余儀なくされたトゥアレグ兵士たちは，現地の不満分子を取り込む形で，アザワド解放民族運動（The National Movement for the Liberation of Azawad：MNLA）を2011年10月に発足させた[25]。MNLA は，2012年1月より，マリ北部地域における独立を主張し，マリ政府軍の複数の駐屯地に襲撃をかけ始めた。その後，MNLA の勢いに押されたマリ軍の一部が他方で軍事クーデターを企てる中，2012年4月6日には，MNLA は一方的な「独立宣言」を発表した。しかしすぐさま MNLA にも，存続の危機が訪れる。「独立宣言」時に同じトゥアレグという名目で手を組んでいたジハーディスト武装集団であるアンサル・ディーンが MNLA を拠点のガオから駆逐し，ついには同国北部地域の一部を支配下に収めたのである。

国際介入と和平合意の締結

　こうした事態に対応するため，国際社会は軍事的介入の意思を固め，2012年12月20日に AU によるアフリカ主導マリ国際支援ミッション（African-led International Support Mission in Mali：AFISMA）の設置が国連安保理決議2085により承認された[26]。この直後から AFISMA による派遣準備が始められたが，治安の急激な悪化に対応するため，2013年1月，フランスが現地でのテロとの戦いを主たる目的とした軍事行動を即時開始することになった。その後，AFISMA も当初予定していた展開時期を早めて現地での治安活動に着手した。

　これらの介入が奏功し，2013年6月，MNLA，そして MNLA とは別に新たに結成されたアザワド統一上級会議（The High Council for the Unity of Azawad：

HCUA）と呼ばれる武装集団は，マリ政府との間で予備的な和平合意を結ぶ。これを受けて，同年7月1日，AFISMA は撤退すると同時に，国連マリ多面的統合安定化ミッション（The UN Multidimensional Integrated Stabilization Mission in Mali：MINUSMA）にその任務を引き継いだ。その後，その他のトゥアレグ系の複数の武装集団が互いに対話を重ねる中で，最新のものでは2015年5月に，マリ政府は，トゥアレグ系の武装集団の集合体である「プラットフォーム連合（The Platform Coalition）」，および，「アザワド運動調整（Coordination of Movement of Azawad：CMA）」と，マリ北部でのトゥアレグの政治的権利を保障する具体的な内容の合意文書に署名した。しかし，その後もアルカイダ系テロリスト集団による犯行とされるテロ活動が後を絶たず，現在においても継続的に MINUSMA の要員がテロの標的になり，多数の死傷者を出すなど，マリ北部での治安は十分には改善していない。

4　ECOWAS と AU の狭間——「アフリカ主導」によるガヴァナンス形成

ECOWAS による対応の経緯

　本節は，2012年以降，マリにおける紛争解決に向けた初動段階で重要な役割を担った ECOWAS と AU の動向について，アフリカ主導によるセキュリティ・ガヴァナンスの形成という観点から論じる。

　本章の第2節では，アフリカにおける安全保障分野の制度化の一部として，AU による取り組みについて触れたが，アフリカ域内の地域機構として，AU よりも以前に安全保障制度の構築を目指したのは ECOWAS であった。ECOWAS は，1999年には「紛争予防・管理・解決・平和維持・安全保障メカニズム（Mechanism for Conflict Prevention, Management, Resolution, Peacekeeping, and Security）」を加盟国間で合意していた（2008年には，同メカニズムを深化させた「ECOWAS 紛争予防フレームワーク［ECOWAS Conflict Prevention Framework］」を構築した）。同メカニズムの策定の以前から，ECOWAS はリベリアやシエラレオネなどにおいて紛争解決のための ECOWAS 部隊の派遣を経験してきた。こうした域内安全保障のための制度構築とその実践の積み重ねを背景に，2012

年のマリ情勢の悪化に対しても，ECOWAS は，「域内問題」への対応を，AU に先んじて進めようとした。しかし，ECOWAS 独自による待機軍の投入案は結果的には実現されず，代わりに AU が主体的に介入する「アフリカ主導」型の AFISMA 派遣へと筋書が変更されていった。本節はまず，このような「アフリカ主導」を発揮する上で，両機構がどのような取り組みを展開したのかを確認する。

　マリ北部での反乱に乗じてマリ国軍の一部兵士が起こしたクーデターは，2012年3月22日，多数の死傷者を伴いながら，アマドゥ・トゥマニ・トゥーレ同国大統領をその座から失墜させることに成功した。これに対し ECOWAS は，同年3月27日，クーデターを起こした「民主主義再建・国家復興のための国家委員会（National Committee for the Recovery of Democracy and the Restoration of the State：CNRDRE，原文：フランス語）」と名乗る首謀者による実力支配を阻止する目的で，マリの ECOWAS 加盟を一時停止するとともに，国境封鎖や経済制裁を実施するための緊急会合を開催した。同時に ECOWAS は，マリにおける政治安定と同時にマリ北部での騒乱への軍事的対応を実現するため，同年4月5日，ECOWAS 待機軍の派遣に向けた具体的検討案を討議した。

　その翌日の4月6日には，ECOWAS による外交的圧力を背景に，トゥーレ大統領と CNRDRE 関係者との間で一定の政治決着が導き出された。すなわち，トゥーレ大統領が辞任を条件としたマリ暫定政府の設立，その上でのマリ国家の憲法秩序の回復を目指すとする合意が両者間で結ばれた。しかし，マリ北部で戦闘を拡大する MNLA は，同日にマリ北部地域での「独立」を宣言するという行動に出た。同年6月17日付の ECOWAS によるプレス・リリースによれば，混迷を極めるマリ北部での事態を打開するために，同年6月15日，国連安保理に対し ECOWAS 代表団は，マリに対する ECOWAS 待機軍の設置については AU も了承済みであるとした上で，待機軍派遣に不可欠な資金面を中心とした積極的支援を求めたという。

ECOWAS の動きに対する国連と周辺国の反応

　しかし，同年7月5日にマリ情勢について採択された国連安保理決議2056の

第 I 部 「失敗国家」におけるセキュリティ・ガヴァナンス

文言では，マリの領土的一体性とテロとの戦いを支援する目的で設立される
ECOWAS 待機軍の展開についての ECOWAS と AU による要請については，
「留意する（takes note）[33]」という表現に留まった[34]。

　この ECOWAS 待機軍派遣構想については，当時のマリ暫定政権が反対を表
明していたことが，同年 7 月11日に実施された国連安保理会合での討議内容か
ら明らかになっている[35]。同会合では，サイード・ジニット国連西アフリカ事務
所（United Nations Office for West Africa：UNOWA）代表兼国連事務総長特別代
表が当時の西アフリカ情勢を報告した。その際，ジニット UNOWA 代表は，
先の国連安保理決議2056の採択にあたり，マリ政府代表がマリ暫定政権への政
治的介入を意図する ECOWAS 待機軍の介入に反対を表明し，同国への介入は
領土的一体性の確保を側面から支援するものに限るべきであると述べていた事
実を強調した（ジニット UNOWA 代表は，ECOWAS がマリ紛争に対して機能する立
場にないことを念頭に置きつつ，この事態を打開するための AU による対応に期待も併
せて表明した[36]）。

　関連して，北アフリカ地域に位置しつつマリと国境を接する周辺国は，
ECOWAS 待機軍の派遣が間接的に自国の安全保障を脅かす要因を生み出すの
ではないかという懸念を抱いていた[37]。マリの周辺国でありながら，「西アフリ
カ」の域外で ECOWAS 非加盟のアルジェリアやモーリタニアにとっては，
ECOWAS 加盟国の平和の安定を目的として派遣される ECOWAS 待機軍は，
必ずしも ECOWAS 域外へのテロの越境の問題，すなわち自国へのテロの流入
の問題の包括的な解決を保証してくれるものとは映らなかった。

求められた AU の登場

　つまり，マリ暫定政府と，ECOWAS 域外に位置するマリの周辺国は，
ECOWAS 主導による紛争解決を求めなかったのである。このことからは，
ECOWAS の管轄地域を超えるサヘルの問題への対応には AU による拡張され
た地域主義が求められたものと理解できる。事実，その後は，AU による具体
的対応が開始された。2012年10月24日に開催された AU 平和・安全保障理事
会の場で，「マリ危機の解決に向けた AU 戦略概念（African Union Strategic

58

第2章　テロ対策と両立する「領土的一体性」に挑むマリ

Concept for the Resolution of the Crises in Mali)」が採択され，さらにその翌月には，マリ全土における統治を回復するためのマリ国軍の強化と，AU が調整する形で形成される安定化ミッション，すなわち AFISMA の派遣に向けた具体的共通戦略が同理事会で策定された。これに対し ECOWAS は，AFISMA 派遣に向けた AU 平和・安全保障理事会での討議を要請する旨を同年11月12日の会合で表明し，さらにその翌日の11月13日に開催された AU 平和・安全保障理事会は，今回の最終決定により承認される運びとなる AFISMA が AU の規定に基づくアフリカ待機軍の枠組みで形成されることを「強調（stresses）[39]」し，その枠組みで ECOWAS 諸国によって構成される待機旅団の提供に対し，「満足をもって留意する（notes with satisfaction）[40]」と決議した。

　AU による AFISMA 派遣に向けた戦略概念の策定を受けて，繰り返しになるが，同年12月20日，国連安保理は，AFISMA の派遣を容認する国連安保理決議2085を採択した。AU は，2013年1月30日付で，AFISMA 代表（マリ・サヘル地域 AU 上級代表を兼務）として，かつてブルンジ大統領を務めたピエール・ブヨヤを正式に任命した[41]。しかし，国連文書によれば，ナイジェリアのシェフ・アブドゥルカディルが AFISMA 軍事司令官として，2013年1月12日にはバマコへ赴き，AFISMA の展開準備の指揮を開始していたという[42]。なお，アブドゥルカディル氏は，同年1月17日に開催された ECOWAS 首脳会合で正式に AFISMA 司令官として任命されている。即時にブルキナファソ，ニジェール，ナイジェリア，トーゴからの要員派遣を受けた AFISMA であったが，9620名で構成されることを想定していたものの，2013年2月20日時点では5397名の派遣数に留まった[43]。

「アフリカ主導」のセキュリティ・ガヴァナンス

　このように，制度上の形式から見れば，AFISMA の派遣を決定したのは AU であったと言える。ただし，AFISMA 派遣に向けた経緯には，2012年4月からの ECOWAS 単独による待機軍構想が存在し，さらには ECOWAS の決定に基づいて，「ECOWAS 待機軍」が AFISMA への派遣部隊の主力を提供した事実がある。このことを考慮すれば，まさに，「アフリカ主導」による AF-

59

第 I 部　「失敗国家」におけるセキュリティ・ガヴァナンス

ISMA は，ECOWAS と，ECOWAS 加盟国もメンバーの一部となっている AU とが，互いに協調しつつも両地域機構で別々の政治決定を通じて形成されたセキュリティ・ガヴァナンスの様態を表す組織であった。もっとも，上述のとおり，この過程では，マリとマリ周辺国による ECOWAS 主導の待機軍設置案への懸念が影響し，ECOWAS による単独派遣案は事実上見送られるという変移が生じていた。[44]

　とはいえ，AFISMA が，その派遣当初より紛争解決に向けて十分な信頼をマリ政府から得ていたわけでもなかったようである。AFISMA の派遣体制の不十分さへの懸念から，AFISMA の増強と同時に AFISMA に代わる国連 PKO の新設を，マリ暫定大統領を務めていたディオンクンダ・トラオレが 2013年 2 月には国連に対して要請していた事実は，国連による「主導」こそがこの事態を打開するために不可欠な次の手立てであったことを物語っている。[45]

　以上，本節ではアフリカ内部のアクターの動きとして，AU と ECOWAS とによる「アフリカ主導」によるセキュリティ・ガヴァナンスの形成過程について検討した。それではアフリカ外部のアクターによるマリ紛争への関与はどのようなものであったのか。次節では，マリ紛争をめぐって軍事展開を実施したフランス，国連 PKO，そして EU の関与についてセキュリティ・ガヴァナンスの形成という観点から検討する。

5　フランス・国連 PKO・EU の関与
──国家建設とテロ対策のためのガヴァナンス

「テロとの戦い」に挑むフランス

　上述したように，AFISMA の派遣が決定されるとすぐに，マリの治安情勢は急激に悪化した。これを受けて，2013年 1 月11日，マリ紛争に対応するため急遽フランスが軍事行動に乗り出した。マリ国軍と共同で実行されたこの軍事行動をフランスは，「セルヴァル作戦（Operation Serval）」[46]と呼称し，大規模空爆と地上軍の投入を実施した。この作戦の正当性をめぐり，フランスのフランソワ・オランド大統領（当時）は，国連安保理決議2085（2012年12月20日採択）

60

の要請に基づく領土的一体性の確保に不可欠な，テロとの戦いであると強調した[47]（フランス軍による介入は，その後，同年4月25日付の国連安保理決議2100でも容認されている[48]）。

この「領土的一体性」の確保に不可欠な「テロとの戦い」を実行するという課題には，「テロとの戦い」を終わらせるために「領土的一体性」を促進すべきという逆の課題もある。国家による領土的一体性の徹底は，しばしば国内における民族自決の権利を追求する人々の反発を招きがちである。そこで，トゥアレグ系の武装集団とマリ政府との国内対立が悪化すれば，聖戦を唱えるテロリスト集団にとってはその影響力を拡大する上で格好の状況が醸成される。その意味で，フランスの「テロとの戦い」を優先する戦略は必要であるが，理念上は「領土的一体性」を安定的に確保することが十分条件となる[49]。もっとも，その紛争解決の進め方においては，領土的一体性を基盤とした合意交渉に参画してくるマリ北部のローカルなトゥアレグ系武装集団と，その他のテロリスト集団とは峻別されなくてはならないという困難がつきまとう。

AFISMA 終了に伴う国連と EU の協調

ところで，「セルヴァル作戦」開始日の翌日にあたる同年1月12日に AFISMA による現地展開が緊急に始められたことは前節で述べたとおりである。その後，マリでの紛争解決と平和構築をめぐる国際アクターの政策と現地活動の調整は，「共同タスクフォース[50]」の設置によって進められた。同タスクフォースでは，国連，AU，ECOWAS，そして EU がメンバーとなり，AFISMA から MINUSMA への任務の引継ぎと，マリの国家建設に向けた EU の具体的関与が検討された。EU は，AFISMA の派遣を容認した国連安保理決議2085において，同時に EU マリ訓練ミッション（EU Training Mission in Mali：EUTM Mali）の派遣について国連安保理からの容認を得た。治安維持を目指す AFISMA による待機軍の展開は，領土的一体性を具体化する国家建設の中核とも言える軍・警察の育成支援を目的とした EUTM Mali との連携が不可欠であった。EUTM Mali の派遣構想は2012年12月10日には公表されていたが，EU では2013年2月にはその設置が正式に決まった。

第Ⅰ部　「失敗国家」におけるセキュリティ・ガヴァナンス

　これらの経緯を経て，フランス，EUTM Mali そして，AFISMA から MI-NUSMA への権限移管といった一連の重層的派遣手続きが国連安保理の議場で実現していった。MINUSMA の設置を決めた安保理決議2100（2013年4月25日付）では，国連安保理は，1万1200名の軍事要員に加え，1440名の警察要員を加盟国各国に求めたが，6500名程度であったとされる AFISMA を吸収することでその目標の要員数確保が目指された。また MINUSMA の職務権限は，「マリ全土において鍵となる居住区の安定と国家機関の設立支援」から，「国民政治対話や選挙過程を含む暫定的ロードマップの履行支援，文民と国連要員の保護，人権の促進・保護，人道活動の支援，文化的保護のための支援，国家・国際司法の支援」に至るまで，多岐にわたった。

　MINUSMA の派遣決議が採択されたのは，実は第3節で示した準備的な和平合意（2013年6月）がマリ政府と一部のトゥアレグ系の武装集団との間で締結される以前の話である。そのため，アルカイダ系のテロリスト集団らが闊歩する事態が継続しているどころか主要なトゥアレグ系武装集団の正式な合意も得られていない状況下での MINUSMA の派遣決議の内容には，その活動任務の遂行にあたっての覚悟の跡が窺える。すなわち，国連安保理決議2100を通じて，国連は，イスラーム・マグレブ諸国のアル＝カーイダ（Al-Qaeda in the Is-lamic Maghreb：AQIM），西アフリカ聖域統一運動（Movement for Unity and Jihad in West Africa：MUJAO），アンサル・ディーン（Ansar Dine）などのテロリスト集団を名指ししつつ，マリにおける反対武装集団に対し，これらのテロリスト集団とのあらゆる関係を断ち切り，武装解除を受け入れることで新しい国家の再建に寄与するように促した。この内容からは，派遣される MINUSMA とこれらの「テロリスト集団」との対立が避けられないものと国連側に認識されていたものと考えられ，したがって，国連が国連憲章第7章下で突発的な武力衝突に対する「強靭な（robust）」対応を MINUSMA の任務に付与したことはその意味で必要な措置であった。ただし，具体的なテロ撲滅に向けた攻撃能力の確保については，フランスによる軍事展開に期待がもたれていたことは言うまでもない。

62

治安部門改革を進める国連と EU

　一方で MINUSMA は，紛争後の国家建設に向けた営みにとって不可欠な要素としての治安部門改革について，EU との連携をその派遣前から模索していた。2014年 2 月14日に設置される運びとなった EUTM Mali は，2016年 8 月時点では26カ国から580名程度の要員が参加をする中で，マリ全土における主権を行使するための民主的な国家制度の建設を支援する他，組織犯罪とテロの撲滅をその任務として掲げている。具体的な活動として EUTM Mali は，マリ国軍のテロ対策能力向上を含む人材育成を実施している。現在のところ2018年 5 月18日までの EUTM Mali の継続実施が EU 理事会で決定（2016年 3 月23日決議）している。

　マリ国軍の能力向上支援は，上述したように，マリ政府のガヴァナンスの脆弱性といった国家機構内部の課題解決の問題とも直結していた。2012年 3 月にマリ政府を危機に陥らせたクーデターは，同国軍の政治的統制が欠けていたことを示している。同クーデターを主導したアマドゥ・ハヤ・サノゴは，マリ国軍の中でも大統領府をバマコで護衛する役割を中心的に担っていたとされる精鋭の「レッド・ベレー」に対置される「グリーン・ベレー」と呼ばれる側に所属していた。「グリーン・ベレー」は不十分な装備や人材の中で，北部のトゥアレグ系武装集団との対決をマリ政府側から指示されていたことから，2012年のクーデターはその不満が 1 つのきっかけであったと考えられている。そもそもそれ以前からマリでは数次のクーデターが勃発しており，軍のガヴァナンスと能力の欠如が露呈していた。また，砂漠に覆われる過酷な北部地域に展開するマリ国軍部隊は，トゥアレグ系の武装集団から引き抜かれた者をパラミリタリーとして登用して不足分を補っていたが，その「部隊」からは脱走者が後を絶たなかったという。したがって，MINUSMA や EUTM Mali が任務としている治安部門改革は，マリ北部へのテロ対策の前提としての軍の民主的ガヴァナンスを含む組織構造の変革と同時に，国民を守るための徹底した人材育成を一から始める必要に迫られた。

　このように，マリにおける紛争解決と国家建設のために介入したフランス，国連 PKO，そして EU は，外部アクターとして，相互に協調しながら，テロ

との戦いを決意しつつ，それぞれの任務を遂行している。ただし，こうした介入は，一部の武装集団とマリ政府との間の和平合意にある領土的一体性を前提として国連安保理決議によって付与された介入の正当性の上に実施されている。その意味で，フランスによる対テロ軍事行動の一方で，これに加えて国連PKO と EU が国家建設を支援するセキュリティ・ガヴァナンスが持続するためには，領土的一体性の確保が求められている。

6　「合意」の中で進むセキュリティ・ガヴァナンスの残された課題

　本書の序章によって投げかけられた共通の問いは，「国家の安全保障提供能力」の欠如状態にある国家または地域において，「アクター間の秩序観の共有」の度合いと，国内・国際の領域を越えて参画するアクター間で形成されるセキュリティ・ガヴァナンスの特色の解明であった。そこで本章は，アフリカにおけるセキュリティ・ガヴァナンスを念頭に置きつつ，マリの事例に特化して分析を進めた。まとめれば，「国家の安全保障提供能力」が極めて脆弱な現状のマリは，「アクター間の秩序観の共有」が，共通の脅威として設定されるテロとの戦いの様相，そして自由主義や民主主義を基調とする国家建設の営みの中で見られる事例であった。AQIM や MUJAO，そしてアンサル・ディーンに代表されるようなテロリスト集団は外部アクター間では攪乱アクターと見なされ，セキュリティ・ガヴァナンスにとっての共通の脅威に位置づけられる一方で，「国内アクター」であるトゥアレグ系の武装集団，あるいは同時期にクーデターを起こしたマリ政府への反乱分子たちは，彼らが国家建設，とりわけ「領土的一体性」という価値を重視する外部アクターと協調する中でセキュリティ・ガヴァナンスの形成に不可欠なステークホルダーとして扱われた。

　本章の第2節で述べたように，近年のアフリカにおける紛争は，同地域をめぐる安全保障面の制度化を促す一方で，これに輪をかけるようにより深刻な課題を投げかけている。経済的利得を重視する「ウォーロード」は，確かに攪乱アクターかもしれないが，理念的にアイデンティティ・ポリティクスを貫き，相手の殲滅までを望むとされるテロリスト集団よりも「合意」の糸口が見つけ

第2章　テロ対策と両立する「領土的一体性」に挑むマリ

やすい。現在，マリを含めたアフリカ地域の複数の国々では終わりの見えない
テロとの戦いが繰り広げられている。第3節で述べたように，2012年以降に活
発化したマリにおける紛争の背景には，マリ北部のトゥアレグの人々によるマ
リ政府への不満が歴史的に蓄積していた。また，マリ政府が治安維持能力に欠
ける同国軍に対して慢性的に民主的ガヴァナンスを確立していないことも問題
である。外部アクターの関与を巻き込む形で，マリをめぐるセキュリティ・ガ
ヴァナンスが，トゥアレグ系の武装集団と，クーデターの反乱分子との2つの
合意形成の範囲で限定的に構築されようとしている。

　ECOWAS や AU がアフリカの紛争解決や平和構築について重視し，国連や
EU といったパートナーとの協調を進めてきた経緯については第4節でも触れ
たが，「アフリカ主導」による AFISMA の派遣が決定された直後に活発化し
たマリ北部でのテロ活動は，「テロリスト集団」がアフリカ内部の国際アク
ターを敵と見なした事態の訪れを示すことになった。また，AFISMA の設立
の過程では，ECOWAS による待機軍の構築も模索されたが，マリへの政治的
介入を意図したと見なされた ECOWAS に対するマリの暫定政権および周辺国
による反発が ECOWAS 主導を退けた。ここで見逃してはいけないのは，「国
家の安全保障提供能力」の欠如状態にあると見なされるマリにおいても，国家
主権の保護が叫ばれ，首都バマコでの権力基盤の温存が図られたことである。
AFISMA や MINUSMA，そしてフランスの介入も「領土的一体性」の確保が
政策意図として共有される中で，マリの政権部内での複数の権力アクターの独
立性は担保された。すなわち，こうした独立性を担保する条件の下で，自由化
や民主化のための支援が外部アクターによって提供されていくのである。

　第5節で述べたように，それでもテロ対策と国家建設の理念を共有しつつ，
国連安保理と，マリ政府をはじめとした「紛争当事者」との間の合意に基づき
展開されたのが，MINUSMA であり，フランスのセルヴァル作戦であり，ま
た EUTM Mali であった。AU や ECOWAS も含め，外部アクター間の理念の
共有と活動連携は，確かに2012年のマリでの政変と同国北部での武装闘争をき
っかけに進められた。その意味で，外部アクター間のセキュリティ・ガヴァナ
ンスは，上述したように様々な困難を乗り越えながらも制度化へと向かった。

65

第Ⅰ部 「失敗国家」におけるセキュリティ・ガヴァナンス

第5節では触れなかったが，EU は，EUTM Mali の他にも，ニジェール等の
テロ・組織犯罪対策能力強化（EU CSDP Mission in SAHEL Niger［EUCAP SA-
HEL Niger］，2012年～），リビア国境警備支援（EU Border Assistance Mission［EU-
BAM Libya］，2013年～），マリ民主化支援（EU CSDP SAHEL Mali［EUCAP SA-
HEL Mali］，2014年～）が同時並行で展開している。これらの活動は，どれもサ
ヘル地域のテロ対策と国家建設と深く関わっている。

　外部アクターは，マリ国家の領土的一体性を確保するという「同意」の範囲
内で支援している。治安部門改革支援はその最たるものである。リベラルな思
想を埋め込まれた平和構築は，もちろん民主化の促進を是とする。長年懸案で
あったマリ北部のトゥアレグの人々とマリ政府との和解と，彼らへの平和の配
当の着実な手配には，マリ政権の一層の民主化が必要であるが，その支援がセ
キュリティ・ガヴァナンスの政策過程において「強要」と見なされる場合には
どのような反応となるのであろうか。「領土的一体性」を追求することによっ
て不可避的に生じる分断社会と紛争再発の危機が訪れはしないであろうか。
2015年5月に締結された和平合意について，トゥアレグ系の両連合グループの
間に見られる主張の決定的な相違は，自決か否か，というところにあると評す
る分析もある[61]。プラットフォーム連合はマリの単一国家の統合過程に沿った形
でのマリ北部地域での現状の政治的・経済的不公平を是正する立場を主張して
いるのに対し，CMA 側はあくまで民族自決に基づく政治的・経済的独立にこ
だわる姿勢を示しているという[62]。トゥアレグ系の主張が民族自決に過度に傾け
ば，「領土的一体性」を掲げたセキュリティ・ガヴァナンスは変容を迫られる。

　選挙を経て，2013年9月に正式にマリ大統領に就任したイブラヒム・ブバカ
ル・ケイタは，2015年1月11日，多くの各国首脳が集結して実施されたパリで
の反テロ行進において，オランド大統領の隣にいた。継続する MINUSMA に
対するテロ攻撃は現状では後を絶つ様子はない。マリにおける現状のセキュリ
ティ・ガヴァナンスは，「領土的一体性」をめぐり，マリ政権，特に軍部の脆
弱性，トゥアレグの自決の動向，そしてテロ活動の抑え込みという攪乱の課題
を抱えながらも，現在までのところ，「合意」の範囲内で着実にアクター間の
連携を促してきたと言える。

66

注

⑴　たとえば，Robert I. Rotberg ed., *When States Fail : Causes and Consequences*, Princeton University Press, 2003.

⑵　UN, PKO Fact Sheet (as of 31 August 2016) (http://www.un.org/en/peacekeeping/resources/statistics/factsheet.shtml, 1 October 2016).

⑶　アフリカにおける国連 PKO の詳細については，たとえば，井上実佳「アフリカの安全保障と国連――国連平和維持活動（PKO）における地域機構との関係を中心に」日本国際連合学会編『安全保障をめぐる地域と国連』（国連研究第12号），国際書院，2011年，17〜40頁。

⑷　山根達郎「アフリカにおけるセキュリティ・ガバナンス――国連 PKO・AU・EU 間の協働をめぐって」『立命館大学人文科学研究所紀要』第109号，2016年，169〜170頁。

⑸　Katharina P. Coleman, "The Political Economy of UN Peacekeeping : Incentivizing Effective Participation," *Providing for Peacekeeping (International Peace Institute : IPI)*, No. 7, May 2014, pp. 1-33.

⑹　Cristpher Clapham ed., *African Guerrillas*, Indiana University Press, 1998 ; William Reno ed., *Warlord Politics and African States*, Lynne Rienner Publishers, 1998 ; Morten Boas and Kevin Dunn eds., *African Guerrillas : Raging against the Machine*, Lynne Rienner Publishers, 2007.

⑺　Morten Boas and Kevin Dunn, "Understanding African Guerrillas : From Liberation Struggles to Warlordism and International Terrorism," in James J. Hentz ed., *Routledge Handbook of African Security*, Routledge, 2014, pp. 85-95.

⑻　Mary Kaldor, *New and Old War's : Organized Violence in a Global Era*, Stanford University Press, Third Edition, 2012.

⑼　遠藤貢「グローバル化の中のアフリカ」日本国際政治学会編『国際政治（特集：グローバル化の中のアフリカ）』第159号，2010年，1〜11頁。

⑽　African Union : Peace & Security (http://www.peaceau.org/en/topic/the-african-peace-and-security-architecture-apsa#, 1 October 2016). APSA は，アフリカにおける平和と安全保障についての包括的なアジェンダを設定しており，具体的には，①早期警戒および紛争予防，②平和創造，平和支援活動，平和構築と紛争後復興，ならびに開発，③民主化実践の促進，グッド・ガヴァナンス，人権尊重，④人道的行動および災害管理，を掲げている。

⑾　UN, 2005 World Summit Outcome, UN Document A/RES/60/1, 2005.

⑿　*Ibid.*, para.93.

⒀　山根，前掲論文，169〜172頁。もっともアフリカの地域機構による平和維持部隊から国連 PKO への引継は，1990年代から ECOWAS と国連 PKO との間で実施さ

第Ⅰ部　「失敗国家」におけるセキュリティ・ガヴァナンス

れていた。その後，両者間の経験は，アフリカにおける複数の準地域機構による域内安全保障制度の構築を促し，さらには全体を統括する立場にいるAUによるアフリカ全体の待機軍構想へと展開していった。たとえば，ブラ，オスマン・落合雄彦「西アフリカ諸国経済共同体による軍事介入」落合雄彦編『アフリカの紛争解決と平和構築——シエラレオネの経験』昭和堂，2011年，3～21頁，参照。

⒁　EU Document, European Security Strategy (A Secure Europe in a Better World), 12 December 2003.

⒂　The Council of the European Union, The EU Africa Strategic Partnership : A Joint Africa EU Strategy, Lisbon, EU Document 16344/07 (Presse 291), 9 December 2007.

⒃　山根，前掲論文，168～172頁を参照。

⒄　OECD, Sahel and West Africa Club, *SWAC News (The Population of Northern Mali)*, No. 11, Jan. 2015.

⒅　*Ibid.*

⒆　坂井信三「マリの歴史と社会におけるトゥアレグ人の位置——生態学的適応・生業分化・人種的表象」日本国際問題研究所編『サハラ地域におけるイスラーム急進派の活動と資源紛争の研究——中東諸国とグローバルアクターとの相互連関の視座から』（平成25年度外務省外交・安全保障調査研究事業），日本国際問題研究所，2014年，63～76頁。坂井は同論文において，昨今のマリ内戦をめぐる「北部」対「南部」という単純化された対立構造を基準とした理解について冷静かつ批判的に対応しなくてはならないと冒頭で述べつつ，続けて，マリの歴史におけるトゥアレグと呼ばれる人々の生活形態の分化と，それにまつわる人種的表象について詳述している。

⒇　Tor A. Benjaminsen, "Does Supply-induced Scarcity Drive Violent Conflicts in the African Sahel? The Case of the Tuareg Rebellion in Northern Mali," *Journal of Peace Research*, Vol. 45, No. 6, 2008, p. 828. 同論文によれば，1917年にトゥアレグのチーフがフランスに降伏するまでその抵抗を継続した。

(21)　*Ibid.*, p. 828.

(22)　*Ibid.*, pp. 828-829.

(23)　*Ibid.*, p. 830.

(24)　Stephanie Pezard and Michael Shurkin, *Achieving Peace in Northern Mali : Past Agreements, Local Conflicts, and the Prospects for a Durable Settlement*, Land Corporation, 2015.

(25)　Grégory Chauzal and Thibault van Damme, The Root of Mali's Conflict : Moving beyond the 2012 Crisis, *CRU Report (Netherland Institute of International Relations : Clingendael)*, March 2015, p. 10.

(26)　UN Document, S/RES/2085, 20 December 2012.

(27)　UN Document, Report of the UN Secretary-General on the Situation in Mali, S/2015/426, 11 June 2015, para.2 ; UN Document, Annex to the letter dated 20 August 2015 from the Permanent Mission of Mali to the United Nations addressed to the President of the Security Council (Agreement on Peace and Reconciliation in Mali emanating from the Algiers Process), S/2015/364/Add.1, 21 August 2015.

(28)　ECOWAS Press Release (Emergency Mini-summit of ECOWAS Head of State and Government of Situation in Mali), No. 092/2012, 30 March 2012.

(29)　ECOWAS Press Release (ECOWAS Joint Chief of Defence Staff Hold Emergency Meeting on Mali Crisis), No. 098/2012, 5 April 2012.

(30)　Barrister Okeke, Vincent Onyekwelu Sunday, and, Oji and Richard Okechukwu, United Nations-ECOWAS Intervention in Mali-Guinea Bissau : Geo Economic and Strategic Analysis, *Global Journal of Human-Social Science : E Economics*, Col.14, Issue.3, Version 1.0, 2014 ; Marina Caparini, The Mali Crisis and Responses by Regional Actors, *NUPI Working Paper (Norwegian Institute of International Affairs)*, No. 849, 2015.

(31)　AU Document, PSC/PR/COMM. (CCCXXIII), 12 June 2012. この採択文書の中でAU 平和・安全保障理事会は,「アルジェリア,モーリタニア,ニジェールといった中核国（core countries）と協力」（para.14）しつつ,①マリの暫定統治機構の安全確保,②マリ国軍の再編成,③マリ北部地域における同国国家の権威回復ならびにテロ・犯罪ネットワーク対策,についての目的達成に向けた,要請に基づく治安部隊の構築を ECOWAS が実施することを「容認（authorizes）」（para.14）し,その上で,国連安保理に対して上述の ECOWAS 待機軍を支援するよう「要請（call upon）」（para.16）する旨を決議している。

(32)　ECOWAS Press Release (ECOWAS Seeks UN Support in Resolving Mali Crisis), No. 168/2012, 17 June 2012.

(33)　UN Document, S/RES/2056, 5 July 2012, para.17.

(34)　国連安保理決議2056が採択された公式会合の議事録（UN Document, S/PV.6798, 5 July 2012）によれば,同会合の場にカドル・デジレ・ウェドラオゴ ECOWAS 議長（当時）が招聘され,同氏は,同決議の採択直後に発言の機会を与えられる中,国連安保理がマリへの ECOWAS 待機軍の派遣に向けた新しい決議を採択するよう要請する旨の言葉を述べている。

(35)　UN Document, S/PV.6804 (Agenda : Peace Consolidation in West Africa), 11 July 2012.

(36)　*Ibid.*, pp. 2-3.

(37)　Wolfram Lacher, "The Malian Crisis and the Challenge of Regional Cooperation

第Ⅰ部 「失敗国家」におけるセキュリティ・ガヴァナンス

(Research Note)," *Stability: International Journal of Security & Development*, Vol. 2, No. 2 (18), 2013, pp. 4-5 ; Laurence Aida Ammour, "Algeria's Role in the Sahelian Security Crisis," *Stability: International Journal of Security & Development*, Vol. 2, No. 2 (28), 2013, pp. 1-28.

⑶ UN Document, S/2013/163, 15 March 2013.

⑶ AU Document, PSC/PR/COMM.2(CCCXLI), 13 November 2012, para.7.

⑷ *Ibid*.

⑷ AU, Press Release (Appointment of Former President Pierre Buyoya as the Special Representative of the Chairperson of the Commission, Head of the African-led International Support Mission in Mali), 30 January 2013.

⑷ UN Document, S/2013/35, 21 January 2013.

⑷ UN Document, S/2013/163, *op. cit.*, para.16.

⑷ Xenia Avezov, The New Geopolitics of Peace Operation II: A Dialogue with Sahel Saharan Africa, *SIPRI Workshop Report*, Bamako, 16-18 November 2015 (https://www.sipri.org/sites/default/files/NGPII_Sahel-Saharan-Africa-(Bamako). pdf, 25 October 2016).

⑷ UN Document, S/2013/113, 26 February 2013.

⑷ 2014年8月, セルヴァル作戦は, サヘル全域を対象としたテロ対策を講じるための「バルハン作戦（Operation Barkhane）」という新しい軍事作戦に引き継がれた。同時にフランスは, 1986年より28年間, 防衛協定のあるチャドを軍事拠点として主に対リビア戦略のために実施してきた「エペルヴィエ作戦（Operation Epervier）」を, 同作戦に合流させる形で終了した。

⑷ 山本健太郎「フランスの軍事介入――オランド政権における『軍事介入』」『法と政治』第64巻, 第2号, 2013年, 580頁。フランスのマリ介入につながる背景について, 同国内の当時の政治情勢を分析した山本は, マリが旧植民地であったという歴史的紐帯, 脆弱国家への緊急対応, マリ周辺地域における天然資源等のフランスの経済的戦略資源の保護, そしてアフガニスタンで長期化しているようなテロ拡散の防止, を掲げている（前掲論文, 570～578頁）。

⑷ UN Document, S/RES/2100, 25 April 2016, para.18.

⑷ Stephane Spet, "Operation Serval: Analyzing the France Strategy against Jihadists in Mali," *ASPJ Africa & Francophonie*, Fall 2015, p. 74.

⑸ UN Document, S/RES/2100, *op. cit.*, preamble, para.15.

⑸ *Ibid.*, para.15.

⑸ Thierry Tardy, "Mali: the UN Takes Over," *Issue Alert (European Union Institute for Security Studies)*, May 2013, p. 1 (http://www.iss.europa.eu/uploads/media/Alert_Mali.pdf, 1 October 2016).

(53) UN Document, S/RES/2100, *op. cit.*, para.15.

(54) *Ibid.*, para.4.

(55) *Ibid.*, para.16 (a) (3).

(56) アイルランド，イギリス，イタリア，エストニア，オーストリア，オランダ，ギ
リシャ，スウェーデン，スペイン，スロベニア，チェコ，ドイツ，ハンガリー，フ
ィンランド，フランス，ブルガリア，ベルギー，ポルトガル，ラトビア，リトアニ
ア，ルクセンブルグ，ルーマニアの他，EU 非加盟のアルバニア，ジョージア，セ
ルビア，モンテネグロ，の計26カ国。

(57) EUTM Mali, Press-kit (http://www.eutmmali.eu/wp-content/uploads/2016/05/
EUTM-Mali-Presskit-ENG-Mandate- 3 -MCDR-approved-final-2.pdf, 20 October
2016).

(58) Juan Carlos Castilla Barea, "The Malian Armed Forces Reform and the Future
of EUTM," *Documento de Opinión (The Spanish Institute for Strategic Studies)*,
2013, No. 93, p. 7.

(59) *Ibid.*, p. 7.

(60) *Ibid.*, p. 5.

(61) Gaudence Nyirabikari, "Mali Peace Accord: Actors, Issues, and their Represen-
tation," *SIPRI News Letter*, 27 august 2015.

(62) *Ibid.*

参考文献

井上実佳「アフリカの安全保障と国連——国連平和維持活動（PKO）における地域
機構との関係を中心に」日本国際連合学会編『安全保障をめぐる地域と国連』
（国連研究第12号），国際書院，2011年，17～40頁。

遠藤貢「グローバル化の中のアフリカ」日本国際政治学会編『国際政治（特集：グ
ローバル化の中のアフリカ）』第159号，2010年，1～11頁。

坂井信三「マリの歴史と社会におけるトゥアレグ人の位置——生態学的適応・生業分
化・人種的表象」日本国際問題研究所編『サハラ地域におけるイスラーム急進派
の活動と資源紛争の研究——中東諸国とグローバルアクターとの相互連関の視座
から』（平成25年度外務省・外交安全保障調査研究事業），日本国際問題研究所，
2013年，63～76頁。

ブラ，オスマン・落合雄彦「西アフリカ諸国経済共同体による軍事介入」落合雄彦編
『アフリカの紛争解決と平和構築——シエラレオネの経験』昭和堂，2011年，3
～21頁。

山根達郎「アフリカにおけるセキュリティ・ガバナンス——国連 PKO・AU・EU 間
の協働をめぐって」『立命館大学人文科学研究所紀要』第109号，2016年，161～

第Ⅰ部 「失敗国家」におけるセキュリティ・ガヴァナンス

184頁。

山本健太郎「フランスの軍事介入——オランド政権における『軍事介入』」『法と政治』第64巻, 第2号, 2013年, 554〜586頁。

African Union : Peace & Security (http://www.peaceau.org/en/topic/the-african-peace- and-security-architecture-apsa#, 1 October 2016).

Ammour, Laurence Aida, "Algeria's Role in the Sahelian Security Crisis," *Stability: International Journal of Security & Development*, Vol. 2, No. 2 (28), 2013, pp. 1-28.

AU Document, PSC/PR/COMM. (CCCXXIII), 12 June 2012.

AU Document, PSC/PR/COMM.2(CCCXLI), 13 November 2012.

AU, Press Release (Appointment of Former President Pierre Buyoya as the Special Representative of the Chairperson of the Commission, Head of the African-led International Support Mission in Mali), 30 January 2013.

Avezov, Xenia, The New Geopolitics of Peace Operation II : A Dialogue with Sahel Saharan Africa, *SIPRI Workshop Report*, Bamako, 16-18 November 2015 (https://www.sipri.org/sites/default/files/NGPII_Sahel-Saharan-Africa-(Bamako).pdf, 25 October 2016).

Barea, Juan Carlos Castilla, "The Malian Armed Forces Reform and the Future of EUTM," *Documento de Opinión (The Spanish Institute for Strategic Studies)*, 2013, No. 93, pp. 1-17.

Benjaminsen, Tor A., "Does Supply-induced Scarcity Drive Violent Conflicts in the African Sahel? The Case of the Tuareg Rebellion in Northern Mali," *Journal of Peace Research*, Vol. 45, No. 6, 2008, pp. 819-836.

Boas, Morten and Dunn, Kevin eds., *African Guerrillas : Raging against the Machine*, Lynne Rienner Publishers, 2007.

Boas, Morten and Dunn, Kevin, "Understanding African Guerrillas : From Liberation Struggles to Warlordism and International Terrorism," in James J. Hentz ed., *Routledge Handbook of African Security*, Routledge, 2014, pp. 85-95.

Caparini, Marina, The Mali Crisis and Responses by Regional Actors, *NUPI Working Paper (Norwegian Institute of International Affairs)*, No. 849, 2015.

Chauzal, Grégory and Damme, Thibault van, The Root of Mali's Conflict : Moving beyond the 2012 Crisis, *CRU Report (Netherland Institute of International Relations : Clingendael)*, March 2015, pp. 1-62.

Clapham, Cristpher ed., *African Guerrillas*, Indiana University Press, 1998.

Coleman, Katharina P., "The Political Economy of UN Peacekeeping : Incentivizing Effective Participation," *Providing for Peacekeeping (International Peace Insti-*

第❷章　テロ対策と両立する「領土的一体性」に挑むマリ

tute: IPI), No. 7. May 2014, pp. 1-33.

ECOWAS Press Release (ECOWAS Joint Chief of Defence Staff Hold Emergency Meeting on Mali Crisis), No. 098/2012, 5 April 2012.

ECOWAS Press Release (Emergency Mini-summit of ECOWAS Head of State and Government of Situation in Mali), No. 092/2012, 30 March 2012.

ECOWAS Press Release (ECOWAS Seeks UN Support in Resolving Mali Crisis), No. 168/2012, 17 June 2012.

EU Document, European Security Strategy (A Secure Europe in a Better World), 12 December 2003.

EUTM Mali, Press-kit (http://www.eutmmali.eu/wp-content/uploads/2016/05/ EUTM-Mali-Presskit-ENG-Mandate- 3 -MCDR-approved-final-2.pdf, 20 October 2016).

Kaldor, Mary, *New and Old War's: Organized Violence in a Global Era*, Stanford University Press, Third Edition, 2012.

Lacher, Wolfram, "The Malian Crisis and the Challenge of Regional Cooperation (Research Note)," *Stability: International Journal of Security & Development*, Vol. 2, No. 2 (18), 2013, pp. 1-5.

Nyirabikari, Gaudence, "Mali Peace Accord: Actors, Issues, and their Representation," *SIPRI News Letter*, 27 august 2015.

OECD, Sahel and West Africa Club, *SWAC News (The Population of Northern Mali)*, No. 11, Jan. 2015.

Okeke, Barrister, Sunday, Vincent, Onyekwelu, and, Okechukwu, Oji and Richard, United Nations-ECOWAS Intervention in Mali-Guinea Bissau: Geo Economic and Strategic Analysis, *Global Journal of Human-Social Science: E Economics*, Col.14, Issue.3, Version 1 .0, 2014.

Pezard, Stephanie and Shurkin, Michael, *Achieving Peace in Northern Mali: Past Agreements, Local Conflicts, and the Prospects for a Durable Settlement*, Land Corporation, 2015.

Reno, William ed., *Warlord Politics and African States*, Lynne Rienner Publishers, 1998.

Rotberg, Robert I. ed., *When States Fail: Causes and Consequences*, Princeton University Press, 2003.

Spet, Stephane, "Operation Serval: Analyzing the France Strategy against Jihadists in Mali," *ASPJ Africa & Francophonie*, Fall 2015, pp. 66-79.

Tardy, Thierry, "Mali: the UN Takes Over," *Issue Alert (European Union Institute for Security Studies)*, May 2013, p. 1 (http://www.iss.europa.eu/uploads/media/

Alert_Mali.pdf, 1 October 2016).

The Council of the European Union, The EU Africa Strategic Partnership: A Joint Africa EU Strategy, Lisbon, EU Document 16344/07 (Presse 291), 9 December 2007.

UN, 2005 World Summit Outcome, UN document A/RES/60/1, 2005.

UN Document, Annex to the letter dated 20 August 2015 from the Permanent Mission of Mali to the United Nations addressed to the President of the Security Council (Agreement on Peace and Reconciliation in Mali emanating from the Algiers Process), S/2015/364/Add.1, 21 August 2015.

UN Document, Report of the UN Secretary-General on the Situation in Mali, S/2015/426, 11 June 2015.

UN Document, S/PV.6798, 5 July 2012.

UN Document, S/PV.6804 (Agenda: Peace Consolidation in West Africa), 11 July 2012.

UN Document, S/RES/2056, 5 July 2012.

UN Document, S/RES/2085, 20 December 2012.

UN Document, S/RES/2100, 25 April 2016.

UN Document, S/2013/35, 21 January 2013.

UN Document, S/2013/113, 26 February 2013.

UN Document, S/2013/163, 15 March 2013.

UN, PKO Fact Sheet (as of 31 August 2016) (http://www.un.org/en/peacekeeping/resources/statistics/factsheet.shtml, 1 October 2016).

第Ⅱ部

中央政府崩壊後のセキュリティ・ガヴァナンス

第3章

旧ユーゴスラヴィア諸国にみるアクター間の同床異夢

中内政貴

1990～2000年代初頭にかけて国内型の武力紛争が相次いだ旧ユーゴスラヴィア諸国（スロヴェニア，クロアチア，ボスニア・ヘルツェゴヴィナ，セルビア，モンテネグロ，コソヴォ，マケドニア）（図3-1）では，すでに北大西洋条約機構（NATO）および欧州連合（EU）への加盟を果たしたスロヴェニア，クロアチアを除いては，現在も必ずしも安定的な平和とは呼べない状況が続いている。2001年8月に終結したマケドニアでの紛争以降は大規模な武力衝突こそ発生していないが，たとえば紛争が最も激しかったボスニアでは現在も内部で分離・独立の動きが見られ，紛争再発の可能性すら完全には否定できないのである。[1]

本章では，この旧ユーゴスラヴィア諸国の現状を，セキュリティ・ガヴァナンス論の視点から分析する。そこから見えてくるのは，「物理的強制力の正当な行使の独占」[2]という近代型の国家とは異なる種類の国家建設の試みであり，そこに関与する国際アクター，現地アクターの様々な思惑の交差である。これらがあいまって，旧ユーゴスラヴィア諸国では，持続的な平和でも紛争再発でもない，一種の奇妙ともいえる均衡状況がもたらされている。

1　旧ユーゴスラヴィア諸国におけるセキュリティ・ガヴァナンスの特徴

強制力の行使の非独占状態

ユーゴスラヴィア社会主義連邦共和国（旧ユーゴ）では，分権的な体制がとられ，特に1974年憲法体制では連邦構成共和国の権限が拡大され，国家連合に近い体制と評されていた。ただし，セキュリティ面では，各共和国の領土防衛隊や全人民防衛ドクトリンや各共和国の警察機構など一定の分権的な制度は存在したが，基本的には対外的にはユーゴスラヴィア人民軍，対内的には秘密警

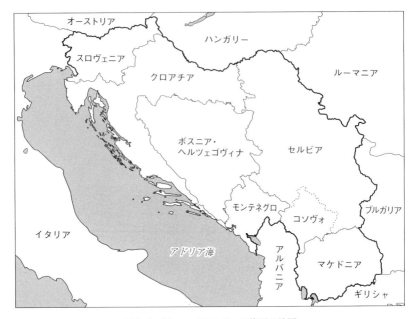

図3-1　旧ユーゴスラヴィア諸国の地図

表3-1　コソヴォの民族別人口構成の変化

	1948年	1953年	1961年	1971年	1981年	2011年
アルバニア系(%)	68.0	64.3	67.1	73.7	77.4	91.0
セルビア系(%)	24.1	24.1	23.5	18.4	13.2	3.4
その他(%)	7.9	11.6	9.4	8.0	9.4	5.6

出所：コソヴォ政府統計局, Statistical Yearbook of the Republic of Kosovo, 2015.

察を含む連邦レベルの警察によって強制力の独占が実現されていたと考えられる。1990年代初頭から相次いで旧ユーゴから独立した各国は，ほぼ空白の状態から新たに各国別にセキュリティ体制の整備を試みてきた。

しかるに，旧ユーゴの紛争経験国のセキュリティ状況を概観すると，クロアチアを除くいずれの国家においても，政府による物理的強制力の正当な行使の独占状態にないことが分かる。クロアチアは，1990年代前半の紛争において，ユーゴ人民軍やセルビア共和国政府の支援を受けたセルビア系住民の蜂起によって国土の約3分の1を占領される事態に直面したが，停戦期間に軍事力を整備してこれらの地域の大部分を武力で奪還した。数百人の死者と15～20万人とも言われる難民を発生させたこの奪還は国際社会からの批判を招き，作戦を指揮したアンテ・ゴトヴィナ将軍の国連旧ユーゴスラヴィア国際刑事裁判所（ICTY）での訴追にもつながったが，クロアチア政府は紛争を通じて確立した強制力の独占を維持し，後に本書でいうポスト近代型セキュリティ・ガヴァナンスに移行した。

これに対して，ボスニアでは，3年半に及んだ紛争後，1995年に和平合意（ボスニア・ヘルツェゴヴィナ和平のための包括枠組み合意：通称デイトン合意）が締結され，国家は2つの国家構成体（エンティティ：ボスニア・ヘルツェゴヴィナ連邦およびセルビア人共和国［RS］）に分割され，その上に中央レベルの政府がおかれる政治体制となった。同合意では，中央政府の権限は外交・通商・金融等に限定され，明示的に中央政府に権限が配分されない全ての分野の機能と能力はエンティティ・レベルにおかれることとされた（第3条）。しかし，主要3民族間での極端な権力分有をとる政治体制は効率的な行政や和解を著しく阻害したため，国際アクター主導の改革が推進され，治安組織では軍の国家レベルへの統一が実現され，また2004年から国家レベルでの警察への統一が試みられたが，RSからの激しい抵抗が起こり，エンティティ・レベルの警察も残存している。[3]

セルビア共和国政府は，旧ユーゴ地域内で最も強力な軍事力を有しているが，1998～99年のコソヴォ紛争でNATOによる軍事介入を受けて以来，コソヴォ地域に対して実効支配を失っている。コソヴォの独立宣言後に策定された2009年の国家安全保障戦略および国防戦略においては，コソヴォの分離主義がセル

ビア共和国の領土一体性を脅かし地域に最も深刻な脅威をもたらすものと位置づけられている[(4)]。セルビア共和国政府はコソヴォの独立宣言を国際法違反であるとして国際司法裁判所（ICJ）に見解を求めたが，ICJ は2010年7月に独立宣言は国際法違反には当たらないとの勧告的意見を出した[(5)]。これを受けてセルビア共和国議会は，主権と領土一体性を守るため全ての外交的・政治的手段を尽くすことを政府に求める決議を行ったが，実際にセルビア共和国政府が行ってきたのは，コソヴォ内に残ったセルビア系住民に援助を与えてコソヴォ北部に非公式な並行統治組織を維持する程度で，具体的にコソヴォを取り戻すための行動は見られていない。

　逆にコソヴォでは，多数派のアルバニア系住民（表3-1）にとってセルビア共和国が脅威の源泉として認識されており[(6)]，特に，セルビア系住民が多数派を占める北部の自治体が，上記のセルビア共和国政府の支援を受けてコソヴォ中央政府の統治を受け入れない状況が問題視されてきた。セルビア共和国という「外部」の脅威の存在を視野にアルバニア系住民からは軍の整備が希求されているが，実現するかは不透明である。

　マケドニアでは，国内にアルバニア系住民の地位の問題を抱えているところに，隣接するコソヴォ紛争の余波を受け，アルバニア系武装勢力が流入して2001年初頭に紛争が発生した。マケドニア政府はこれを軍事力で解決することができず，同年8月に NATO および EU の仲介によって和平がもたらされたものの，以降も数度にわたってアルバニア系武装組織の活動が確認され，これらによってアルバニア系住民の町が占拠される事件すら発生したが，政府はこうした動きを完全には取り締まることができずにいる。

国際アクターの意向

　これら諸国において，政府による強制力の独占が実現しない第1の理由は，政府と対立する民族集団が一定の武力を備えて抵抗を行うことにある。旧ユーゴの一連の紛争は，国家の枠組みと，その内部で少数者の立場におかれる民族集団の扱いをめぐって戦われてきたと言うことができ，紛争の停止後も，この構図は継続しているのである。少数民族が公式・非公式に有する権力や彼らが

支配する地域を政府が力で奪おうとすれば，紛争再発の可能性を一気に高めることになる。たとえばコソヴォでは，2011年に中央政府が警察部隊を派遣して，セルビア系自治体の手から一部の国境管理の実権を取り戻そうとしたが，セルビア系住民の激しい抵抗に遭って警官1人が亡くなる事態となり，撤退を余儀なくされた。

　加えて，政府による強制力の独占が実現しない理由として，国際アクターがそれを望んでいないことが挙げられる。ボスニアでは，国家の分割に強く反対していたボシュニャク（ムスリム）勢力に対して，これを支援してきた米国が説得する形で事実上の分割体制が導入された。その後，中央政府レベルへの権限集中を国際アクターも後押ししているが，ボシュニャク側が求めるRS廃止は容認していない。セルビア共和国とコソヴォとの問題では，空爆まで行ってコソヴォをセルビア共和国の施政下から切り離した国際アクターであるが，コソヴォ政府がセルビア系自治体を制圧することは制止している。上記のコソヴォ政府による国境管理掌握の試みに対しても，NATOとEUの双方から自制を求める意見が表明された。マケドニアでも，2001年の紛争時，多数派であるマケドニア系主体の政府は戦闘の継続を主張したが，NATOとEUが強力な仲介によって，アルバニア系住民の地位を向上させ，武装勢力を政治体制に組み込む形での和平体制をもたらしたのである[7]。国際アクターは，旧ユーゴの一連の紛争をとおして，多数派民族に依拠するような国民国家の建設はこの地域では可能でもなければ望ましくもないという教訓を学んだのだと言えよう。

　国際社会は旧ユーゴ地域の紛争に介入して権力分有の政治体制を築き，軍事部隊をも含むプレゼンスを維持してきたのであり，これが紛争再発を防止する上で決定的な役割を果たしてきた。ただし，権力分有は，むしろ民族間の対立を制度化することにつながった面もあり，これらの紛争後の政治体制は安定的・持続的なものとは言い難い。結果として，ボスニアでは紛争後21年間，コソヴォでは17年間以上にわたって国際軍事部隊の駐留が必要とされ続けているのである。ただ，これらの国際アクターのプレゼンスは徐々に縮小しており，それでも現状を根本的に変更しようとする動きは多数派，少数派ともに見られない。2008年にコソヴォ暫定自治政府（PISG）が独立宣言を行ったことが最大

第Ⅱ部　中央政府崩壊後のセキュリティ・ガヴァナンス

の例外と言えるが，本章で見るように独立宣言後も政府と少数民族の関係に劇的な悪化は起こらず，権力分有状況も継続されている[8]。すなわち，異なる方向性を指向するアクターが複数並存し，かつそれぞれが一定の武力を有しながらも，秩序が崩壊しない，一種の均衡状態と呼べるセキュリティ・ガヴァナンスが生まれているのである。この奇妙な均衡状態はどのように捉えられるのだろうか。

2　現地アクターへの着目

先行研究

　旧ユーゴ諸国の一連の紛争に関しては，極めて多くの研究が蓄積されてきた。その多くが共有する問いが，なぜ国際社会がこれほどの多大な関与を行ってきたにもかかわらず平和構築が成功していないのか，というものである[9]。これらの多くは，国際アクターによる多大な関与が，紛争の再発防止には寄与してきたものの，国際アクターが主体となって築かれてきた和平体制に多くの不備が存在することを指摘し，そのために紛争の構図が温存されてしまうことを問題視してきた。セキュリティ・ガヴァナンスについても，旧ユーゴ諸国には比較的早期から関心が寄せられてきた[10]。ここでも，強調されるのはやはり国際アクターの役割の大きさである。

　これらの先行研究は，国際アクターの関与が過剰とさえ言える旧ユーゴ諸国における平和構築の問題点を的確に切り取っている一方で，現地アクターの役割に関して十分な関心を払っていない面がある。特にコソヴォに関しては，紛争後に国連暫定統治，国際社会の監視下での独立，完全な独立，とその地位が目まぐるしく変わり，その変化をリードしてきたのは現地アクターの行動によるところが大きく，国際アクターはむしろその変化への対応を迫られてきた。そのため，国際アクターを視野の中心に据えた研究では，独立が宣言され，それに少数民族が反発しながらも実際面では関係改善が模索されるという現在のコソヴォの奇妙な均衡状況を十分に説明することが難しいのである。

本章の分析枠組み

　本章は，コソヴォにおけるセキュリティ・ガヴァナンスの状況を，現地アクターと国際アクターの双方の視点から分析することで，なぜ，国連暫定統治下でも緊迫した状況が続き，2008年の独立宣言後にさらに緊張が高まったコソヴォにおいて，現在一種の均衡状況がもたらされているのかを明らかにしようとするものである。現地アクターとして本章で着目するのは，アルバニア系住民およびアルバニア系を中心とするコソヴォ政府と，コソヴォ北部を中心とするセルビア系住民およびセルビア共和国政府である。無論，これらは内部に異なる主張や利害を有する勢力を含んでおり決して一枚岩ではない。このため，必要に応じて内部の対立にも言及する。

　国際アクターとしてはNATO，そしてEUに着目する。米国が主導するNATOは，ボスニアに続いてコソヴォで武力介入を行って和平をもたらし，紛争後も国際安全保障部隊（KFOR）の駐留によって巨大なプレゼンスを維持し，紛争の再発を抑止してきた。さらに，NATOは，この地域への将来の拡大方針を打ち出すことによって将来の安全保障においても要となってきた。EUもまた，2000年に西バルカン諸国（すでに加盟プロセスが大詰めであったスロヴェニアを除く旧ユーゴ諸国およびアルバニア）の将来のEU加盟を見据えた安定化連合プロセス（SAP）を開始し，2003年には，西バルカン諸国の将来のEU加盟方針を確認した。経済的に未発展で失業率が極めて高い西バルカン諸国にとって，EUに加盟しEUの商品・労働市場にアクセスすることが不可欠であり，EU加盟は最優先課題とされてきたのであり，これを梃子としてEUはNATOにも比肩しうる影響力を発揮してきた。だが，以下で見るように，コソヴォのセキュリティ・ガヴァナンスは，決して両機構の意図したとおりには進展してこなかったのである。

3　コソヴォにおける同床異夢のセキュリティ・ガヴァナンス

問題の経緯

中世セルビア王国の中心地であったコソヴォは，14世紀以降バルカン半島に

第Ⅱ部　中央政府崩壊後のセキュリティ・ガヴァナンス

進出したオスマン・トルコの支配下におかれた。コソヴォの人口の大多数はア
ルバニア系住民が占めるようになり，宗教的にもムスリムが多数派となったが，
19世紀のセルビアのオスマン・トルコからの独立時にセルビアに組み込まれ，
第二次世界大戦後に旧ユーゴの一部となった。人口的にはその後もセルビア系
住民は全体の4分の1程度の少数派に留まったが，セルビア民族揺籃の地とし
て特別な意味をもち続けてきた。南スラヴ系民族を主体とする国家であった旧
ユーゴにおいては，アルバニア人は国家構成民族としては認められず，コソヴ
ォはセルビア共和国内の自治州の立場に留められた。アルバニア系住民は長ら
くコソヴォの共和国への格上げを求め，1974年のユーゴの憲法改訂では共和国
に近い権限を与えられた。しかし，1980年代後半には，スロボダン・ミロシェ
ヴィッチが，コソヴォ内のセルビア系住民のナショナリズムを煽ることでセル
ビア共和国の権力を掌握し，1989年にはコソヴォの自治権を剥奪するに至った。
　一方，コソヴォのアルバニア系政治指導者らは，旧ユーゴ崩壊の動きを見て，
1991年には住民投票を実施して独立宣言を発したが，アルバニア共和国の議会
でこれを支持する決議が行われたのみで，共和国の地位をもたないコソヴォの
独立を承認する国家は現れなかった。独立運動を主導していたのは平和主義者
のイブラヒム・ルゴヴァであったが，運動に進展が見られないことから，武装
闘争路線をとる勢力も現れ，1993年にはコソヴォ解放軍（KLA）が結成された。
ただし初期のKLAは軍事的には脆弱であり，散発的な暴力事件を起こすに留
まっていた。

1998〜99年：一元的なセキュリティ・ガヴァナンスの動揺

　1995年にクロアチアおよびボスニアの紛争が終結したが，その過程でコソヴ
ォの独立問題に何ら進展が見られなかったことはアルバニア系住民の失望を呼
び，KLAの武装闘争路線への支持が拡大していった。[11]そして1997年にアルバ
ニア共和国で混乱が発生すると，軍の兵器庫が襲撃され，略奪された武器の一
部がコソヴォに流入し，KLAは飛躍的に軍事力を強化した。また，クロアチ
ア国軍に参加し指揮官を務めていたアルバニア系のアジム・チェクがKLAに
身を投じ司令官に就任したように，この時期にKLAは人員の面でも強化を果

84

第3章　旧ユーゴスラヴィア諸国にみるアクター間の同床異夢

たした。それでも，基本的にはKLAの戦術は，待ち伏せ攻撃等によってセルビア側の治安部隊に対する軽微な損害を与えるものに留まった。その狙いは，直接セルビア側に対して勝利することよりも，むしろ，セルビア共和国政府の過剰な反応を引き起こして，国際社会の注目を集めることにあったと見られる。

　セルビア共和国政府は，ルゴヴァと交渉して一部コソヴォの自治権を復活させるなどの妥協を示した一方で，KLAをテロリストと見なして掃討に乗り出した。当時のKLAは米国のテロ組織リストにも掲載されており，米国外交官がKLAの掃討をミロシェヴィッチ政権に対して認めるかのような発言をしたことが，1998年に紛争が激化する一因となったとされる。しかし，セルビア側治安部隊は，KLA掃討の名目の下で一般のアルバニア系住民に対する大規模な迫害を行い，国際的な批判を招くこととなった。

　この時期のコソヴォのセキュリティ・ガヴァナンスは，基本的にセルビア共和国政府が強制力を独占し，コソヴォの分離主義を最大の脅威として見なしていたが，ボスニア紛争を通じたセルビア政府の弱体化とKLAの強化によって徐々に支配が揺らいでいった過程として捉えることができる。

1999〜2008年：国際アクター主体のセキュリティ・ガヴァナンス

　1999年3月から6月にかけてNATOはセルビア側に激しい空爆を行い，セルビア共和国政府に治安部隊のコソヴォからの撤退，コソヴォとの境界領域への3マイル（約4.8キロメートル）の緩衝地帯の設置，国際軍事部隊の駐留などを受け入れさせた。国連は安保理決議1244によってKLAを解体するとともに，国連コソヴォ暫定統治ミッション（UNMIK）を派遣して暫定統治を開始し，一方でPISGを立ち上げた。またNATOによるKFORの駐留が開始された（S/RES/1244 [1999]）。暫定統治体制は，国際アクターのプレゼンスによって対外・対内的なセキュリティを確保しつつ，紛争当事者の双方の強制力を奪った上で，新たに少数民族を含めた現地アクターの自治能力を構築しようとするものであった。しかしながら，安保理決議1244には，ユーゴスラヴィア連邦共和国（新ユーゴ。セルビアとモンテネグロで構成）の領土一体性を守るという，セルビア側への妥協が盛り込まれていた。これはセルビア共和国政府にとって受け

85

第Ⅱ部　中央政府崩壊後のセキュリティ・ガヴァナンス

入れ可能な形にするとともに，安保理において主にロシアの賛成を得るために
必要とされた措置であったが，アルバニア系側には独立という悲願の実現が先
送りされたことで大きな失望が生じ，後に国際統治に対する不満が高まってい
く一因となるのである。

　紛争後に最大のセキュリティ上の懸念とされたのは，セルビア共和国が実力
行使によってコソヴォを取り戻そうとすることであり，KFOR の主要な任務
はその監視と抑止であった。しかし実際に紛争直後のコソヴォで起こったセキ
ュリティ上の問題は，セルビア系住民や，セルビア側に協力したと見なされた
アルバニア系住民に対する報復であった。これはセルビア共和国治安部隊が撤
退したことによる治安上の空白が生まれた結果であったが，KFOR の展開が
進み最大の5万人規模に達する中でも問題は継続し，紛争後の1年間に約600
～800人のセルビア系住民が殺害されたと見られる[15]。そもそも国際アクターは，
アルバニア系住民を善良な被害者と見なしてこれを救う目的で介入したため，
アルバニア系勢力によるセルビア系住民への報復を想定しておらず[16]，能力があ
りながらも危険を伴う対立を回避することを選んだと考えられる。

　KLA は解体され，ハシム・タチ，ラムシュ・ハラディナイ，チェクらに代
表される指導層の多くが政治家へと転身をはかり PISG の中枢を占めた。一方
で，KLA の兵士らは動員解除，武装解除された上で，多くが7000人規模のコ
ソヴォ警察（KPS）および準軍事組織で5000人規模のコソヴォ防護隊（KPC）
に登用された[17]。両機構は，PISG の治安部門であると同時に，失職し不安定要
因になりかねない元 KLA 兵士を吸収する機能を担うものであったが，国連に
元 KLA として登録した人数は2万人に上り，これら全てを両機構で再雇用す
ることはできなかった。両機構によって雇用されなかった元 KLA 兵士の一部
は，政治勢力化した元 KLA 指揮官らの非公式ネットワークに参加していった
と見られる。しかも NATO が実施した KLA の武装解除は不十分であり[18]，元
KLA 兵士の一部は武器を手にしたままであった。キングとメイソンは，コソ
ヴォの政党は西側諸国でイメージされるそれとは異なり，個人的に動かされる
パトロン・ネットワークであると述べたが[19]，コソヴォの政治勢力は，元 KLA
兵士などから構成される非公式の武装組織を保有し，これらが，組織犯罪やア

86

第3章　旧ユーゴスラヴィア諸国にみるアクター間の同床異夢

ルバニア系政治勢力同士の争い等に用いられることになるのである[20]。カプッセラは，NATO の兵力が最大規模であった初期の時点でさえも KLA に対して武装解除を強制できなかったことが，国際統治の信用を損ない，コソヴォの軍事指導者に，利権を固めて，社会秩序を彼らの利益に沿うように振り付けることを許してしまったと批判している[21]。

　KPS および KPC は多民族構成の機構とされ，セルビア系住民をはじめとする少数民族を人口比に応じて登用することが求められたが，特に KPC においてはこの枠が充足することはなかった[22]。セルビア共和国政府が，コソヴォ内のセルビア系住民に対して PISG に参加しないようにという強い圧力をかけたことが一因であると考えられる。加えて，KPC に再編された元 KLA 兵士がセルビア系住民に対する暴力事件を起こす事例が相次ぎ，しかも，国際アクターはこれらを取り締まることができず，セルビア系住民の PISG や国際アクターに対する態度をいっそう硬化させることにつながった。一方で，KLA 側が，KPC を将来のコソヴォ軍のひな形として考えていたのに対して，国際アクターとの折衝の中で KPC の任務は災害救助などに限定された。これはセルビア側に対する刺激を避けたことに加えて，コソヴォの将来の地位問題に直結するために判断を避けた面があると考えられる。

　だが，地位の問題がコソヴォの政治上の焦点となることは避けられず，この問題を先送りしようとする国際アクターは，徐々にアルバニア系勢力から敵視されるようになっていく。軍事駐留によってセルビア側を抑止しつつ，PISG が統治能力を身につけることが国際暫定統治の狙いであったが，地位問題での展望が開けなければアルバニア系勢力の協力が得られないことから，国連の方針は，一定の水準を達成することで地位に関する交渉を行えるようになるとする「地位の前の水準」政策に移っていった。しかし，UNMIK が求める同政策は，機能する民主的制度や法の支配，難民の帰還，セルビア共和国政府との対話など多岐にわたる分野で高い水準の達成を求めるもので，短期での達成は不可能であり，アルバニア系の政治指導者からは公然と国連を批判する声が高まっていった[23]。

　こうした中，2004年3月に，セルビア系住民とアルバニア系住民に分断され

87

第Ⅱ部　中央政府崩壊後のセキュリティ・ガヴァナンス

たミトロヴィッツァ近郊で，アルバニア系の少年3人がセルビア系住民によって殺害されたとされる事件が発生すると，アルバニア系住民による暴動が瞬く間に全土に広がり，セルビア系住民に対する襲撃とそれへの反撃が起こり，セルビア系住民8人，アルバニア系住民11人が亡くなる事態となった。この暴動は元KLAなどのアルバニア系の指導者によって煽動されたことが明らかであったが，UNMIKもKFORもこの暴動に関する逮捕や訴追をほとんど行えなかった[24]。UNMIKなど国際アクターの要員に対しても攻撃が行われ，事態を重く見た国連はコソヴォに関する総合的レビューを実施した。その結果，アルバニア系政治指導者・住民の国連暫定統治に対する不満と不信が指摘され，PISGへの権限の委譲の促進，および，地位の問題に即座に取り組むことが求められた（UNSC/2004/932）。以降，国際アクターは，コソヴォの地位に関する判断を行うことに同意し，同国連報告に沿って，それまでの野心的な「地位の前の水準」から，約3分の2が削除された「簡易版水準」が適用されていくことになる[25]。

　一方のセルビア側でも，セルビア共和国の治安部隊は撤退したものの，ミトロヴィッツァをはじめとして，コソヴォ北部のセルビア人居住地域においては，事実上セルビア共和国政府の影響が残った。これら四つの自治体は，武装したセルビア系の要員がアルバニア系住民を追い出すなどしてセルビア化が進められ，並行統治組織が築かれて，コソヴォ政府が統治を及ぼせない地域となっていく。これは安保理決議1244からの明確な逸脱と言えるが，UNMIKやKFORが断固とした措置をとることはなく，国際社会がセルビア系住民に効果的な保護を提供できない中で，事実上黙認されることとなった。ここでも，現地アクターとの間で決定的な対立を避けたがる国際アクターの姿勢が確認できる。

　この時期のコソヴォでは，第一義的にはKFORおよびUNMIKがコソヴォの対外・対内的なセキュリティを担うこととされており，そのための能力や権限も有していた。だが，国際アクターの焦点はあくまでも紛争再発防止に置かれ，そこに至らない範囲で起こったセルビア系住民に対する報復や，北部自治体のセルビア化に対しては，現地勢力との対決を避けることが選択された。結果として，アルバニア系とセルビア系のそれぞれの勢力が自らの影響力を拡

88

大・維持するために武力を温存し，時にそれを実際に行使することとなった。カプッセラの指摘するように，「暴力が効く（Violence works）」状況だったのである。もっとも，それは，国際アクターの介入の前にKLAをはじめとする政治勢力が地下経済を含む多くの分野に浸透し，暴力をはじめとする様々な力を動員できるだけの体制を築いた結果という面もある。国際アクターとアルバニア系勢力は，対立関係を内包しつつも，表向きは協力関係を維持し，コソヴォの事実上の独立へと進んでいったのである。結局，コソヴォはキングとメイソンが「ならず者による支配（thugocracy）」と呼んだものに留まったのであり，徐々に国際社会のプレゼンスが縮小され，またPISGに移管される権限が増大していく中で，この構図は強まりこそすれ，弱まることはなかった。

2008年～：同床異夢のセキュリティ・ガヴァナンスへ

コソヴォの地位確定に向けた圧力が強まる中，2006年から，EUの仲介によってコソヴォ側PISGとセルビア共和国政府との間で，コソヴォの地位をめぐる交渉が開始された。しかし，独立以外の選択肢を受け入れようとしないPISGに対して，セルビア共和国政府はコソヴォに自治権を与えるに留めることを主張し，議論は平行線をたどった。2005年にコソヴォの地位問題を扱う国連事務総長特使に任命されたマルッティ・アハティサーリは，国際監視下でのコソヴォの制限付き独立容認を主張するに至る（通称アハティサーリ・プラン。S/2007/168）。しかし，ロシアの反対によって安保理がこの提案に沿った決議を採択できない中，2008年2月，PISGは一方的に独立を宣言した。これに対して，コソヴォのセルビア系住民およびセルビア共和国政府から強い反発が示され，コソヴォ北部およびセルビア共和国では数カ月にわたって抗議活動が行われた。これらの抗議活動の多くが，コソヴォの独立を推進したと彼らが見なす国際アクターに向けられたのは特徴的であった。抗議活動の多くは平和的なものに留まったが，一部ではセルビア共和国駐在の米国大使館への放火やミトロヴィッツァ市での裁判所の占拠事件などに発展し，後者ではUNMIKおよびKFORによる介入が行われて死傷者も発生し，UNMIK警察がミトロヴィッツァ市北部から撤退を余儀なくされる事態となった（S/2008/362）。一方で，セル

第Ⅱ部　中央政府崩壊後のセキュリティ・ガヴァナンス

ビア共和国政府はコソヴォ独立を決して容認しない立場を示しつつも，武力行使によるコソヴォの奪還の可能性は早期から否定した。

　国際社会のコントロールを振り切る形で独立を宣言したコソヴォ政府であるが，アハティサーリ・プランを憲法に組み入れて国際社会の意向に添うことを自ら示してきた。以降，国際文民代表（ICR）が派遣され，コソヴォ政府への権限移譲の最終段階が実施されていった。2012年には，コソヴォ政府が独立国としての水準を満たしたとして，国際社会はICRの派遣を終了した。ただし，以降もコソヴォには様々な国際アクターがプレゼンスを維持しており，部分的に政府機能を肩代わりする状況は続いている。

　まずUNMIKであるが，ICRおよびその事務所（ICO）が事実上の後継機構となったことでその役割を終えたとも考えられるが，コソヴォ独立を認めないロシアや中国は引き続きコソヴォを国連の暫定統治下と見なしており，UNMIKは撤退することもできないでいる。KFORは現在も4693人の要員が駐留を行っており，引き続き対外的なセキュリティの確保を担っている。またEUは，共通安全保障・防衛政策（CSDP）の枠組みで最大の2000人の文民からなる「EU法の支配ミッション（EULEX）」を2009年からコソヴォに派遣している。同ミッションの目的は法の支配の確立とされ，現地の警察・司法が対応できない紛争時の犯罪や汚職事件の捜査を行うとともに，コソヴォ警察の能力向上を図ってきた。これは，コソヴォが組織犯罪のヨーロッパの玄関口の１つとなっていることへの警戒を反映しており，独立後もコソヴォ政府の警察能力が低いことを示すものであったが，2014年には汚職事件の捜査権限がEULEXからコソヴォ警察に移管されるなど，権限の移譲も進められている。EULEXに対しては，コソヴォの独立を損なうものとしてアルバニア系住民から強い不信感がもたれている。[28]

　現地アクター側では，2006年のルゴヴァの死去を受けて，穏健派のコソヴォ民主連合（LDK）が勢力を後退させ，タチ・コソヴォ民主党（PDK）党首が2014年に大統領に就任するなど，引き続き元KLAの政治勢力の影響力が持続している。タチは欧州評議会の報告書で臓器売買を含む組織犯罪への関与が指摘されたと報道された人物であるが，[29]大統領として組織犯罪対策に取り組む意

90

向を示しており，実際に人身売買に携わる犯罪グループの摘発が相次ぐなど，いくつかの成果を上げたことが指摘されている[30]。一方で，国際社会との妥協を廃して完全な自決を求める運動が2006年頃から徐々に力をつけてきており，PDK をはじめ既存の政治勢力の腐敗体質をも攻撃している。「自決（vetëven-dosje）」との名称を掲げるこの運動は，汚職問題と経済の低迷によって政治不信が広がっている状況下で民族主義的な言動によって支持を広めて2017年の議会選挙では第二勢力に躍進しており，その過激な主張ゆえに，今後の攪乱要因となる可能性を秘めている。

　コソヴォ政府の治安部門としては，2009年に KPC が解体され，新たに2500人規模のコソヴォ治安部隊（KSF）が立ち上げられた。KSF は軽武装し，市民保護に当たる任務を負っており，NATO 基準に合致する組織とされている[31]。ただし，現時点では防衛任務は担っておらず，2014年３月にコソヴォ政府は，５年以内に KSF の役割や任務，構成を変更して軍隊へと組織替えすることを発表した。その際は，主権と領土一体性の保持を任務として，KSF の倍となる5000人の兵士と3000人の予備役からなるとされ，アルバニア系市民の圧倒的な支持を得ている[32][33]。しかしながら，現時点では国際アクターからはコソヴォ軍の創設に対する積極的な支持は行われていない。後述するセルビア政府とコソヴォ政府との交渉が進展を見せているだけに，セルビア政府を刺激することは避けたいという思惑があると見られる。

　他方，セルビア側との関係には変化が生じている。セルビア共和国政府は引き続きコソヴォの独立を容認しない立場であるが，EU の仲介によって関係正常化のための交渉が両政府間で2011年から開始された。2013年４月に歴史的と評される協定が両政府間で成立し，境界の合同管理や，セルビア共和国政府がコソヴォ北部のセルビア系自治体へのコントロールをやめること，セルビア系の４つの自治体が連合を形成し自治権を拡大することなどが合意された。同協定では，セルビア系自治体のセキュリティ要員をコソヴォ警察に統合した上で北部地域の警備にあたる役職につけることや，コソヴォ政府が北部地域に派遣する治安部隊には現地の民族構成が反映されるべきことも盛り込まれた。両政府間の交渉は継続して行われており，同協定に付随する協定の締結も進められ

第Ⅱ部　中央政府崩壊後のセキュリティ・ガヴァナンス

ている。

　これら一連の協定は，コソヴォの地位の問題を根本的に解決するものではないが，セルビア共和国とコソヴォとの関係を国家間のそれに近づけ，引き換えにコソヴォ北部のセルビア系自治体への自治拡大をもたらすものであり，紛争以来初めて両者が大きな妥協を受け入れた結果であると言える。ただし，コソヴォのシンクタンクが実施している世論調査によれば，アルバニア系市民の多くはこれらの合意がセルビア側により有利な内容であるとして反対しており，特にセルビア系自治体が連合を形成して自治権を確立することを否定的に捉えている[34]。国際NGOが実施した別の世論調査によれば，セルビア系住民でも両政府間の対話に対して懐疑的な見方が多数派である[35]。それでも合意が可能になった理由について，カプッセラはEUが果たした役割が決定的に重要であったとしている[36]。EUは交渉の進展を両者のEU加盟プロセスの進展の条件としており，EU加盟は唯一，民族にかかわらずあらゆる政治勢力が賛成できる方針であったことから，EU加盟プロセスの進展と引き換えに合意が受け入れられたとの見方である。実際に同合意を受けて，欧州委員会からはEUとコソヴォとの安定化連合協定の締結を勧告する意見が出され，またセルビアに対してはEU加盟交渉の開始が認められた。

　これは，コソヴォの独立という決定的な動きがありながらも，むしろ両者の関係が改善へと向かっている理由として高い説得力をもつ説明であるが，現地アクター自身にも状況改善への動機が存在していたことには注意が必要である。両政府はそれぞれ国内に急進的な民族主義的主張を掲げる野党勢力（セルビア急進党や前述の「自決」運動など）を抱えており，コソヴォの独立やセルビア系自治体の問題で強硬な政策をとっても，完全な解決が見込めない以上は野党からの批判を避けられない立場にある。そこで，市民が必要とする経済状況の改善など現実面で成果を上げることを必要としているのであり，それをもたらしうるのがEU加盟プロセスの進展なのである。この点，セルビア共和国側で，コソヴォの独立を動かしがたい現実として受け入れる意見が増えていることも注目に値しよう[37]。コソヴォ北部のセルビア系自治体についても，これをセルビア共和国政府が支え続けるのを容認することで，コソヴォ政府は責任や経済的

な負担を免れているという見方もあり，コソヴォ政府の交渉姿勢に影響を及ぼ[38]
している可能性がある。つまり，両政府は安定と実利を得るために合意を必要
としている面があり，ここに国際アクターが介在することで，現在の奇妙な均
衡という形でのセキュリティ・ガヴァナンスが可能になったと言えよう。

　その後，EUによればセルビア系自治体のセキュリティ要員のコソヴォ警察
への統合はほぼ完了したとされ，また2013年12月には独立宣言後のコソヴォで[39]
初めてセルビア系自治体において選挙が実施されるに至った。これは，協定の
履行の一環と見なされているが，一方でこれら自治体での投票率は20％前後に
留まり，依然としてセルビア系住民の間でコソヴォ政府に対する不信感は根強
いと言わねばならない。

　この時期は，コソヴォの一方的な独立宣言によって，セルビア共和国政府と
の紛争再発の可能性さえも囁かれたものの，実際には大きな混乱は見られない
ままに，むしろ両者の関係は2013年の合意によって改善することとなった。そ
して，対外的な安全保障は引き続き国際アクターの軍事ミッションが担いつつ
も，KSFの発足によって将来的にコソヴォ政府が対外的な安全保障をも担う
方針が示され，また警察権限がほぼコソヴォ政府に移譲されたことで，コソ
ヴォ政府が国家としての実体を整えつつある。

　ただし，セルビア共和国政府との協定が成立したとはいえ，現在に至るまで
北部のセルビア系自治体に対する中央政府の統治は確立しておらず，今後の展
開によっては波乱も起こりえる。2015年8月にはセルビア系が多数派を占める
北部自治体の連合体結成の具体的な条件が両政府間で合意されたが，これに対
してアルバニア系野党が強い反発を示し，一時は憲法裁判所により合意の履行
が停止される事態にも陥った。すなわち，コソヴォ政府はセキュリティを担う
体制を整備しつつあるものの，対外的にはもちろん，対内的にも強制力の独占
や，そのために必要な権威の確立には至っていない状況にあると考えられる。

4　同床異夢がもたらす均衡

　以上，本章ではセキュリティ・ガヴァナンス論を切り口として，旧ユーゴス

ラヴィアの紛争経験国，特にコソヴォの状況を考察してきた。旧ユーゴ諸国では1990年代の「民族紛争」に対する解決策として，権力を分有する仕組みでの平和構築が試みられてきた。このプロセスを主導したのは国際アクターであったが，国際軍事部隊の駐留や多額の経済援助など多大な関与を行い，ボスニアおよびコソヴォでは対外・対内的なセキュリティの権限まで担いながらも，必ずしも成功裡に平和構築をリードすることはできなかった。特に，国際アクターの関与なくしては独立をなしえなかったコソヴォが，国連暫定統治を逃れる形で独立に動き，しかも，独立後に対立の構図に改善すら見られていることは，意外かつ皮肉ではあるものの，平和構築に関する国際アクターと現地アクターとのあるべき関係に関する示唆を投げかけるものである。

　国際アクターによるセキュリティ権限の掌握に関しては，セルビア共和国側に対する抑止としては有効であったと見られるものの，結局，アルバニア系による暴力も，北部自治体のセルビア化も止めることはできなかった。この点では，独立後のコソヴォの展開は，むしろ現地アクターに権限を移譲した上で，国際的な水準に沿った統治を行うように支援し，かつ圧力をかける方が有効である可能性が高いことを示していると考えられる。

　ただし，現在に至るまでコソヴォ政府も強制力の独占は果たしておらず，また独立後の対立の緩和傾向も，現地アクターの利害に沿う形で行われている国際アクターの関与によってもたらされている部分も大きいことは明記する必要がある。コソヴォで民族間・民族内で対立が継続している中で，唯一，全政治勢力のコンセンサスが成立しうるのがEU加盟であり，EUの仲介したセルビア政府との交渉は，露骨とも言えるほど明示的に，EU加盟プロセスでの進展の条件とされていたのである。

　ただ，コソヴォ側では引き続きEU加盟への支持は90％を超える高い水準にあるものの，セルビア共和国との交渉へのEUの関与に関しては否定的な意見も多い。[40]さらにセルビア共和国側では，近年のEUをめぐる経済状況の悪化やEUとロシアとの対立等によってEU加盟への支持は大きく低下している。[41]EU加盟よりもコソヴォを取り戻すことを重視する意見が多いという世論調査結果も見られる。今後，EUの求心力がさらに低下したり，EU加盟の展望が

損なわれるようなことがあれば，共通の方向性が失われ，再び民族間の対立の構図のみが強調されるようになり，セキュリティ・ガヴァナンスが揺らぐことが懸念される。それでも，現在のセルビア共和国のアレクサンダー・ヴチッチを中心とする政府は一貫して EU 加盟を推進しており，2016年4月には EU 加盟方針の継続を確認するとして早期議会選挙を実施し，やや議席を減らしつつも圧倒的な議会多数派を維持しているため，当面は現在の方向が維持されると考えられる。

EU 加盟の方針が維持されるとしても，短期間でコソヴォおよびセルビア共和国が EU に加盟することは考えにくい中，EU としてもコソヴォを組織犯罪や密輸，さらにはテロの欧州の玄関口のままにしておくことはできない。今後，準加盟国のような形で，加盟に先駆けて EU がコソヴォのセキュリティ・ガヴァナンスの改善をさらに推進することが必要とされているのではないだろうか。シェンゲン条約上の査証免除の取り決めを行う一方で，EULEX を通してコソヴォの法の支配の強化を急ぎ，また，コソヴォの不完全な国境管理に EU が現状以上に協力するといった形が考えられよう。

注

(1) Knezevic, Gordana, "The Politics Of Fear : Referendum In Republika Srpska," Radio Free Europe/Radio Liberty, 2016（http://www.rferl.org/a/politics-of-fear-referendum-in-republika-srpska-statehood-day-dodik/28009309.html, 2016年11月20日最終閲覧）.

(2) ヴェーバー，マックス（脇圭平訳）『職業としての政治』岩波文庫，1980年，9頁。

(3) McEvoy, Joanne, *Power-Sharing Executives : Governing in Bosnia, Macedonia, and Northern Ireland*, University of Pennsylvania Press, 2015, pp. 127-129, 143-145.

(4) Republic of Serbia, *National Security Strategy of the Republic of Serbia*, 2009a ; Republic of Serbia, *Defence Strategy of the Republic of Serbia*, 2009b.

(5) International Court of Justice, "Advisory Opinion of 22 July 2010", 2010.

(6) Kosovar Centre for Security Studies, *Kosovo Security Barometer, Fifth Edition*, 2015a.

(7) 中内政貴「ローカル・オーナーシップと国際社会による関与の正当性——マケドニアにおける国家建設を事例として」『国際政治』第174号，2013年，111～124頁。

第Ⅱ部　中央政府崩壊後のセキュリティ・ガヴァナンス

(8)　もう1つの例外的な動きが，本章冒頭で触れたボスニアのRSによる独立の可能性の示唆である。ただし，ミロラド・ドディクRS大統領は，2006年にRS首相に就任して以来，たびたび独立の可能性に言及しており，セルビア系住民の不満を表明するためのレトリックにすぎない可能性も存在する。

(9)　例としてChandler, David, *Bosnia : Faking Democracy After Dayton*, Pluto Press, 2000 ; Bose, Sumantra, *Bosnia after Dayton : Nationalist Partition and International Intervention*, Hurst & Company, 2002 ; Paris, Roland, *At War's End : Building Peace After Civil Conflict*, Cambridge University Press, 2004 ; King, Iain and Mason, Whit, *Peace at Any Price : How the World Failed Kosovo*, Cornell University Press, 2005 ; Fagan, Adam, *Europe's Balkan Dilemma : Paths to Civil Society or State-Building?* I.B. Tauris, 2010 ; Radeljić, Branislav ed., *Europe and the Post-Yugoslav Space*, Ashgate, 2013.

(10)　Heinemann-Grüder, Andreas and Grebenschikov, Igor, "Security Governance by Internationals: The Case of Kosovo," *International Peacekeeping*, 13 : 1, 2006, pp. 43-59.

(11)　Sörensen, Jens Stilhoff "Reconstituting Crisis : Revisiting the Dayton and Rambouillet Agreements and Their Impact in Kosovo" in Eriksson, Mikael and Kostic, Roland eds., *Mediation and Liberal Peacebuilding : Peace from the Ashes of War?* Routledge, 2013 pp. 43-47.

(12)　Pettifer, James, *The Kosova Liberation Army : Underground War to Balkan Insurgency, 1948-2001*, Columbia University Press, 2012, pp. 99-115.

(13)　Petersen, Roger D., *Western Intervention in the Balkans : The Strategic Use of Emotion in Conflict*, Cambridge University Press, 2011, pp. 151-153.

(14)　岩田昌征『ユーゴスラヴィア多民族戦争の情報像——学者の冒険』御茶の水書房，1999年，261〜264頁。

(15)　King and Mason, *op. cit.*, p. 53.

(16)　Capussela, Andrea Lorenzo, *State-Building in Kosovo : Democracy, Corruption and the EU in the Balkans*, I.B. Tauris, 2015, p. 37.

(17)　中内政貴「旧ユーゴスラビア諸国」上杉勇司・藤重博美・吉崎知典編『平和構築における治安部門改革』国際書院，2012年，125〜142頁。

(18)　King and Mason, *op. cit.*, pp. 52-68.

(19)　*Ibid.*, p. 244.

(20)　Phillips, David L., *Realizing Kosova's Independence*, National Committee on Foreign Policy, 2010, p. 8.

(21)　Capussela, Andrea Lorenzo, *op. cit.*, pp. 35-38.

(22)　International Crisis Group, "An Army for Kosovo?" *Europe Report*, No. 174,

第33章　旧ユーゴスラヴィア諸国にみるアクター間の同床異夢

2006, p. 3.

⑵3　Smith, Helena, "Angry Kosovars Call on 'Colonial' UN Occupying Force to Leave," *The Observer*, 19 October 2003.

⑵4　King and Mason, *op. cit.*, pp. 190-200.

⑵5　*Ibid.*, p. 211.

⑵6　Capussela, *op. cit.*, p. 64.

⑵7　King and Mason, *op. cit.*, p. 244.

⑵8　Kosovar Centre for Security Studies, *op. cit.*, 2015a.

⑵9　Lewis, Paul, "Kosovo PM is Head of Human Organ and Arms Ring, Council of Europe Reports," *The Guardian*, 14 December 2010.

⑶0　European Commission, *Kosovo Progress Report*, 2014.

⑶1　*Stars and Stripes*, "Kosovo Security Force Recognized as Fully Operational by NATO", 2013（http://www.stripes.com/news/europe/kosovo-security-force-recognized-as-fully-operational-by-nato-1.229553，2016年9月30日最終閲覧）.

⑶2　Balkan Insight , "Kosovo to Have Armed Force by 2019," 2014（http://www.balkaninsight.com/en/article/kosovo-decides-to-form-kosovo-armed-forces，2016年9月30日最終閲覧）.

⑶3　Kosovar Centre for Security Studies, *Kosovo Security Barometer Special Edition : Public Perceptions on Kosovo's Foreign Policy and Political Dialogue with Serbia*, 2015b.

⑶4　*Ibid.* ; Kosovar Centre for Security Studies, *Kosovo Security Barometer-Special Edition : Public Perceptions on Kosovo's Foreign Policy and Dialogue with Serbia*, 2016.

⑶5　National Democratic Institute, *Kosovar Attitudes on the 2013 Brussels Agreement between Kosovo and Serbia February 2014 Public Opinion Research*, 2014.

⑶6　Capussela, *op. cit.*, pp. 77-78.

⑶7　Balkan Insight, "Most Serbs Acknowledge Independent Kosovo, Poll," 2013（http://www.balkaninsight.com/en/article/serbians-acknowledge-kosovo-independence，2016年11月20日最終閲覧）.

⑶8　筆者が2013年3月に実施した，国連開発計画（UNDP）コソヴォ事務所のラディヴォイェヴィチ氏とのインタビューで示された見方である。

⑶9　European Commission, *Kosovo 2015 Report*, 2015.

⑷0　Kosovar Centre for Security Studies, *op. cit.*, 2016.

⑷1　Center for Insights in Survey Research, *Survey of Serbian Public Opinion November 24 – December 3, 2015*, International Republican Institute, 2015.

参考文献

岩田昌征『ユーゴスラヴィア多民族戦争の情報像——学者の冒険』御茶の水書房，1999年。

ヴェーバー，マックス（脇圭平訳）『職業としての政治』岩波文庫，1980年。

中内政貴「旧ユーゴスラビア諸国」上杉勇司・藤重博美・吉崎知典編『平和構築における治安部門改革』国際書院，2012年，125〜142頁。

中内政貴「ローカル・オーナーシップと国際社会による関与の正当性——マケドニアにおける国家建設を事例として」『国際政治』第174号，2013年，111〜124頁。

Balkan Insight, "Most Serbs Acknowledge Independent Kosovo, Poll," 2013 (http://www.balkaninsight.com/en/article/serbians-acknowledge-kosovo-independence).

Balkan Insight, "Kosovo to Have Armed Force by 2019," 2014 (http://www.balkaninsight.com/en/article/kosovo-decides-to-form-kosovo-armed-forces).

Bose, Sumantra, *Bosnia After Dayton : Nationalist Partition and International Intervention,* C. Hurst & Co. Ltd., 2002.

Capussela, Andrea Lorenzo, *State-Building in Kosovo : Democracy, Corruption and the EU in the Balkans,* I.B. Tauris, 2015.

Center for Insights in Survey Research, *Survey of Serbian Public Opinion November 24 – December 3, 2015,* International Republican Institute, 2015.

Chandler, David, *Bosnia : Faking Democracy After Dayton,* Pluto Press, 2000.

European Commission, *Kosovo Progress Report,* 2014.

European Commission, *Kosovo 2015 Report,* 2015.

Fagan, Adam, *Europe's Balkan Dilemma : Paths to Civil Society or State-Building?* I.B. Tauris, 2010.

Heinemann-Grüder, Andreas and Grebenschikov, Igor, "Security Governance by Internationals : The Case of Kosovo," *International Peacekeeping,* 13 : 1, 2006, pp. 43-59.

International Court of Justice, "Advisory Opinion of 22 July 2010", 2010.

International Crisis Group, "An Army for Kosovo?" *Europe Report,* No. 174, 2006.

King, Iain and Mason, Whit, *Peace at Any Price : How the World Failed Kosovo,* Cornell University Press, 2005.

Knezevic, Gordana "The Politics Of Fear: Referendum In Republika Srpska," Radio Free Europe/Radio Liberty, 2016 (http://www.rferl.org/a/politics-of-fear-referendum-in-republika-srpska-statehood-day-dodik/28009309.html).

Kosovar Centre for Security Studies, *Kosovo Security Barometer, Fifth Edition,* 2015a.

第33章　旧ユーゴスラヴィア諸国にみるアクター間の同床異夢

Kosovar Centre for Security Studies, *Kosovo Security Barometer Special Edition : Public Perceptions on Kosovo's Foreign Policy and Political Dialogue with Serbia*, 2015b.

Kosovar Centre for Security Studies, *Kosovo Security Barometer-Special Edition : Public Perceptions on Kosovo's Foreign Policy and Dialogue with Serbia*, 2016.

Lewis, Paul, "Kosovo PM is Head of Human Organ and Arms Ring, Council of Europe Reports," *The Guardian*, 14 December 2010.

McEvoy, Joanne, *Power-Sharing Executives : Governing in Bosnia, Macedonia, and Northern Ireland*, University of Pennsylvania Press, 2015.

National Democratic Institute, "Kosovar Attitudes on the 2013 Brussels Agreement between Kosovo and Serbia February 2014 Public Opinion Research," 2014.

Paris, Roland, *At War's End : Building Peace After Civil Conflict*, Cambridge University Press, 2004.

Petersen, Roger D., *Western Intervention in the Balkans : The Strategic Use of Emotion in Conflict*, Cambridge University Press, 2011.

Pettifer, James, *The Kosova Liberation Army : Underground War to Balkan Insurgency, 1948-2001*, Columbia University Press, 2012.

Phillips, David L., *Realizing Kosova's Independence*, National Committee on Foreign Policy, 2010.

Radeljić, Branislav ed., *Europe and the Post-Yugoslav Space*, Ashgate, 2013.

Republic of Serbia, *National Security Strategy of the Republic of Serbia*, 2009a.

Republic of Serbia, *Defence Strategy of the Republic of Serbia*, 2009b.

Smith, Helena, "Angry Kosovars Call on 'Colonial' UN Occupying Force to Leave," *The Observer*, 19 October 2003.

Sörensen, Jens Stilhoff, "Reconstituting Crisis : Revisiting the Dayton and Rambouillet Agreements and Their Impact in Kosovo," in Eriksson, Mikael and Kostic, Roland eds., *Mediation and Liberal Peacebuilding : Peace from the Ashes of War?* Routledge, 2013, pp. 40-56.

Stars and Stripes, "Kosovo Security Force Recognized as Fully Operational by NATO," 2013 (http://www.stripes.com/news/europe/kosovo-security-force-recognized-as-fully-operational-by-nato-1.229553).

99

第4章

モザイク化するアフガニスタンをめぐる安全保障論の再考

工藤正樹

1 アフガニスタンと安全保障論

問題意識

おそらく市井のアフガン市民にとって，それは迷惑千万な真実に違いない。しかし事実上アフガニスタンは，今やシリアやイラクと並んで「紛争とテロの代名詞」のような国になってしまった。歴史を振り返ると，1979年に当時の陸軍超大国ソ連が同国に軍事介入を行ったことが，その端緒であった。

1979年のソ連侵攻が，世界と同国の安全保障にもたらした災禍は2つある。1つ目は，世界のテロリズムの潮流を変える，きっかけをもたらしたことだ。テロリズム研究でしばしば指摘されるように「アフガン戦争」にムジャヒディーン（聖戦士）として参戦したウサマ・ビン・ラディーンは1988年頃にアル＝カーイダを創設し，2001年に米国で「同時多発テロ」事件を起こした。いわゆるイスラーム過激主義に基づくテロリズムは以後，まるで疫病のごとく世界中に拡散した。たとえばイスラーム国（Islamic State：IS）の活動も，この過激主義の系譜に属する。こうした「世界規模のテロリズム」の誕生は，冷戦後の国際安全保障環境を一変させた。それも元をたどればアフガニスタンへのソ連侵攻が1つの端緒であった。

2つ目の災いは，言うまでもなく同国に悲惨な内戦をもたらしたことである。1979年のソ連侵攻後，同国は戦乱につぐ戦乱を経験した。ホッブス的な自然状態とも言える無秩序状態を乗り越えて現在，新たな国家形成の道を歩み始めてはいる。しかし，「戦後」から15年あまりが経過した今も，国家統治が全土に及んでいるとは言い難い。形式上は2001年の「和平合意」で「内戦」に終止符

101

が打たれている。しかし，最近も国土の一部で反政府勢力の活動が盛り返しており，事実上は「平和でない状態」が継続している。

　果たして今後，アフガニスタンに「平和」は訪れるのか。それとも同国で混乱が収束しないのは，何か構造的な問題がひそんでいるからなのか。そうであるならば，その一端を明らかにすることで「平和」に一歩近づくことができるはずだ。本章は，そうした問題意識の下で執筆された。

目的と構成

　ここでの目的は２つある。第１に，いまだ情勢が安定しない同国の現状を，安全保障論の分析枠組みを通じて明らかにすることである。本章の特徴は，その際に，同国の治安面の分析で一般的な治安部門改革（Security Sector Reform：SSR）論を用いていない点である。次節で詳述するが，あえて既存の枠組みを使わずにセキュリティ・ガヴァナンス論で検証するのには理由がある。それにより既存の論考では見えにくかった反政府勢力などのロジックを分析の射程に組み込むことが可能となるからである。攪乱アクターは，なぜテロをやめないのか，その意図は何なのか，といった点を明らかにすることで，「紛争」が終わらない原因の一端を究明する。

　第２の目的は，本書全体の共通課題そのものである。すなわち，同国の事例研究を通じて非西欧型のセキュリティ・ガヴァナンスの姿を模索する。序章の分類に従うと，同国の事例は，第Ⅲ象限（前近代型セキュリティ・ガヴァナンス）に属していると筆者は考えている。秩序の観点で言うと，国土の一部で「部分的な均衡」は成立していても「全体均衡」には至っていない，というのが筆者の見立てだ。では，なぜ，同国でガヴァナンスが安定しないのか。秩序の全体均衡は，いかにすれば達成できるのか。本論では，これらを規律・攪乱アクター双方の視点から複眼的に考察する。

　本章の構成は次のとおりである。まず次節で分析の枠組みを提示する。第３・４節で同国の現状を政治・経済・社会面から整理し「なぜ，そうなったのか」を歴史的に考察する。続く第５・６節で規律・攪乱アクターの検証を行う。最後に「今後どうなるのか」を念頭において上記の問いに対する結論を導きたい。

2　研究の枠組み

　本章は，既存のSSR論とセキュリティ・ガヴァナンス論の対比を分析の主軸とする。ここでは両論の特徴を比較し，本論で用いる分析の枠組みを提示する。

SSR論とセキュリティ・ガヴァナンス論

　SSR論は，理論と言える程には収斂されておらず，学術理論と言うよりは政策概念に近い。その萌芽は，冷戦期に遡る。当時の議論の中核は，実際の治安の担い手である国軍と警察であった。それが新たに脚光を浴びるようになるのは冷戦後である。「新SSR論」では，改革の対象を国軍と警察だけに絞らず，隣接分野も含めて包括的に改革する必要性が指摘された。というのも，中核分野だけでは「治安部門」の改革が成就しない例が出てきたからである。

　たとえば，もっぱら警察だけを強化して容疑者をいくら捕まえても，彼らを訴追・収監する裁判所や刑務所が機能していなければ意味がない。また国軍だけを強化して，いくら反政府勢力を叩いても，国境管理がしっかりとしていなければ，とめどなくテロ犯は流入し，「永遠に終わらないモグラ叩き」をしているようなものである。このように本来，「治安部門」は連関している。

　アフガニスタンの場合，国家再建の過程で5つの連関する「治安部門」が優先分野として特定され，複数のドナーが個別のセクターを「主導国」として担当する形がとられた。すなわち，国軍改革（主導国：米国），警察改革（ドイツ），麻薬対策（英国），司法改革（イタリア），武装解除・動員解除・元兵士の社会統合（日本・国連アフガニスタン支援ミッション）の5本柱である。

　さて，このSSR論を，セキュリティ・ガヴァナンス論と対比してみると，次の3点が，主な相違点として指摘できる。

　第1に，SSR論は，あくまで「治安を提供する側」の議論であり，その制度構築が主眼である。したがって，たとえば同じガヴァナンス空間に存在している「治安を脅かす側」である撹乱アクターは基本的に議論の射程外である。

第Ⅱ部　中央政府崩壊後のセキュリティ・ガヴァナンス

　第2に，SSR論は，「分野」を分析の基本単位として，その連携や「包括性」に着目する。それに対して，セキュリティ・ガヴァナンス論は，主権国家という近代の基本枠組みに縛られない「主体」にも着目し，その複層性も分析する。

　第3に，SSR論もセキュリティ・ガヴァナンス論も，学術・概念的要素と政策・実践的要素の両方を含んでいる。ただし，SSR論の方が政策論としての指向性が色濃く出ており，規範性が強い。それに対して後者は，規範的な側面がないわけではないが，現実をありのままに記述する「記述概念」として適用されることが多い（本章も主に「記述概念」として用いている）。

分析の枠組み

　アフガニスタンの国家再建の青写真は，基本的にSSR論の枠組みとほぼ重なっている。しかし同論の視点だけでは，この課題空間の全体像は見えてこない。そうした視座から分析枠組みを明示しておくと，以下の2点である。

　第1に，主体の複層性と多様性である。特にセキュリティ・ガヴァナンス論では，国家以外の主体にも着目する。また，分析対象となるガヴァナンス空間は，必ずしも一国内に限定されない。たとえばアフガニスタンの事例では，パキスタンなどの周辺国も含めた地域的な視点も重要である。

　第2に，セキュリティ・ガヴァナンス論では，規律アクターだけでなく，攪乱アクターにも注目する。たとえば現在，「反政府組織」と位置づけられているタリバーンは，元々は政権を担う「規律アクター」でもあった。そのため，同国の事例を扱う場合，「規律アクター（中央政府）」対「攪乱アクター（反政府勢力）」という単純な構図で論じることは適切ではない。むしろ分析に際しては，それらの相互作用に着目する視点も重要である。

3　アフガニスタンの経済・社会

　紛争終結後の不安定な社会を，安定状態に変換するための「公式」のようなものは存在するのか。残念ながら，そうした万能の処方箋は，いまだ発見され

ていない。ただし，当該分野の研究で著名なローランド・パリスらは複数の事例研究を総括して，次のように指摘する。紛争後の国家再建が難しいのは，「異なる3つの移行を，同時並行で進めなければならない」[3]からだ，と。これは特に社会・経済・政治面での移行（再建）を指している。以下では，規律・攪乱アクターの分析の背景知識として，これら3分野を概観する。

現状：発展と後退

現時点ではアフガニスタンは世界最貧国の1つである[4]。しかしながら，国家再建という意味では，同国はここ10数年で目覚ましい発展を遂げている。たとえば，主な社会経済指標の「伸び」に注目して2001年と2014年を比較してみると，GDPは約5倍に増大し（123米ドルから688米ドル），第1次医療へのアクセス率も大幅に改善し（9％から57％），出生時平均余命は15歳以上も伸びた（45.3歳から60.5歳）。

では治安面はどうだろう。図4-1は民間人犠牲者の総数（年間）と内訳を示したものである。図4-1が示すように，新生アフガニスタン発足直後の2001年の犠牲者数は2375名であり，その後は減少したものの，特に2006年以降は増加傾向にある。また，2007年以降の犠牲者数の内訳を見ると，政府・外国軍の掃討戦闘に巻き込まれるなどした犠牲者数は減少ないしは横ばい傾向にあるのに対して，反政府勢力のテロ攻撃などによる犠牲者数は増加している。

実際，アフガニスタンの地図を眺めながら現地の状況を総括してみると，まず各県や郡の中心部（県都や郡都）はおおむね政府側が掌握している。しかし，県都以外の外縁地域では，反政府勢力などが事実上支配している地域も混在している（第6節の図4-2も参照）。たとえばタリバーンは，これまで所属部族であるパシュトゥーンの人半が居住する南部と東部が主な活動地域であったが，現在，その活動領域はかなり広範にわたっている。2015年と2016年には，北部の要衝クンドゥーズがタリバーンの手で陥落した。いずれも，その後政府軍が奪還したものの，総じて治安は改善しているとは言えない。

以上のように，おおむね生活水準はここ10数年で大きく発展した。生活水準が改善傾向にあれば治安も良くなりそうなものだ。しかし実際には，治安は逆

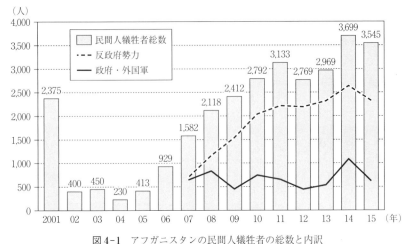

図 4-1 アフガニスタンの民間人犠牲者の総数と内訳

注：犠牲者数の内訳は資料上の制約で2007年以降のみ。また，反政府勢力に起因するもの，政府・外国軍（治安部隊や，米軍・国際治安支援部隊など）の掃討作成などに起因するもの以外に，両者いずれにも起因しないもの，があるが，上図では前2者のみ掲載。
出所：Neta C. Crawford, *Costs of War: War-related Death, Injury, and Displacement in Afghanistan and Pakistan 2001-2014*, Brown University, 2015およびUNAMA資料（https://unama.unmissions.org/）を基に筆者作成。

コースに暗転している。なぜ，こうした現象が起きるのか。問題の所在をさぐるために，まずは経済・社会面の特徴から見ていこう。

経済：外国依存体制

既述のとおり，主な社会経済指標は大幅な改善を見せている。しかし，そうした発展の影に隠れてしまっている「負の指標」が，実は3つある。まず，失業率である。この指標は一般に犯罪率と相関があるとされるが，同国の場合，特に若年層（15～24歳）の失業率が深刻である。2001年の状態（18.4％）と比較しても悪化しており（20.8％：2014年），5人に1人が失業状態にある[5]。

第2に，汚職も大きな社会問題だ。代表的な汚職度指数で言うと実に168国中166位（2015年）であり，「世界で3番目に汚職がひどい国」という不名誉な結果になっている[6]。周知のとおり，汚職の存在は社会不正義を生み，不正義は人々の間で不満や怨嗟の温床となる。

第4章　モザイク化するアフガニスタンをめぐる安全保障論の再考

　第3に，治安との関係でも重要なのが教育関連の指標である。たとえば初等教育就学率は新政権誕生以降改善しており，2014年は65％である。ところが，こうした統計数値から除外されている「アフガン人」がいる。主に内戦の過程で戦火を逃れて隣国に流出したアフガン難民の存在だ。その大半がパキスタン（約150万人）とイラン（約95万人）に滞在しており，特に問題なのが前者である。国連高等難民弁務官事務所（UNHCR）によると，就学対象の児童のおよそ8割が学校に通っておらず，パキスタンのアフガン難民の識字率は成人を含めてもわずか33％にすぎない。第6節で後述するとおり，これら3つの「負の指標」はテロリストが生まれる背景ともなっている。

　経済面で最後に指摘しておきたいのが財政の問題である。たとえば2015年度予算案では，歳入4282億AFG（アフガニー）のうち，3027億AFGが外国の支援である。すなわち国庫収入の7割以上を外国からの資金援助（贈与）に依存している。さらに特徴的なのは治安関係費の割合である。歳出の実に4割以上が治安関係の支出で占められている。

　たとえば現在，アフガン国軍は19万人規模，警察は15万人規模という巨大な組織になっている。純粋に財政面だけを考えれば，これはあきらかに過剰な財政支出である。他方で，国家の治安部隊の規模というのは脅威（認識）の大きさを反映しており，一般に両者は比例関係にある。実際，現在のアフガニスタンは治安が不安定であり，平時以上の国軍・警察機能が求められている。治安上の必要性と財政問題との間で身動きがとれないのが現状だ。ただし，これは裏を返せば，治安関係支出の抑制が財政問題を解決する糸口の1つとなっており，その大前提として治安の回復が求められている，ということでもある。同国の場合，逼迫する財政と治安の問題は切っても切り離せない関係にある。

社会：複雑な民族分布と国民のアイデンティティ

　アフガニスタンは東西文明の十字路と呼ばれる。古くはアレキサンダー大王が東征する時の拠点になり，またインドから仏教文明が各地に伝播していく上で重要な中継地ともなった。こうした歴史を如実に反映しているのが，その複雑な民族分布である。多数派を形成するのがパシュトゥーン（42％）で，それ

に続いて，タジク（27％），ハザラ（9％），ウズベク（9％），さらに，バルーチやアイマークなどのいわゆる少数民族から構成される。[9]

　国教はイスラームであり，宗派としてはスンナ派が多数派（約8割）を占めている。ただし，主に中央高原に分布するハザラ民族の大半がシーア派である。[10]

　公用語とされるパシュトゥーン語とダリー語のうち，前者はパシュトゥーンの民族語であり，言語人口は約900万人とされる。その民族分布は，主にアフガニスタンの南東部からパキスタンの北東部にまたがっている。両国のパシュトゥーン民族は同一の言語と文化を共有しており，意思疎通も容易である。第6節で後述するとおり，このことはアフガニスタンの社会と紛争に少なからず影響を及ぼしている。それに対して，ダリー語はペルシア語起源の言語でアフガニスタンの全人口の半分以上が同語を解すると言われている。

　過去を振り返ると，同国の内戦の過程で10万人の命が失われたと言われている。そして紛争の前線の多くが民族間の境界線をなぞるような形で展開された。特に実際に内戦を経験している世代にとって「民族間紛争」の記憶はいまだに新しい。民族も宗教もアイデンティティの1つだが，それらの上位に位置する，より大きなアイデンティティとしての「国民」を創出できるかどうか。アフガニスタンは今まさに，そうした課題に直面している。

4　アフガニスタンの政治――統治原理と秩序観をめぐる闘争

　上述の社会・経済面に比べると，政治面は少なくとも制度面の改革は一定の進展を見せている。次に政治面から社会の不安定化の要因を考えてみたい。

独立，内乱，タリバーン

　政治面で最初に浮かんでくる疑問は，1994年の段階で無名の民兵集団にすぎなかったタリバーン（神学生の民兵組織）が，なぜ登場し，住民の支持を得て政権を確立したのか，という点である。まずは，その背景を振り返る。

　1919年，「第3次英アフガン戦争」の結果として，アフガニスタンは英国から外交権を回復し，独立を果たした。独立後，王制が半世紀以上にわたり続い

第4章　モザイク化するアフガニスタンをめぐる安全保障論の再考

たが，1973年のクーデターにより終焉し共和制に移行する。しかし，その後は，坂道を転げ落ちるようにして社会が分裂し，結果として1979年のソ連の侵攻を招き，同国は泥沼の内戦状態へと突入していった。

　まず，1973年のクーデターの立役者モハマド・ダウード首相は78年の革命で殺害され，続くモハマド・タラッキーも1979年に病死した（暗殺とも言われている）。後継の大統領は79年のソ連侵攻後に身柄を拘束され，その後はソ連の傀儡（共産党）政権が続いた。この間，駐留ソ連軍と共産党政権に対して，ムジャヒディーンによる抵抗活動が激化。その各派はやがて7つの勢力に統合され，1989年には共産政権に対抗して暫定政権の樹立を宣言。同年，ソ連軍は撤退したが，対立はさらに激化した。結局，1992年にムジャヒディーンの暫定政権が共産政権を倒してブルハヌッディーン・ラッバーニが政権を掌握した。しかし，彼らが掌握できたのは首都カーブルと北部地域の一部だけだった。たとえば，西の都ヘラートを掌握していたのはタジク系軍閥のイスマイール・ハーンであったし，北部6県を支配していたのはウズベク系のラシード・ドスタム将軍であった。その後も抗争は続き，同国は一種の無政府状態に陥っていった。中でも南部地域は，特に混乱を極めていた。この地域では，軍閥や山賊などによる勝手な土地の押収や通行税の徴収が行われており，レイプなどの犯罪も横行していた。人々は，秩序と治安の回復を何よりも望んでいた。

　1994年の秋，南部の町カンダハールで，この無法状態に秩序をもたらそうと立ち上がった小集団がいた。彼らは元々，ムジャヒディーンとしてソ連と戦った経験があり，ソ連撤退後はアフガニスタン南部やパキスタンのマドラサ（学校）でイスラーム学を学んでいた。パキスタンのメディアは，かれらを「タリバーン」と呼んだ（「イスラームの学徒」を意味するtalibの複数形）。

　それは当初，一種の「出直し運動」のようなものであったのだろう。タリバーンは，徒党を組んで地元の治安を脅かしていた軍閥や民兵を武力で制圧した。そして，活動に共鳴する住民を自団に加えて快進撃を続け，わずか2カ月あまりで南部地域をほぼ平定してしまった。そして，1996年には首都カーブルで暫定政権を打ち立て，1998年には北部の要衝都市マザリシャリフも陥落させた。国内の対抗勢力は「北部同盟」を結成していたが，そのうち，マザリシャ

109

リフのドスタム将軍はトルコに逃げ，ヘラートのイスマイール・ハーンもイランへ逃亡し，タリバーンに対抗しているのは「パンジシールの獅子」と呼ばれたアフマド・シャー・マスード将軍の勢力ぐらいであった。こうしてタリバーンは国土の大半を掌握し，国家の統治に乗り出した。

　しかしながら，政権樹立後のタリバーンは，厳格なシャリーア（イスラームの法原理）の適用を統治原理にして抑圧的な政策をとった。特に国際的な非難を浴びたのは，女性に対する抑圧的な対応やバーミヤンの仏教遺跡の破壊などである。そして，ビン・ラディーンをかくまったことで国連の制裁を受け，さらに，2001年9月に米国で同時多発テロ事件が勃発し，同年10月，米英はアフガニスタンへの空爆に踏み切り，政権は崩壊した。

　結局，タリバーン運動とは何だったのか。彼らは，アフガン紛争の舞台に彗星のごとく現れた。ところがその後，わずか5年あまりの短期間に，その位置づけは，めまぐるしく変化した。そもそも，その「登場」前は，(1)ムジャヒディーンとして外国支配に抵抗した「自由の闘士」であった。1994年の「登場」後は，(2)カオス社会に秩序をもたらした「秩序の体現者」であった。しかし，その後は，(3)極度に抑圧的な社会を実現した「原理主義の統治者」であり，最終的には外国軍の武力で掃討された。彼らは，そうした複数のイメージを経てきた集団であり，その位置づけは世代や地域によっても微妙に異なっている。

　以上のように，ここ10数年の政治状況を振り返ると，社会統合がうまくいかない中で統治原理という振り子の針が両端の極限に触れてしまった感がある。内戦時代は，「自治」の極限にあるアナーキーそのものであったし，それに終止符を打とうと登場したタリバーンは，秩序の回復や統治を強調するあまり，イスラームを錦の御旗に掲げて極端に全体主義的な政治運営に陥ってしまった。

新政権の発足

　タリバーン政権崩壊後に成立した現政権は，まさに「自治」と「統治」の間でバランスを維持するために苦慮しているのが現状である。

　通常，紛争が終結し国家再建に向かう際には，紛争当事者間で武力行使の停止を約した「停戦合意」ないしは政治的な合意事項も含めた「和平合意」が締

第4章　モザイク化するアフガニスタンをめぐる安全保障論の再考

表 4-1　タリバーン崩壊後の主な政治動向

2001年10月	米英軍のアフガニスタン空爆開始
11月	北部同盟，カーブル入り
12月	ボン合意。暫定政権発足
2002年 6 月	緊急ローヤ・ジェルガ開催。移行政権を承認。カルザイを移行政権の議長に選出
2003年12月	憲法制定ローヤ・ジェルガ開催
2004年 1 月	ローヤ・ジェルガにて新憲法制定
10月	大統領選挙開催。カルザイ当選
2005年 9 月	下院・県議会選挙開催
2006年 1 月	「アフガニスタン・コンパクト」締結
2009年 8 月	第 2 回大統領選挙開催。カルザイ再選
2010年 5 月	第 2 回下院議会選挙開催
2014年 4 月	第 3 回大統領選挙開催。(同年 9 月，ガーニ大統領就任)
2015年 7 月	アフガン政府，タリバーンとの初の公式和平交渉

出所：筆者作成。

結される。アフガニスタンの場合，それらに類似の合意文書としては2001年の
「ボン合意（Bonn agreement）」がある。しかし同国の場合，2001年に実行支配
者であったタリバーン政権を外国軍が実力行使で崩壊させた，という経緯があ
り，紛争当事者の 1 つであったタリバーンは合意には参画していない。

　ボン合意の政治日程に従い，2002年 6 月には緊急ローヤ・ジェルガ（Emer-
gency Loya Jirga）が招集され，移行政権が承認されると同時にカルザイが同政
権の議長として選出された。その後は表 4-1 のとおり，新憲法が制定され，
大統領・議会選挙も実施された。また，2014年 4 月に実施された第 3 回大統領
選挙では，アシュラフ・ガーニとアブドゥラ・アブドゥラの決選投票にもつれ
込み，不正票疑惑の問題などが浮上したものの，結局，米国の仲介で権力を分
有する合意がなされて，同年 9 月にガーニが大統領に，アブドラが行政長官
（Chief Executive Officer：CEO）になることで決着した。このように同国は，か
つてのような無秩序な軍閥政治の世界に舞い戻ることがないよう，統治原理の
仕組みを民主的な選挙制度に昇華させている。

　また，上記と並行して，NATO 軍などを中心とする「国際治安支援部隊

111

（ISAF：International Security Assistance Force）」も展開したが，ISAF は2014年末に任務を終了し，現在は訓練を中心とする「確固たる支援（Resolute Support：RS）ミッション」に代わっている。なお，アフガニスタンは「対テロ戦争」の文脈で2012年，米国に「非 NATO 加盟国の中での主要同盟国（Major Non-NATO Ally）」に最初に位置づけられた国になった。地位協定の（再）締結に至らず米軍が完全撤退したイラクとは異なり，アフガニスタンは2014年に米軍および NATO 諸国と安全保障協定を締結し，引き続き駐留と支援を継続することを決定した。

　以上のように新生アフガニスタンは，西側諸国の支援に支えられながら，過去15年間，何とか政治運営を行ってきた。その統治原理は西欧の議会制民主主義制度にのっとりながらもイスラームの要素を尊重している。それに対して，第6節で詳述するとおり，攪乱アクターは，外国軍を排斥し，厳格なイスラームの原理に基づいた統治を実現すべきであると主張し，それを実現する手段としてテロリズムを用いている。同国の政治空間では，いわば秩序観をめぐり，規律アクター（政府）と攪乱アクター（反政府勢力）の間で，政治・軍事的な闘争が続いている。これが，同国が安定しない原因となっていることは言うまでもない。では，両者の間で政治的な妥協や合意は可能なのだろうか。その点を検討する前に，規律・攪乱アクターの特徴を明らかにしておこう。

5　ガヴァナンス構造と規律アクター

　ここでは規律アクターを整理し，アフガニスタンのガヴァナンス構造の特徴を明らかにしておこう。たとえば西欧諸国と比較した場合，同国のガヴァナンスの構造的な特徴はどのような点にあるだろうか。

アフガニスタンのガヴァナンス構造

　制度面を見ると，土着の制度を取り込みつつも，憲法上のフォーマルな統治機構は欧米型の民主的な統治機構に範を取っている。三権分立制度を採用し議会は二院制である。地方の行政単位である県（province）と郡（district）には

第4章　モザイク化するアフガニスタンをめぐる安全保障論の再考

表 4-2　アフガニスタンのガヴァナンスの枠組み

	機構・制度	ネットワーク	政策・プロセス	サービス
フォーマル	・国家・地方政府 ・ANSF ・地方議会	・政党	・選挙 ・法の支配，裁判 ・議会	・健康・保健 ・復興 ・教育 ・法
インフォーマル	・ジェルガ ・シューラ ・ムッラー 　(宗教権威) ・ハーン(有力者) ・NGO，CDC	・愛顧・保護主義 　(patronage) ・部族的つながり ・民族的つながり ・ウラマー	・ジェルガ ・シューラ ・シャリーアによ 　る紛争解決	・CDC ・NGO
非合法	・地方のタリバーン ・地方の民兵	・タリバーン ・麻薬の密輸業者	・シャリーアや 　愛顧・保護主義 　による紛争解決 ・人の支配 　(rule of men)	・雇用 ・保護 ・宗教的教育

出所：Robert D. Lumb, *Formal and Informal Governance in Afghanistan*, The Asian Foundation, Occasional Paper No. 11, 2012, p. 7.

県・郡議会の設置が規定されている。ただし，郡議会の方は法律の制定権限があるわけではなく各行政事項への助言がその役割とされ，事実上はほとんど設置されていない。また憲法上，男女平等が謳われており宗教の自由も認めた上で，国教はイスラームと定めて，いかなる国内法制もイスラーム法と矛盾すべきでないことを明記する。端的に言うと，新生アフガニスタンは，民主的な統治機構に立脚した「穏健なイスラーム国家」を目指していると言える。

　ただし，表4-2が示すように，それ以外にもインフォーマルなものが存在する。たとえば，インフォーマルな機構，制度，あるいはアクターとしては，ムッラー（宗教指導者）やハーン（地域の有力者），地域開発評議会（Community Development Council：CDC）などである。また憲法で規定されるローヤ・ジェルガ以外にも，地方では各レベルにおいてジェルガやシューラといった合議体の意思決定機構もある。この土着の制度は，何か争点がもち上がった時に長老や有力者（ただし原則，男性のみ）を招集して，話し合いにより問題解決を図るものである。[11]それは結婚の承認といった家族間の問題から，村，コミュニティ，郡，県などのあらゆるレベルにおいて存在する。ただし，インフォーマルなこ

113

第Ⅱ部　中央政府崩壊後のセキュリティ・ガヴァナンス

れらの合議体はジェンダーの視点が皆無であり，一貫した慣習法がない場合が
多く，判断が恣意的になりやすいといった問題点も指摘されている。[12]

西欧のガヴァナンス構造との比較

　表 4 - 2 は，セキュリティの視点を意識して整理された表ではないので，次
に，その点を加味して規律アクターを分類してみよう。

　アフガニスタンで，治安維持を直接的に担っているのは，アフガン治安維持
部隊（Afghan National Security Force：ANSF）と呼ばれる国軍と警察であり，そ
れを RS などの外国軍が支援している。また，インフォーマルなレベルでは，
表 4 - 2 に記載の主体の他にも，軍閥，コミュニティ長や村長，民間軍事会社
（Private Security Company：PSC）などがある。特に地方では，軍閥などが実質
的な治安維持機能を担っている場合もあり，PSC についても，政府に登録さ
れていないインフォーマルな PSC も存在する。これらはインフォーマルない
しは非合法の主体であり，このうち地域の秩序を混乱させている場合には，む
しろ「攪乱アクター」となっている場合もある。

　もちろん，政府などの規律アクターと過激派勢力などの攪乱アクターは基本
的に対立構造にある。ただし，インフォーマルな主体，たとえば地方の村長は，
一般に政府にも反政府勢力にも中立的な立場をとることが多い。それは，自ら
の自治領域の秩序を守ることが重要であり，政府が地域の秩序を守れない場合
には，地方の軍閥や反政府勢力に治安の維持を依拠せざるをえない場合もある
からである。特にタリバーンの支持住民が多い地域では，彼らに治安の維持を
期待する一方で，同組織が徴税を行っているケースもある。

　さて，以上を踏まえて同国と西欧のガヴァナンスの構造を比較してみよう。
フォーマル・インフォーマルな制度が混在・共存している点は両者とも同じで
ある。異なるのは，アフガニスタンの場合，インフォーマルな制度や非合法な
主体を，中央政府が必ずしも統制・規制できていない点である。これは同国が，
いまだ中央集権化の途上にあることと無関係ではない。

6 攪乱アクター

アフガニスタンで最初に起きた自爆テロは2001年9月9日とされる。この日，故マスード将軍がジャーナリストを名乗る外国人に殺害された（のちにアル＝カーイダの犯行と判明）[13]。当時，同国では「自爆テロ」という思想や手法は知られていなかった。アフガン人自身も，まさか自国民がそのような手法に手を染めるようになるとは思ってもいなかっただろう。しかし，2005年前後には「自爆テロ」は反政府勢力の常套手段となり，最近は10代の若者による犯行も目立つようになった。本来，国の礎であるはずの若者までもが，なぜテロに走るのか。それを念頭におきつつ，本節では主な攪乱アクターを整理する。

アフガニスタンでは，国際的なテロ組織であるアル＝カーイダや現地で「ダウェーシュ」と呼ばれているIS だけでなく[14]，中央アジアや南アジアを拠点とする地域的な過激派のネットワークの活動も存在する。そして，それらから思想的な影響だけでなく，資金的・人的支援も受ける形で様々な過激派組織が生まれてきた。全てを紹介する紙幅はないが，以下では，一定の政治的主張と組織規模を有する国内の3つの組織と，昨今当地でもじわりじわりと活動を活発化させつつあるIS を取り上げる[15]。

タリバーン

現状，支配領域と組織規模の観点で最大の反政府勢力はタリバーンおよび，その諸分派である。一時は雲散霧消したと思われたタリバーンだが，その後，体制を立て直し，少なくとも2000年代の後半には一定の勢力を回復している（図4‒2）。現在，その戦闘員は2万5000人の規模とも言われており，南部地域を主要な勢力範囲として，北部や東部でも巻き返しを図っている[16]。これまで，いずれの地域でも県都については中央政府の支配が及んでおり，タリバーンやその他の勢力が実効支配できているのは，基本的に県都の外縁地域に限られていた。しかし昨今は，一時的に県都を陥落させるなど予断を許さない状況になっている。

第Ⅱ部 中央政府崩壊後のセキュリティ・ガヴァナンス

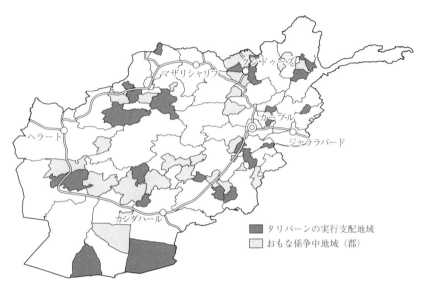

図 4-2 アフガニスタンにおけるタリバーンのおもな活動地域
注：タリバーンの支配地域は，そもそも現在進行形で動いており諸説が存在する。本地図は一時期における同組織の活動地域の概略を示すもの。
出所：Sarah Almukhtar and Karen Yourish, "14 years after U.S. Invasion, the Taliban Are Back in Control of Large Parts of Afghanistan," New York Times, 16 October 2015を基に2016年の最新情報を加筆。

　タリバーンは「聖戦の声（Voice of Jihad）」と題する自身の「公式ウェブ・サイト」をもっている。首都やそれ以外の地域でテロ活動が実施されたあと，ここに「声明」が掲載されることがあり，そこから活動の目的が読み取れる。それによると，その目的はイスラームによる国家統治と外国支配の排除である。

　タリバーンの特徴としては次の3点が挙げられる。第1に，パシュトゥーン民族を主体とした団体である。同民族はパキスタンとアフガニスタンの領域にまたがり，タリバーンは同民族の独自のネットワークの中で両国を行き来しながら活動をすることが可能である。

　第2に，一定の組織化がなされている点である。2015年7月末に新指導者としてモハマド・マンスールが選出されるまで，タリバーンの指導者とされていたのは，カンダハール出身のモハマド・オマルである。指導者が率いる評議会は，通称クエッタ・シューラと呼ばれ，この合議体が実質的にタリバーンを運

営しているとされる。タリバーンは，その公式サイトで自らを「アフガニスタ
ン・イスラム首長国（Islamic Emirate of Afghanistan）」と名乗っており，いわゆ
る影の内閣や各県の知事も組織しているとされる。

なお，表4-1にあるとおり2015年7月，パキスタンにおいてアフガニスタ
ン政府との間で初の公式和平交渉が行われ，その後も何度か協議が重ねられた。
しかし2016年5月，米軍が操るドローンの空爆によりマンスールが殺害された
こともあり，現在，政府とタリバーンの和平交渉は暗礁に乗り上げている。ま
た，マンスールの殺害後，マウラウィ・ハイバトゥーラ・アクンザーダが新指
導者に選出された。

第3に，上記とは逆のベクトルであるが，諸分派の存在である。2001年の軍
事行動で一時は分解したタリバーンだが，その後，勢力を回復する過程で，
様々な分派が生じている。特に，和平交渉に応じているとされるグループとは
決別し過激活動にひた走る過激分子や他組織に寝返る司令官なども出てきてい
る。

ハッカニ・ネットワーク

ハッカニ・ネットワーク（Haqqani Network）もパシュトゥーンを母体とした
集団である。活動領域は，アフガニスタンの東部地域および当該地域に接続し
ているパキスタンの北東部にもまたがっている。

1980年代にソ連侵攻に対抗した著名なムジャヒディーンの息子であるシラジ
ュッディーン・ハッカーニが指導者である。2015年にタリバーンの新指導者が
選出された際には，新指導者であるマンスールを支持する旨を表明した。この
ことからも分かるとおり，同じ民族を母体とするタリバーンとも一定の関係を
有する。タリバーン傘下の組織と見なされることもあるが，基本的には独立し
た指揮命令系統の下で行動していると考えられている。また，これまでアル＝
カーイダとの関係性も指摘されている。さらに，パキスタンの諜報機関（ISI）
ともつながりがあるとされ，アフガニスタン国内のインド権益に対して行われ
たテロに同ネットワークが関与していることも多いとされる。

イスラーム党

このグループは「イスラーム党（Hezb-i-Islami Afghanistan）」と呼ばれているものの，政党としては非合法化されている。その指導者グルブッディン・ヘクマティヤルは，パシュトゥーンのギルザイ部族の出身で，クンドゥーズ県の生まれとされる。同指導者は新聞などのメディアにも時々登場し，このグループの考え方は，そうしたメディア情報からも読み解くことができる。たとえば，2015年7月のインタビュー記事で同氏は，外国依存を終焉させて，アフガニスタンに「主権国家システム（sovereign government system）」を確立するために，アフガニスタンの政党に対して，彼らの活動に加わるように呼びかけている[20]。このようにイスラーム党は，外国軍や外国の存在がアフガニスタンの問題の諸悪の根源である，というのが主な主張である。

なお2016年9月，政府とイスラーム党の間で和平合意が締結された。詳細は必ずしも明らかではないものの，合意内容の履行可否が現在，問われている。

イスラーム国（IS）

2016年7月，中央アジアから同国を経由してパキスタンへと抜ける電力送電線事業のルートをめぐって異を唱えていたデモの群衆（主にハザラ民族の人々）に，自爆テロ犯が突っ込んだ。少なくとも80名以上の犠牲者を生んだ，この凄惨なテロではISが犯行声明を出し，同組織が首都で大規模テロ攻撃を行った初めての事例となった。ただし，この事案を別にすると，ISの主な活動地域は今のところ東部のナンガルハール県とその周辺に限られている。

ISの活動は謎のベールに包まれている面も多い。パキスタン・アフガニスタンを含めた地域を「ホラサーン」と呼び，急進・原理主義的なイスラームの統治原理に基づく支配地域の拡大を狙っている。その構成員の多くは，タリバーンから離反した元兵士などである。しかし，たとえばタリバーンからみれば彼らも「外国勢力」の1つにすぎず，国内で両組織は対立関係にある。

アフガニスタンの攪乱アクターの特徴

アフガニスタンの攪乱アクターの特徴としては，次の3点が指摘できる。

第4章 モザイク化するアフガニスタンをめぐる安全保障論の再考

第1に，反政府勢力が治安の不安定要因であることは間違いないが，他方で，一部の地域では治安の担い手にもなっている。たとえばタリバーンの支配地域では，同組織が徴税を行う代わりに一定の秩序を提供する場合もある。つまり攪乱アクターが，治安を体現する事実上の「規律アクター」にもなっている。

第2に，他国と異なり，アフガニスタンの場合，自爆テロ犯の多くが，教育レベルが低く，貧しいことである。[21] 自爆テロが頻発する国では，外国軍が駐留している場合が多く，その点はアフガニスタンも同じである。しかし，特に南アジア以外の地域では，自爆犯が一定程度の教育レベルを有しており所得も平均以上である，というケースは稀ではない。それに対して，アフガニスタンの自爆犯の多くが貧しい上に教育レベルが低く，たとえば，難民時代にパキスタンのマドラサでわずかばかりの教育を受けただけ，というケースも珍しくない。ただし，第3節で見てきたように，そもそも同国は世界最貧国の1つであり，若年層の失業対策などに潤沢に資金をさけるほどの財政的な余裕はない，という構造的な問題も抱えている。

第3に，同国の場合，反政府勢力の多くが，外国にもネットワークを有していることである。特にパキスタンに接続するアフガニスタン東部の国境側は，主にパシュトゥーンの部族支配地域である。したがって，タリバーン分子やハッカニ・ネットワークの構成員などが行き来するのは容易である。[22] この点に関して，当地の治安関係者の1人は次のように分析しており興味深い。「たとえ話として，現在のアフガン国軍を，そっくりそのまま最新鋭のアメリカ軍に置き換えたとしても，アフガニスタンの過激派を制圧するのは容易ではない。なぜなら，アフガン国内でいくらタリバーンを叩いても，彼らはパキスタン国内に逃げ込んでしまうし，さらに補給基地がアフガン国外にもある。その意味では本来，タリバーン問題を解決する最も効果的な軍事的手段は，その拠点であるクエッタ・シューラを攻撃し武力で制圧することである。しかしながら，パキスタンは事実上の核保有国であり，軍事バランスの観点から，アフガン国軍がパキスタンに攻撃をしかけることは不可能である」。[23]

また，アフガニスタンが地域紛争に巻き込まれている側面がある点も見逃せない。特にインド・パキスタンを主軸とする南アジア地域の紛争は，同国の政

治環境にも暗い影を落としている。多くの専門家が指摘するように，パキスタンにとって，アフガニスタン国内に「親パキスタン勢力」を得ることは，西の安定を確保して東のインドと対峙する上で戦略的に重要であるからだ。そのため，これまでパキスタンは継続的にアフガニスタン情勢に関与してきた。たとえば，同国は1980年代には対ソ戦のムジャヒディーン各派を支援し，1992年のラッバーニ政権樹立後のムジャヒディーン各派の抗争過程では，ヘクマティヤールに支援を行っていた。また，タリバーンの登場後は，支援先を彼らに変更し，1996年にタリバーンが首都カーブルを陥落させ政権を樹立すると，パキスタンは，いち早くその政府承認を行っている。

現在のパキスタン（政府，軍部，民間）と反政府勢力の関係性について，その複雑な事実関係を突き止めるのは容易ではない。しかし，印パの局地紛争が，越境して地域全体に波及しているのは事実である。問題を解決するには関係国が「共通課題」として問題を協議・解決する場や制度が必要である。だが，南アジア地域には，信頼醸成を体現する地域的枠組みがない。これは，域内に紛争を抱えながらも信頼醸成を制度化してきた欧州との大きな違いである。[25]

以上3点の特徴を踏まえると，同国の治安問題は単純に「軍隊の数」だけの問題ではないことがよく分かる。特に問題を複雑化させているのは，貧困や失業にあえぐ若者の中には反政府勢力の言説に共鳴する者が少なからずおり，また，中央政府の支配が及ばない地域では部分的に攪乱アクターが秩序の体現者にもなっているという事実である。こうしたテロの構造要因に対処しない限り，同国の「モグラ叩き」は，いつまでたっても終焉しないであろう。

7　アフガニスタンとセキュリティ・ガヴァナンス論

最終節は冒頭で提示した問題を検討する。すなわち，第1に，いまだ安定しないアフガニスタンの現状を安全保障論の枠組みで明らかにし，第2に，同国の事例から非西欧型のセキュリティ・ガヴァナンス像を模索する。

SSR 論の批判的考察

　本章は，既存のSSR論ではなく，セキュリティ・ガヴァナンス論を分析の主軸にした。先述のとおり，SSR論はセキュリティの規律アクター（主に政府機関）側の分析には長けているが，攪乱アクター（脅威の源泉）の動きは必ずしも捉えきれない。もちろん筆者にはSSR論の有用性それ自体を否定する意図はない。たとえば「治安部門」の連関に着目することは，2001年以降の同国のように，紛争後の国家再建を目指す国にとっては有用な視点である。しかし，同じガヴァナンス空間の中で規律・攪乱アクターの関係が複雑化してしまった事例では，一定の限界も存在する。特に「戦後15年」が経過した同国では，むしろ両アクター間の相克にも着目しなければ問題解決の糸口は見えてこないだろう。

　その観点から，まず第1の問いを検討しよう。セキュリティ・ガヴァナンス論から現状を眺めると，何が特徴として浮かび上がるのか。前節までの議論を総括すると，次の3点が指摘できる。

　第1に，アフガニスタンでは，ガヴァナンスの主体が複層的に存在し，規律・攪乱アクター間の境界線も時として曖昧である。もちろん首都カーブルのように，規律アクターである ANSF が攪乱アクターであるタリバーンを掃討する，といった明確な関係も存在している。他方で，複雑なのは地方である。地域によっては，タリバーンが治安の体現者（実質上の規律アクター）になっており，部分的には，それで秩序に均衡が成立していると思われる場合もある。それは複数の主体が統治を部分的に担っているヘテラーキーな世界である。

　第2の特徴は，関係主体が国外にもまたがっている点である。前節で説明したとおり，同国は南アジアの地域紛争の余波を受けている。その余波は，アフガニスタンの規律・攪乱アクター双方に影響を及ぼしている。にもかかわらず，ここには問題を解決するための実効的な地域枠組みが存在していない。この点は，序章が提示するポスト近代型セキュリティ・ガヴァナンス（第Ⅰ象限）に属する国や地域との大きな相違点である。

　また，たとえば規律アクターである米軍とアフガニスタン政府は「対テロ戦争」という共通の目標を共有している。しかし，それは米軍などの（外部）規

第Ⅱ部　中央政府崩壊後のセキュリティ・ガヴァナンス

律アクターにとっては国外問題であるが，同国政府にとっては国内問題である。そうした微妙なズレは，両アクターが同床異夢に陥るリスクもあることを示唆している。つまり，国内外のアクターが複雑に存在していることが，あるべきガヴァナンス像や秩序観の共有を難しくしている面がある，ということである。

　第3に，既述のとおり，中央集権化の途上にある政府がインフォーマル・非合法なガヴァナンスの主体を必ずしも内在化（統制）できていない点である。

非西欧型セキュリティ・ガヴァナンス論とアフガニスタン

　最後に，アフガニスタンの事例から，既存のセキュリティ・ガヴァナンス論に，どのような示唆が導き出せるのかもまとめておこう。上記特徴のうち，西欧との比較において本質的に異なるのは，第3の点であると筆者は考えている。たとえば，西欧におけるセキュリティ・ガヴァナンスでは，これら主体を内在化した上で，非政府主体に安全保障上の役割を分有している（たとえばPSCなど）。

　それに対して，アフガニスタンの統治形態はモザイク化しているのが現状だ。インフォーマル・非合法な主体を完全には統治の枠組みに取り込めていない。たとえば，地方の長老などが一時的な利害の一致によって政府に協力している場合がある。しかし，中央政府がその地域の安全を保障できなくなれば，彼はタリバーンなどに秩序の維持を頼まざるを得ない。すなわち利害の一致がなくなれば，その協力は，もろくも崩れ去る。また，国土の一部を事実上支配している反政府勢力は当該地域に一定の秩序をもたらしているかもしれない。しかし，それは極めて不安定な「勢力均衡」状態であり，力関係が崩れれば紛争再発の要因にもなる。このように前近代型セキュリティ・ガヴァナンス（第Ⅲ象限）に属する国のガヴァナンス空間は不安定化しやすい特徴をもっていると言える。

　本書の序章でも紹介されているとおり，ウェバー等は，中央集権的な政府が垂直的に安全保障政策を行うのではなく，公的・私的な主体間の調整を通じて安全保障政策が実施される点を，セキュリティ・ガヴァナンス概念の5つ目の特徴として指摘している。しかし第Ⅲ象限の国では，逆に，それが不安定化の

122

要因ともなりうることを，本事例は示唆している。

　では，この問題を解決するための処方箋はあるのか。序章の象限図に当てはめて考えてみると，アフガニスタンの場合は，特に国内外のアクター間で「秩序観の共有」がなされていない点が大きな課題である。もちろん，穏健型のイスラーム国家を目指す規律アクターと，より急進・原理主義的なイスラーム国家を目指す攪乱アクターの間の亀裂は今のところ深い。なお，ここで言う「攪乱アクター」とは，タリバーンなどの和平合意の当事者となりうる国内の攪乱アクターを指している。たとえばISは，その活動目的などを考えると「秩序観の共有」という点で和平合意の対象とはなりえない。したがって，最終的には軍事的に抑え込むしか解決策はないように思われる。

　しかし逆に言えば，国内の攪乱アクターについては，政治的解決の可能性は残っている，と言える。実際，タリバーンとの和平交渉は現在，頓挫してしまっているが，イスラーム党とは2016年に和平合意文書の署名にこぎつけた。もちろん，前途は多難である。政治的妥協には穏健・急進のイスラームの位置づけをどうするか，といった問題が立ちはだかる。それが解決できたとしても，和解をどう実現するか，といった問題にも直面するだろう。しかし「紛争の罠」から脱したいくつかの事例に思いをはせてみても，アフガニスタンにおいて，こうした政治的解決は不可欠であると思われる。

　同国の現状は，碁盤の上に複雑にちらばった白黒の碁石がおりなすモザイク模様のようなものだ。いまだ混沌としている同国のガヴァナンス空間を安定させるためには，そうした複雑な関係を解きほぐし，個々の攪乱アクターへの対処を行っていくことが必要だ。それは碁盤上にある「攪乱アクター」という碁石を黒から白へと，1つひとつ変換させていくようなもので，根気のいる作業である。しかし，それなくして同国の「平和でない状態」に終止符を打つのは難しいだろう。本章が，セキュリティ・ガヴァナンス論という分析ツールを通じて明らかにし，かつ強調したかったのは，まさに，そうした点にある。

注
⑴　治安部門改革については次を参照。上杉勇司・藤重博美・吉崎知典編『平和構築

第Ⅱ部　中央政府崩壊後のセキュリティ・ガヴァナンス

における治安部門改革』国際書院，2012年。Jane Chanaa, *Security Sector Reform : Issues, Challenges and Prospects (Adelphi Paper 344)*, Oxford University Press, 2002.

(2)　Jonathan Goodhand and Mark Sadra, *The Afghan Conundrum : Intervention, Statebuilding and Resistance*, Routledge, 2008 ; Geoffrey Hayes and Mark Sadra eds., *Afghanistan : Transition under Threat*, Wilfrid Laurier University Press, 2008.

(3)　Roland Paris and Timothy D. Sisk eds., *The Dilemmas of Statebuilding : Confronting the Contradictions of Postwar Peace Operations*, Routledge, 2009, p. 1.

(4)　IMF 資料（http://www.imf.org/external/data.htm，2015年9月1日閲覧）。

(5)　世界銀行資料（http://databank.worldbank.org/data/ddperror.aspx，2016年9月1日閲覧），など。

(6)　Transparency International 資料（https://www.transparency.org/country/#AFG，2016年10月1日閲覧）。

(7)　初等教育の就学率は世界銀行資料（http://data.worldbank.org/indicator/，2016年11月29日閲覧）。また難民については UNHCR, *Breaking the Cycle : Education and the Future for Afghan Refugees*, September 2015.

(8)　アフガニスタン財務省資料（http://mof.gov.af/en，2016年9月1日閲覧）。

(9)　Ian S. Livingston and Michael O'hanlon, *Afghanistan Index*, Brookings Institute, 31 October 2016, p. 16（http://www.brookings.edu/about/programs/foreign-policy/afghanistan-index，2016年9月1日閲覧）。

(10)　民族と宗派の概要は，在米アフガン大使館のホームページなどを参照（http://www.embassyofafghanistan.org/page/afghanistan-in-brief，2016年9月1日閲覧）。

(11)　ジェルガ（Jirga）とはパシュトゥーン語であり，ダリー語では「シューラ（Shura）」が類似概念に該当する。

(12)　たとえば次の文献。Tobias Ellwood, "Stabilizing Afghanistan : Proposals for Improving Security, Governance, and Aid/Economic Development," Atlantic council Report, 2013, p. 7.

(13)　UNAMA, *Suicide Attack in Afghanistan (2001-2007)*, UNAMA 2007, p. 3.

(14)　アフガニスタンにおける活動範囲はいまだ限定的であるものの，ナンガルハール県などの東部地域で特に勢力を拡大しつつある。2015年9月には，ナンガルハール県アチン郡で初めて治安部隊に対する大規模攻撃が行われた。

(15)　アフガニスタンの反政府・武装勢力については以下の文献などを参照。進藤雄介『タリバンの復活──火薬庫化するアフガニスタン』花伝社，2008年。Michael Vinay Bhatia and Mark Sedra, *Afghanistan, Arms and Conflict : Armed Groups, Disarmament and Security in a Post-War Society*, Routledge, 2008.

(16)　Kenneth Katzman, *Afghanistan : Post-Taliban Governance, Security, and U.S.*

Policy, congressional Research Service, 27 April 2015, p. 42.

⒄ https://alemarah-english.com/, 2016年11月30日閲覧。

⒅ 2001年のタリバーン政権崩壊後，このグループが，パキスタン領内のバローチスタン州の州都クエッタに拠点を移したことから，こう呼ばれるようになった。ただし，現在も一部の拠点がクエッタにあるかどうかは不明である。

⒆ 「影の県知事」などの下で徴税や警察権の行使，また一部では教育や保健などの「公共サービス」の提供も行っているとされる。タリバーンの組織構造や資金源などを各種の公開資料を用いてまとめたレポートに次がある。Stefanie Nijissen, "Thematic Issues: Taliban's Shadow Government," Civil Military Fusion Center, September 2011 (http://www.operationspaix.net/DATA/DOCUMENT/6400~v~The_Taliban_s_Shadow_Government_in_Afghanistan.pdf, 2016年9月1日閲覧).

⒇ "Suhn Foreign Reliance, Hekmatyar Tells Politicians," *Daily Outlook Afghanistan,* 21 July 2015, p. 1.

㉑ UNAMA, *op. cit.,* 2007, pp. 38-98.

㉒ ただし，特に2014年6月以降，パキスタン軍は北部地域のテロ掃討作戦を大々的に展開しており，一定の成果を収めているとされる。したがって，同国側からすれば問題は，アフガン（国境）側にあることになり，治安問題をめぐって両国間で非難合戦になっている。

㉓ 治安関係者へのインタビュー（2015年9月9日，於：カーブル）。

㉔ 井上あえか「アフガニスタン情勢」日本国際問題研究所編『南アジアの安全保障』日本評論社，2005年，171頁。また，次の文献も参照。井上あえか「ターリーバーンとパキスタンの内政」広瀬崇子・堀本武功編『アフガニスタン──南西アジア情勢を読み解く』明石書店，2002年，73～87頁；多谷千香子『アフガン・対テロ戦争の研究──タリバンはなぜ復活したのか』岩波書店，2016年；Abdul Basit, "Pakistan's Inextricable Role in Afghanistan's Future," Rohan Gunaratna and Douglas Woodall eds., *Afghanistan after Western Drawdown,* Rowman & Littlefield, 2015, pp. 13-33.

なお，本章では触れていないが印パ以外にも周辺国の関与はある。「イランやロシアがISに対抗するためにタリバーンに支援をしている」，「イランやサウジがアフガニスタンで代理戦争をしている」といった報道もある。たとえば後者について，Ariane M. Tabatabai, "Snapshop：Saudi Arabia and Iran Face Off in Afghanistan：The Threat of a Proxy War," Foreign Affairs, 5 October 2016 (https://www.foreignaffairs.com/articles/afghanistan/2016-10-05/saudi-arabia-and-iran-face-afghanistan, 2016年10月1日閲覧)。

㉕ もちろん，南アジアにも，南アジア地域協力連合（SAARC）があり，他国・地域も含めたものとして上海協力機構（SCO）やイスタンブール・プロセスといった

地域枠組みもある。しかしながら，信頼醸成を実現する上で実効的な枠組みは現時点で存在していない。たとえば，1985年にバングラデシュの提唱で設立されたSAARC は，その設立憲章において 2 国間問題を議論することを議題にすることを禁じている。

参考文献

上杉勇司・藤重博美・吉崎知典編『平和構築における治安部門改革』国際書院，2012年。

進藤雄介『タリバンの復活――火薬庫化するアフガニスタン』花伝社，2008年。

日本国際問題研究所編『南アジアの安全保障』日本評論社，2005年。

広瀬崇子・堀本武功編『アフガニスタン――南西アジア情勢を読み解く』明石書店，2002年。

多谷千香子『アフガン・対テロ戦争の研究――タリバンはなぜ復活したのか』岩波書店，2016年。

Geoffrey Hayes and Mark Sadra eds., *Afghanistan: Transition under Threat*, Wilfrid Laurier University Press, 2009.

Jane Chanaa, *Security Sector Reform: Issues, Challenges and Prospects (Adelphi Paper 344)*, Oxford University Press, 2002.

Jonathan Goodhand and Mark Sadra, *The Afghan Conundrum: Intervention, State-building and Resistance*, Routledge, 2008.

Kenneth Katzman, *Afghanistan: Post-Taliban Governance, Security, and U.S. Policy*, congressional Research Service, 27 April 2015.

Michael Brzoska, David Law eds., *Security Sector Reconstruction and Reform in Peace Support Operations*, Routledge, 2013.

Michael Vinay Bhatia and Mark Sedra, *Afghanistan, Arms and Conflict: Armed Groups, Disarmament and Security in a Post-War Society*, Routledge, 2008.

Rohan Gunaratna and Douglas Woodall eds., *Afghanistan after Western Drawdown*, Rowman & Littlefield, 2015.

Roland Paris and Timothy D. Sisk eds., *The Dilemmas of Statebuilding: Confronting the Contradictions of Postwar Peace Operations*, Routledge, 2009.

UNAMA, *Suicide Attack in Afghanistan (2001-2007)*, UNAMA 2007.

UNHCR, *Breaking the Cycle: Education and the Future for Afghan Refugees*, September 2015.

［付記］本章において示されている見解は，筆者個人のものであり，国際協力機構に帰属するものではない。

第5章

分断がもたらすイラクの不確実な安定の促進

山尾　大

1　戦後イラクの安全保障を考える

　中央政府が単独で安全保障政策を実施する能力をもたない国家で，極めて異なる価値観や秩序観を有するアクターが安全保障に関与した場合，どのような帰結を生むのだろうか。本章では，イラクを事例にこの問題を考えていきたい。

　イラクでは，35年にも及ぶバアス党一党支配体制下で，強大な軍や治安機関を用いた支配体制が構築されてきた。旧体制は，強化された軍や治安機関，肥大化した官僚機構を用いて中央集権的支配を維持した。同時に，それらは政権によって私物化された。そこでは，安全保障は中央政府が集権的に管理し，実施するものであった。

　ところが，2003年の米国を中心とする有志連合の攻撃によって始まったイラク戦争で，こうした強大な支配体制が崩れ，中央集権的な安全保障体制も崩壊した。バアス党政権を支えた官僚機構や軍・警察などの国家機構が完全に解体され，安全保障を担いうる統一されたアクターがなくなった。

　その結果，本章で詳しく論じるように，国家建設プロセスの進展にともなって安全保障に関わる多様なアクターが出現した。その代表が，民兵や部族などの準軍事組織であった。それらの準軍事組織は多様な利害や価値観を有している。こうした多数のアクターは，次第に安全保障上の大きな役割を果たすようになった。この傾向は，2014年6月に「イスラーム国（IS）」がイラク第2の都市モスルを陥落させた後に，さらに顕著になった。

　こうして，安全保障はもはや中央政府が独占するものではなくなった。正確に言えば，中央政府にはその能力がなくなった。その中で，中央政府が果たし

えない安全保障上の役割を，様々なアクターが個別に担うようになった。ちょうど図序−1の第Ⅲ象限，前近代型セキュリティ・ガヴァナンスにあたる状況が生まれたのである。

だとすれば，中央政府が安全保障の提供力をもたない国家で，異なる秩序観や価値観を有する多様なアクターが個別に安全保障政策の実施に関わった結果，どのような問題が生まれたのだろうか。これを明らかにするために，まず，イラク戦争後に軍が解体されて機能不全に陥った過程を記述し，機能しない軍に代わって登場した準軍事組織の多様な利害関係を浮き彫りにする。そして，それらの準軍事組織が多様な利害関係の下で活動した結果，安全保障政策が極度に分断される一方で，利害関係の一致によって短期的な安定が生まれる場合もあることを明らかにしたい。

2　軍の解体と再建の蹉跌

解体と再建

戦後イラクの安全保障を考える場合，米国防総省率いる連合国暫定当局（CPA）が，イラク軍と警察機構などの全暴力装置を完全に解体した点が決定的に重要になる。

イラク軍はほとんど抵抗なく敗北したが，残った部隊は2003年5月にCPAによって国防省とともに解体された。この政策で将校と兵士あわせて約35万人が職を失った。これは3つの問題を生み出した。第1に，彼らが大量の失業者となったことである。第2に，弾圧や犯罪に手を染めた者も，そうでない者も一斉に解雇されたという点である。この不平等な政策は，大きな不満を誘発した。第3に，既存の軍を完全に解体したことで，一から再建する必要が生まれたことである。

経験ある職業軍人を排除したCPAは，こうした問題に直面したため，軍を早急に形成しなければならなくなった。そのために，質よりも量を優先し，適正規模に再建する政策をとった。早急に，かつ大量に新兵をリクルートするためには，大量の資金が必要になった。米国は，2003〜05年までの2年間に58億

第5章　分断がもたらすイラクの不確実な安定の促進

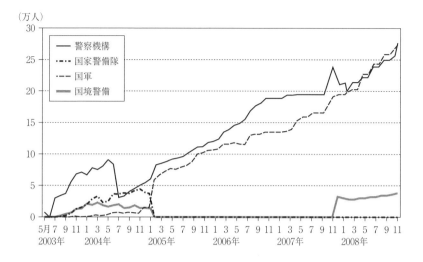

図5-1　軍と警察の増員
出所：Brookings Institution, *Iraq Index: Tracking Variables of Reconstruction & Security in Post-Saddam Iraq*, 2010年5月25日づけ報告書を基に，筆者作成。

ドル，07年までの4年間で192億ドルを軍の再建のために投資し，イラク政府も警察機構と軍の再建に166億ドルを投じた。CPAは兵士に300～500ドルの月給を支払うことによって増員をはかり，国境管理が可能な3大隊を基礎に，5年間で6～9大隊の形成を目指した。国軍再建の指揮をとったCPA高官は，国防と治安維持が可能な中央集権的な軍の再建を目指したと主張している。

高額の給与に魅かれ，多くの失業者が兵士のリクルート・センターに集まった。図5-1が示すように，2004年5～7月にかけて，新たにリクルートされた警察官が旧バアス党と関係をもっていないかスクリーニングが行われたこと，移行政府への権限移譲によって警察機構の管理に混乱が生じたことなどによって一時的に警察官の数が減少するなどの問題はあったが，軍の規模は順調に回復していった。

頓挫した再建

とはいえ，順調だったのはここまでである。質よりも量を目指すCPAの政

129

第Ⅱ部　中央政府崩壊後のセキュリティ・ガヴァナンス

策では，機能する軍や警察機構を再建できなかったからだ。そもそも，職業軍人を育てるのは時間がかかる。解体した軍の再建はたやすいことではない。要因は複数あるが，根本的な問題は外国軍による訓練が困難だったという点である。米軍を中心とした連合軍がイラク軍の再建と訓練を進めるにあたり，(1)教官との心理的距離，(2)通訳官の機能不全，(3)効率性の大幅な欠如が問題だと言われてきた。具体的には，米軍の教官は，イラク人新兵の訓練にあたり，イラク人兵士は怠慢で，忠誠心がなく，無能であると信じており，全く信頼していなかったとの証言が残っている。もちろん，米軍の教官は事前にイラクの社会文化についての講義を受けることになっていたが，言語，社会，文化的なトレーニングは不十分で，所詮は書類上のものにすぎなかった。

　もう1つの問題は，軍内の制度整備と武器の提供である。通常いずれの軍隊も，その中にヒエラルキーを整備して指揮官を養成するために士官学校が作られる。イラクでもそうした制度を再整備する必要があった。さらに，装備不足は深刻であった。武器や弾薬に加えて，ラジオ無線，ピックアップトラックなどの車両も不足した。CPA に解任された約35万人の兵士が装備をもって逃亡したことが主たる要因であった。訓練不足や装備不足は兵站の整備にも悪影響を与えた。

　以上から分かるように，兵士や警察官の数を増やすことと，機能する組織を作ることは別問題であった。2005年6月の米軍の評価によると，軍事作戦の立案からロジスティクスに至るまで単独で遂行できる部隊は，警察にはほぼ存在せず，軍内に少数認められるのみであった。つまり，機能する軍の再建は，ごく初期の段階で躓いたのである。

　その結果，新生イラク軍は治安の悪化に対応できなくなった。2005年に選挙プロセスが開始されると，そのための票の動員が政治競合を活性化させ，それを契機に対立が街頭にも波及した。それが治安を急激に悪化させた。治安が悪化すると過激なイスラーム主義を掲げるアル＝カーイダなどの武装勢力も流入し，秩序の崩壊が広がった。2006年2月にシーア派聖地サーマッラーが爆破されたことを契機に，月間3000人を超える死者を出す凄惨な内戦に陥った。こうした状況で，新生イラク軍は安全保障を提供するアクターとして機能しなかっ

130

たのである。

3 準軍事組織の台頭

戦後の秩序を作ったシーア派民兵

　だとすれば，機能しない軍や警察に代わって，国防と治安の役割を果たしていたのは誰だったのか。答えは民兵や部族軍などの非公的な準軍事組織である。
　なかでも，CPA による暴力装置解体後の混乱の中で台頭したシーア派諸政党の民兵が中心的な役割をはたした。戦後に政権中枢部に躍進したシーア派イスラーム主義政党は，旧体制下で半世紀にわたる反体制地下活動を展開してきた歴史をもつ。その過程で，多くの巨大な民兵組織を形成してきた。米軍の発表によれば，シーア派民兵の数は約 8 万人で，うち 6 万人がサドル派のマフディー軍，1 万5000人がイラク・イスラーム最高評議会（ISCI）のバドル軍団，他5000人が小規模の政党に属している。戦後の社会秩序を維持する能力をもっていたのは，民兵だけだった。
　とはいえ，民兵が治安維持に従事することで生じた問題もあった。サドル派のマフディー軍によるシーア派聖地や南部諸都市の実効支配，米軍との対立，ISCI のバドル軍団による内務省の占有，スンナ派住民への嫌がらせなど，多くの弊害もあったことは事実である。なかでも深刻だったのは，民兵同士の対立であった。最大規模の民兵を誇るサドル派のマフディー軍と ISCI のバドル軍団は，同じシーア派イスラーム主義である。しかし，両者が有する利害は大きく異なり，貧困者や若者を中心に大きな動員力をもって党勢を拡大していくマフディー軍に対して，バドル軍団は内務省を掌握することによって対抗した。両者は対立を繰り返し，ついには死傷者を出す衝突に発展した。マフディー軍やバドル軍団は，新生イラク軍と比較して圧倒的に強力な戦闘力を有していた。

治安を回復したスンナ派部族軍

　シーア派民兵に加え，治安の回復と社会秩序の維持に貢献したもう 1 つの準軍事組織が，部族的つながりを基盤とした集団であった。戦後に部族の組織化

第Ⅱ部 中央政府崩壊後のセキュリティ・ガヴァナンス

図5-2 イラクの地図

を進めたのは米軍である。米軍は，内戦を終結させる能力をもっていなかった
ため，現地部族の協力によってアル＝カーイダなどの武装勢力を取り締まる戦
略をとった。具体的には，一部の部族に資金と武器を提供し，地域社会の治安
維持政策を委託したのである。資金（メンバーの給与），軽火器，治安維持に用
いる車両，諜報関係の情報などが，米軍から部族に提供された。[15]米軍の発表に
よると，部族民に支払われた給与は月間300ドルであった。[16]これは戦後の物価
を考えると相対的に高額である。米軍が組織化を支援した部族は，「覚醒評議
会」と呼ばれるようになった。

　覚醒評議会は，治安の悪化が著しいアンバール県で，ドゥライム部族の一部
を中心に形成された。アンバール県（図5-2）の覚醒評議会が治安回復にある
程度成功を収めたことで，2007年後半には各地で同様の組織が結成された。[17]こ
うして，全国に広がった覚醒評議会は，米軍の発表では，2007年末に約7万
3000人，2008年初頭には約9万1000人（約8割がスンナ派），2008年4月には約
10万5000人に達した。[18]半数が首都バグダード県とその近郊に集中しているが，
地域的には8つの県に広がっている。メンバーの大半がスンナ派だが，シーア
派も6000人程度含まれている。

　覚醒評議会の中心的な任務は，身代金目的の誘拐，暗殺，自爆テロ，拷問，
集団処刑などが頻発し，無法地帯と化していた地域の治安を回復することであ
った。[19]具体的には，治安維持のための検問活動，パトロール，武器の押収，武
装勢力との交戦など，地域社会防衛のあらゆる任務を行った。多くの地域では，
警察などの公的治安機関よりも多数の検問所を建設した。それに加えて，宗教
行事や式典，巡礼の警備も担当した。2009年の地方選挙や翌年の議会選挙でも，
覚醒評議会が投票所と有権者の警備を担当した。

　その結果，治安は劇的に回復し，社会に秩序が戻った。治安の悪化が深刻で
あった首都のアアザミーヤ地区では，2008年初頭，戦後初めてのマウリド（預
言者生誕祭）を大々的に開催できた。[20]米軍の支援の結果，武装勢力よりも優位
な装備を手に入れたことも重要だが，[21]地域社会に根を張った部族のネットワー
クを利用して治安維持活動が可能だったことが，最大の成功要因である。

　だが，民兵の場合と同様に，部族による治安維持にも問題はあった。治安維

133

第Ⅱ部　中央政府崩壊後のセキュリティ・ガヴァナンス

持活動で獲得した影響力を背景に，覚醒評議会が武器を保有したまま政治参加を始めたからである。その結果，部族は既存のスンナ派政党と競合するようになり，暴力を背景にした脅しや暴力の行使などが繰り返されたのである[22]。

IS 掃討作戦の旗手シーア派民兵──人民動員隊

　そして，2014年に IS がモスルを陥落させると，これらの準軍事組織の活動が再び活性化し，その役割が決定的に重要になった。特にシーア派民兵の動員が速度と規模の点で際立っていた。というのも，IS がシーア派を不信仰者と断罪したため，IS からシーア派コミュニティを守る必要が生じたからである。したがって，この時期にはイラク戦争直後とは比較にならないほど多種多様な組織が形成された。

　既存のサドル派マフディー軍（「平和部隊」と改名されたが，混乱を避けるためマフディー軍で統一）や ISCI から離反したバドル軍団，ISCI が新たに形成した約5万人の志願兵からなる「アーシューラー部隊」，サドル派のマフディー軍から分離し，ヌーリー・マーリキー首相（在位2005〜14年）に近い立場をとっていた「真実の民戦線」，ISCI やイランとのつながりが強い「イラク・ヒズブッラー旅団」と「ホラーサーンの平和部隊」，そして首相府直属の特殊部隊である「黄金部隊」も次々と動員・再結成された。これらのプロフェッショナルな民兵に加え，女性を含む一般の人々も，武器をもって「フセイン救済軍」などの義勇軍を結成した[23]。

　これらの組織や義勇軍は，モスル陥落から約1月後には，「人民動員隊」として緩やかに統合されるようになった[24]。こうして，いわばシーア派民兵のアンブレラ組織となった人民動員隊は，2014年夏以降，軍と協力して IS 支配地域の奪回作戦に従事し始め，9月には多数の地域を解放するようになったのである[25]。次第に拡大した人民動員隊は，約40もの民兵組織をその傘下にかかえ，その規模は9〜12万人にのぼった[26]。重要なのは，人民動員隊はあくまでもアンブレラ組織であり，指揮系統が統一されているわけでもなく，それぞれの民兵組織の利害関係は決して一致するわけではないという点である（後述）。

　そして，この肥大化した人民動員隊は，次第に正規軍から IS 掃討作戦の主

導権を奪うようになり，2015年初頭には IS 掃討作戦の主力部隊となった。2月初頭のディヤーラー解放作戦では，バドル軍団を中心とした人民動員隊が作戦を主導した。翌月のティクリート解放作戦でも，中心となったのは軍ではなく人民動員隊であった。作戦に関わった正規軍が3000人であったのに対し，人民動員隊は2万人を超えた。[27]ティクリート解放作戦では，国軍上層部も人民動員隊が最前線で作戦を主導したことを公的に認めている。[28]人民動員隊がこれほどまで強力になったのは，イランの大きな支援を受けているためである（後述）。

その結果，政府や軍は，人民動員隊をコントロールできなくなった。当時の国防相が，人民動員隊の管理についてイラン国防相と会談しているという事実は，[29]人民動員隊が政府の管理下にはないことを端的に物語っている。だからこそ，政府は敗走した軍の責任を追及すると同時に，[30]IS 掃討作戦において，軍を凌駕する人民動員隊への依存度を高めることになった。言い換えるなら，IS 掃討作戦には人民動員隊の軍事力が不可欠となったのである。[31]

加えて，人民動員隊はシーア派コミュニティ内で絶大な人気を誇っており，前線の人民動員隊兵士に食糧を提供したり，輸血を行ったりするイベントが各地で大々的に開催されている。[32]人民動員隊を称える映画の製作も盛んである。[33]2015年5月のラマーディー陥落以降，人民動員隊がより広範な軍事作戦で多数の犠牲者を出すようになると，政府や宗教界は人民動員隊兵士の権利保障や殉教者の遺族への支援により一層力を注ぐようになった。[34]IS 掃討作戦における軍事的必要性に加えて，こうした大きな支持が，人民動員隊の管理や取締りをほぼ不可能にしているのである。

再建を目指すスンナ派部族軍

シーア派民兵に加え，IS の支配を受けたスンナ派部族の一部も，覚醒評議会をモデルに部族軍の形成を進めた。たとえば，モスル周辺の部族は，IS の支配に対抗するために「モスル解放軍」を結成した。これに加えて部族民300人程度の戦闘員を集めて「モスル旅団」も結成された。[35]サラーフッディーン県の主要部族であるジュブール族も，IS に対する掃討作戦への参加を早い時期

第Ⅱ部　中央政府崩壊後のセキュリティ・ガヴァナンス

に表明している。ティクリートでも，地元部族が人民動員隊から主導権を取り
戻すための組織化を始めた。アンバール県でも，ブー・ファハド，ブー・ニム
ル，ブー・イルワーン，ブー・リーシャ，ブー・ウバイドなどの大規模な部族
がIS掃討作戦で歩調を統一することを決定した。ディヤーラー県のウバイド
部族や北部のシャンマル部族をはじめとするスンナ派8部族もまた，ISとの
戦いの先頭に立った。こうして各地に作られた部族軍を統合し，「国民防衛隊」
と呼ばれるアンブレラ組織を結成する構想がもち上がった。

　IS支配地の部族を中心に国民防衛隊を結成する案には，ハイダル・アバー
ディー首相も当初は賛成していた。首相府が提示したのは，各県からの義勇兵
5万人に既存の覚醒評議会を加え，15万人規模の国民防衛隊を結成する構想で
あった。アバーディー首相は，国民防衛隊に武器と2万人分の給与を提供する
ことを約束した。サリーム・ジュブーリー国会議長も，国民防衛隊の結成は国
民の紐帯を強化すると賛意を表明している。

　だが，国民防衛隊構想が具体化するにつれ，次第に対立が露呈した。特に，
国民防衛隊の結成がCPAに排除された旧体制派（旧国軍将校と旧バアス党幹部）
の復権とパッケージで要求されると，強い批判があがった。スンナ派が主力の
政党連合である国民勢力同盟は，(1)部族への武器提供，(2)それに基づく国民防
衛隊の形成，(3)シーア派民兵の解体を提案し，なかでも国民防衛隊の形成と脱
バアス党政策の廃止は同時に実施されなければならないと主張した。彼らが旧
体制派の復帰に固執したのは，モスル陥落直後にISとの戦略的同盟を解体し
た旧体制派を取り込む必要があったからである。同時に，戦後の国家建設から
排除された旧体制派を国民防衛隊の枠組みで復権させることができれば，国民
防衛隊の結成をスンナ派優位で進めることができる，というわけだ。

　こうした国民防衛隊のスンナ派的性格を是正するために，部隊の構成をスン
ナ派5万人に対してシーア派7万人にするなどの様々な案が協議されたが，い
ずれも合意に至らず，結局，国民防衛隊を結成することのみが閣議決定される
に留まった。代わりに，2016年10月のモスル解放作戦に先駆けて，部族軍であ
る「部族動員隊」の形成が進んだ。いずれにせよ，こうしたスンナ派部族を中
心とする自警団の活動は，各地域で個別に継続しており，地方のコミュニティ

136

第5章　分断がもたらすイラクの不確実な安定の促進

の安全保障において，これらの部族軍の役割が必須となっている地域もある。

4　分断される安全保障と利害関係の一致が作る安定

分断される安全保障政策

　こうした準軍事組織の台頭は，社会に根ざした勢力が新たな国作りに積極的に参加するという積極的な側面もあった。とはいえ，これらが治安維持や国防上の大きな役割を果たすようになるにつれ，その副作用も目立つようになった。2011年末までは安全保障上の重要アクターであった米軍との調整ができなかった。さらに，多様な準軍事組織がそれぞれ別の利害関係を有しているため，指揮系統が統一されないばかりか，安全保障政策のすり合わせすら困難な場合もしばしばであった。その上，各アクターが競合することで，新たな対立が惹起されることもある。この競合と対立の構造を浮き彫りにするために，特にIS掃討作戦で浮上した3つの対立軸にそって整理してみよう。

　第1に，シーア派の人民動員隊とスンナ派部族の間の，いわゆる宗派対立である。多数のシーア派民兵がIS掃討作戦の主導権を掌握するようになると，それへの批判が拡大し，宗派対立の様相を呈するようになった。契機となったのは，人民動員隊が解放区でスンナ派住民に対して行った復讐である。2014年8月，ディヤーラー県のスンナ派モスクへの襲撃事件が発生し，約50人の犠牲者が出た。この事件に関与した疑いをもたれたのは，IS掃討作戦のために展開していたハーディー・アーミリー率いるバドル軍団だった。これに対する報復として，今度は首都のシーア派宗教施設が襲撃され，80人を超える犠牲者がでた。[43]その後，ディヤーラー県の解放作戦が本格的に進められた2015年2月にも，IS支配に協力したと見られるスンナ派住民約70人が虐殺される事件が発生した。[44]ティクリートでも同じような事件が起きた。解放作戦後，人民動員隊が略奪や放火に関与したというのである。ティクリート市内では67軒の民家と85の店舗が被害に遭った。[45]2016年6月のファッルージャ解放作戦後も，人民動員隊がファッルージャからの避難民49人を処刑し，それに加えて643人が行方不明になる事件が発生した。[46]

137

第Ⅱ部　中央政府崩壊後のセキュリティ・ガヴァナンス

　こうした事件に対し，国連やヒューマンライツウォッチなどの国際社会から激しい批判の声があがった。もちろん，国内からの批判も噴出し，たとえば，アンバール県の地元部族のメンバーが人民動員隊の兵士に殺害されたとして，人民動員隊の介入に反対するデモが発生した。その結果，スンナ派の国民勢力同盟は議会をボイコットした。ディクリートでの略奪や放火に対しては，地元部族が人民動員隊の撤退を要求するなど，激しい非難があった。こうして人民動員隊と地元部族が激しく対立することが多くなった。そのため，ニーナワー県のアスィール・ヌジャイフィー知事（当時）は，モスル解放作戦に人民動員隊の参加を認めないと強調した。

　スンナ派の政治アクターや部族軍は，人民動員隊がシーア派民兵にすぎず，決してイラク人全体を代表していないと批判する。その根拠となるのが，イランが公然と人民動員隊を支援している点である。イランは，イラク国内のシーア派聖地の保護という宗教的利害に基づく「国益」を守るためにモスル陥落直後から介入し，革命防衛隊を派遣して人民動員隊を支援してきた。武器や資金，シーア派民兵の訓練に加え，炊き出しや負傷兵の看護など，イランの支援は多岐にわたっている。スンナ派アクターはこれが内政干渉や主権侵害にあたるとして批判した。その年のアラブサミットでは，彼らはイラクが３万人のイラン革命防衛隊による占領下にあるのも同然だと非難した。こうした批判に対し，シーア派からは，人民動員隊にはシーア派に限らずキリスト教徒やアンバール県の部族も加わっているため，全てのイラク人を代表した国民軍だとの反論がなされる。キリスト教徒の義勇兵約800人が人民動員隊に参加していることは事実である。多様な宗派・民族のイラク人を含んでいるため，国民全体を代表して祖国を防衛しているというわけだ。

　同じように，国民防衛隊に対しても，スンナ派部族軍にすぎず，イラク全体を代表しているとは言えないとの批判がある。人民動員隊と国民防衛隊の対立の背景には，CPAが導入した脱バアス党政策，言い換えると，旧体制派を新たなイラクの国作りにどの程度取り込むかという古くて新しい問題が横たわっている。IS掃討作戦において，スンナ派の国民勢力同盟や部族の多くは，旧体制派，なかでも旧国軍将校の復帰が不可欠だと考える。他方，シーア派勢力

138

の多くは，旧体制下で長らく苛烈な弾圧を受けてきたため，旧体制派の復権は容認しがたい。こうして，IS 掃討作戦の主導権と軍事作戦後の政治利権をめぐって，宗派という要素が表面化する傾向が強くなった。宗派という元来対立の根本要因でなかったものが，IS 掃討作戦とそれに付随する政治対立の過程で，対立要因に変容したのである。

　第2の対立軸は，人民動員隊内部の政策路線をめぐる競合である。人民動員隊は緩やかなアンブレラ組織にすぎないため，それを構成するシーア派民兵組織は決して一枚岩ではない。なかでも，バドル軍団や真実の民戦線，イラク・ヒズブッラー旅団，ホラーサーンの平和部隊は，イランとの関係を重視し，アバーディー政権による管理に否定的である[54]。それにはもちろん理由があった。アーミリーやアブー・マフディー・ムハンディスら人民動員隊の実質的な司令官が，旧体制下で長らくイランに亡命しており，革命防衛隊に個人的で強いパイプをもっているためである。これらの親イラン派司令官は，アバーディー政権がテロ対策法案を用いて人民動員隊への規制や管理体制を構築しようとしていることに強い懸念を示している[55]。

　他方，サドル派のマフディー軍は，イランの介入には批判的で，イラク軍やスンナ派部族との協力を重視している[56]。サドル派は人民動員隊に党派主義を持ち込むことに反対し，民兵ではなく職業軍人に指揮権を譲渡すべきだとも主張するのだ[57]。

　無論，人民動員隊のヌーリー広報官が明言しているように，同部隊は公式には政府の指揮下にあり，イラク軍との連携を進めている[58]。だが，人民動員隊の司令官が政権との対立や内部の路線対立を否定すればするほど，逆説的に，人民動員隊内部に明確な利害対立や亀裂が存在することを露呈しているとも言える[59]。

　第3の対立軸は，部族内に見られる。ほとんどのスンナ派部族や政治家は，すでに述べたように，疑いなく人民動員隊に批判的である[60]。多くの部族軍が，人民動員隊を IS 解放作戦から排除し，シーア派民兵の席捲を食い止めようと躍起になっている。解放区での復讐を恐れ，自らの利権の縮小を懸念しているからだ。

だが，しばしば指摘されているように，部族は決して一枚岩ではない。同じ部族連合の中でも全く異なる利害関係や政策志向をもつ部族（家系）が存在するのは珍しいことではない。アンバール県では，国内最大級のドゥライム部族連合の中の傍流家系が，覚醒評議会の母体になったり，シーア派主導の中央政府に協力的な姿勢を見せたりすることが多かった。他にも，IS に多数の部族民を虐殺されたブー・ニムル部族などは，シーア派であるか否かを問わず，人民動員隊との強い連携の下で IS 掃討作戦を展開することが，軍事的には現実的だと主張している。[61][62]

同様に，アンバール県部族のほぼ全てが人民動員隊の同県への展開に反対する中で，IS の排除には人民動員隊の軍事力が不可欠であることを認める部族もある。たとえばアンバール県のガーニム・アイファーン部族長は，イラク・ヒズブッラー旅団をはじめとする人民動員隊に正式に介入を求めた。引き続いて，ブー・ファハド部族やイルワーン部族などの比較的規模の大きい有力部族も，アーミーリーを含む人民動員隊の司令官と会談し，アンバール県への人民動員隊の展開が不可欠だと主張した。[63][64]

さらに，2016年10月に開始されたモスル解放作戦では，戦車部隊を越境侵攻させたトルコとの関係をめぐっても，スンナ派部族の間で大きな対立が露呈した。ヌジャイフィー元知事率いる部族勢力はトルコ軍の全面的な支援に依存しているが，その他の大部分のスンナ派部族はトルコ軍の介入を強く批判している。

このように，正規軍が安全保障を提供できず，代わって多様な準軍事組織が個別にセキュリティを担うようになると，それぞれのアクターは独自の利害に従った行動をとり始めた。さらに，イランによる人民動員隊の支援，トルコや米国による一部のスンナ派部族への支援などの外部介入は，それぞれの準軍事組織を強化するとともに，準軍事組織の外部アクターへの依存度を高めた。それにともなって，中央政府は準軍事組織を管理する能力をますます喪失し，同時に，外部アクターの利害がイラクの安全保障に反映されやすくなった。その結果，ナショナルなレベルで一貫した安全保障政策を担保出来なくなったのである。[65]

一時的な利害関係が生み出す安定

　ただし，このように分断された状態であっても，それが必ずしも秩序の不在を意味するわけではない。なぜならば，強力な準軍事組織が一時的な利害の一致で連携したり，協力関係を作ったりすることがあるからである。その場合，たとえ一時的であれ，奇妙な均衡と安定が生まれることになる。最後にその具体的な例を見ていきたい。

　第1に，ナショナルな規範に基づいて協力体制を構築する場合である。典型的な例は，イラク・ナショナリズムを全面的に打ち出すシーア派のサドル派と，スンナ派部族勢力の間に構築される連合関係である。この関係は，古くは戦後の反米闘争期に見られた。住民のほぼ全てがスンナ派の街ファッルージャを米軍が侵攻した際，サドル派はスンナ派部族と共闘した。IS掃討作戦では，サドル派が，人民動員隊の親イラン志向が宗派対立を扇動しているとして批判的な姿勢を貫いてきた。人民動員隊に参加する民兵が，自らの党旗を掲げて戦闘活動を行うことに対しても，イラクの分断を促進すると批判的である。さらに，サドル派はイラク軍やスンナ派部族との協力を重視し，民兵ではなく職業軍人に指揮権を譲渡すべきだとも主張している。2016年10月に始まったモスル解放作戦前にも，サドル派は人民動員隊が政府の完全な管理下に入らなければ同作戦に参加することを支持しないと明言した。

　こうしたナショナルな紐帯や協力を重視するサドル派とスンナ派勢力の連携はしばしば見られる。たとえば，ジュブーリー国会議長（スンナ派）は，軍と人民動員隊の調和路線をとるサドル派を高く評価し，指導者のムクタダー・サドルとの会談で人民動員隊に代わってサドル派のマフディー軍をティクリートの治安維持のために派遣することを提案している。言うまでもなく，上述のように，軍事合理的な理由によって人民動員隊との協力・連携を主張するスンナ派部族にとっては，サドル派は共闘しやすい相手である。

　加えて，こうした宗派を超えたナショナルな規範に基づく連携を促進したのは，人民動員隊の「生みの親」であるシーア派宗教界の最高権威アリー・スィースターニーであった。スィースターニーは，人民動員隊による解放区での報復を批判し，スンナ派住民はISの被害者であり，保護すべきだとの主張を

繰り返した。さらに，シーア派民兵に対し，党旗を下ろし，国軍との連携を進めるよう呼びかけた。宗教界はイラク国民の一致団結が重要だとして，軍と人民動員隊，そして部族との調整を試みている。バスラ県軍管区では，人民動員隊支援のための高等調整委員会を組織し，軍主導で義勇兵を訓練して人民動員隊と軍の連合部隊を形成する試みが続いた。このように，一部のアクターがナショナルな規範を共有しているという事実は，その規範が異なる利害をもつ準軍事組織を一時的に結び付ける役割を果たす場合もあるという点を証明している。

　第2に，外部介入に対する反発が一時的な連合を形成する契機となる場合である。IS掃討作戦の過程で多数の外部介入が見られるが，主としてイラン，米国，トルコの介入が顕著である。上述のとおり，イランはモスル陥落直後から革命防衛隊を派遣してきた。様々な利害を有する各地域の部族軍もイランの介入には批判的である。シーア派民兵や人民動員隊に協力的な部族ですら，イランの支援を主権侵害にあたると批判している。

　同様に，米国の介入に対する反発が各アクターの連携を促進する場合もある。シーア派イスラーム主義勢力を母体とするアバーディー政権は，IS掃討作戦のために米軍率いる有志連合の支援を要求してきたが，首相が所属する同じシーア派イスラーム主義勢力のほとんどは，米軍の介入に極めて批判的である。人民動員隊がここまで頑なに米軍に反発するのは，彼らの反米イデオロギーに起因する側面もあるが，米国がシーア派民兵を批判する一方でスンナ派部族を支援していることも重要な要因である。米国の支援の偏りに対しては，同じシーア派であるにもかかわらず，多くの点で他の人民動員隊と協力姿勢をとれないサドル派も，一致団結して反対姿勢を表明することができる。米国を後ろ盾にしたいアクターが存在する一方で，明確な外敵の存在は多少の政策志向の差異をモラトリアムすることができるのである。

　2016年夏以降，モスル解放作戦の開始にともなって顕在化したトルコ軍の越境・駐留問題についても，同様のことが言える。トルコ軍の後ろ盾を期待するクルディスターン民主党（KDP）やヌジャイフィー元知事が率いるモスル近郊の部族軍の支持はあるものの，トルコ軍の介入にはスンナ派やシーア派を問わ

ず，一致団結した異議申し立てを行うことができる。このように，外部介入が高頻度で見られる場合には，外敵の侵入が内部アクターの一致団結をしばしば促進することになるのである。

確かに，個別に様々なイデオロギーや政策志向を有している多様な準軍事組織が治安維持の役割を担うようになれば，安全保障政策が分断されることになる。けれども，ナショナルな規範や外敵への対応などの点で，一時的ではあるものの，準軍事組織の利害が一致する場合がありうる。その場合に，短期的ではあるが共闘関係が形成され，結果的に奇妙な安定が生み出されることがある。そうなれば，前近代型セキュリティ・ガヴァナンス（図序－1の第Ⅲ象限）のような状況になるだろう。

問題は，どのような場合にナショナルな規範や外敵への対応に基づく秩序が継続するかという点に他ならない。極めて逆説的ではあるが，外部介入の継続を前提にした安全保障政策を考えることが，安定のカギになるかもしれない。というのは，米国を除くイランとトルコの介入は今後も継続することになるからである。イランはイラク国内のシーア派聖地の安定を重視し，ジュニアパートナーとしてのイラクの位置づけを維持するために介入を続けることになる。トルコもまた，国内のクルド反体制派を封じ込めるためにイラクへの介入が必要になる。したがって，継続する外部アクターの介入に対する反発を基軸にして，ナショナルな規範を強化・拡大することによって，秩序を中長期的に維持することが可能になると考えられる。

5　イラクの前近代型セキュリティ・ガヴァナンス

冒頭の問いに戻ろう。異なる秩序観や価値観を有する多様なアクターが，中央政府が安全保障を提供できない国家で個別に安全保障に参加した結果，どのような問題が生まれるのだろうか。

本章が導き出した答えは，中央政府が準軍事組織のような多様な非国家アクターを調整する能力をもたない状態で，各アクターが安全保障に大きく関与するようになると，非国家アクターが独自の利害に従って安全保障政策を利用し

143

第Ⅱ部　中央政府崩壊後のセキュリティ・ガヴァナンス

始めるという点である。そしてその結果，中央政府は多様な非国家アクターが進める安全保障を調整できなくなり，ナショナルなレベルの安全保障政策が分断される。こうして国家そのものまで引き裂かれることになる。

　イラクでは，本章で見たように，ISの台頭のような国家存亡の危機に際して非国家アクターへの依存が高まった。その結果，非国家アクターの影響力が増大し，安全保障政策の主導権をめぐって中央政府や他の非国家アクターとの競合と対立が起こった。次第に激化する対立を前に，中央政府は非国家アクターを管理できなくなった。

　続いて起こったのは，地方で非国家アクターがいわば「軍閥化」するという現象であった。覚醒評議会が武力を背景に政治参加のための動員を図ったことや，人民動員隊がISから解放した地区で報復や略奪に関与したことは，この典型的な例である。さらに，人民動員隊がイランの支援を受けて勢力を拡大したことからも分かるように，こうした非国家アクターは，外部勢力と容易に連携しうる。それが，安全保障政策におけるアクター間の調整をさらに困難にしている。その上，安全保障政策に関わる非国家アクターは，安全保障政策や脅威を自らの政治的影響力の拡大や利害を実現するための政治的ツールとして利用するケースも見られる。覚醒評議会が武力を用いて選挙動員を行ったこと，人民動員隊が中央政府から独立した活動を維持しつつ，勢力を拡大させようとしていることなどがこの典型例である。非国家アクターは，脅威を利用し，脅威を誇張することで自らの存在意義を示し，影響力の拡大を図っている。こうして各アクターがそれぞれの利害に基づいて安全保障政策を主張し始めると，安全保障はナショナルなレベルで分断され，国家そのものが引き裂かれることにつながるのである。この状態が深刻化すれば，国家の破綻現象すら見られるようになる。

　とはいえ，本章の最後で論じたように，準軍事組織の間で一時的な利害の一致が見られる時，一時的にではあるが奇妙な秩序が生まれることがある。イラクでは，外部アクターの介入に対する反発を基軸にしたナショナルな規範が，各アクターの一時的な利害関係の一致をもたらす要因となっている。こうした場合，準軍事組織間の連携が生まれ，それが安定した安全保障の提供につなが

ることになる。こうした不安定な利害関係に基づく安全保障のあり方は，序章で指摘されている前近代型セキュリティ・ガヴァナンスの典型として捉えることができるだろう。秩序観や価値観を共有しないアクターが，一時的な利害関係の一致によって秩序を作り上げる事例が，極端に分断された安全保障状況の中にすら見出しうるのである。

注

⑴　これに加えて，新体制に対する忠誠心や正統性をどのように確保するかという点，訓練のための制度をどのように整備するかという点，宗派や民族のバランスを考えたリクルートをいかに進めるかという点，なども問題になった（Anthony H. Cordesman, *Iraqi Security Forces : A Strategy for Success*, Westport and London: Praeger Security International, 2006, pp. 14-15）。

⑵　James L. Jones, Jennifer K. Elsea, and Nina M. Serafino eds., *Security in Iraq*, New York : Nova Science Publishers, 2010, p. 31 ; Cordesman, *op. cit.*, p. 1.

⑶　Cordesman, *op. cit.*, pp. 57-58, 67, 161.

⑷　Walter Slocombe, "Iraq's Special Challenge : Security Sector Reform 'Under Fire'," in Alan Bryden and Heiner Hänggi eds., *Reform and Reconstruction of the Security Sector*, New Jerzy : Transaction Publishers, 2004.

⑸　Cordesman, *op. cit.*, p. 123.

⑹　Abbas Kadhim, "Rebuilding the Military under Democratic Control: Iraq," in Thomas C. Bruneau and Floriana Cristina Matei eds., *The Routledge Handbook of Civil-Military Relations*, London and New York: Routledge, 2013, p. 140.

⑺　*Ibid.*, p. 141.

⑻　Cordesman, *op. cit.*, p. 204.

⑼　Jones et al. eds., *op. cit.*, p. 26. これらのシーア派イスラーム主義政党の反体制運動については，山尾大『現代イラクのイスラーム主義運動——革命運動から政権党への軌跡』有斐閣，2011年を参照のこと。

⑽　Toby Dodge, *Iraq's Future : The Aftermath of Regime Change*, London : International Institute for Strategic Studies, 2005 p. 19.

⑾　Ali Allawi, *The Occupation of Iraq : Winning the War, Losing the Peace*, New Haven and London: Yale University Press, 2007, p. 272.

⑿　Eric Herring and Glen Rangwala, *Iraq in Fragments : The Occupation and Its Legacy*, Ithaca and New York: Cornell University Press, 2006, p. 133.

⒀　*Dār al-Salām*, 11 Sep 2007.

⒁　Allawi, *op. cit.*, p. 422.

⒂　ICG：International Crisis Group, "Iraq after the Surge I：the New Sunni Land-scape," *Middle East Report*, No. 74, 30 April 2008.

⒃　*New York Times*, 22 Dec 2007.

⒄　*al-Bayyina*, 20 Aug 2007；*al-Bayyina al-Jadīda*, 18 Sep 2007.

⒅　ICG, *op. cit.*, p. 14；*al-Ḥayāt*, 25 Apr 2008.

⒆　ICG, *op. cit.*, p. 12；*al-Ḥayāt*, 23 May 2008.

⒇　*al-Ḥayāt*, 21 May 2008.

㉑　ICG, *op. cit.*, p. 11.

㉒　覚醒評議会の拡大がもたらした問題については，山尾大「イラク覚醒評議会と国家形成——紛争が生み出した部族の非公的治安機関と新たな問題（2003～2010年3月）」佐藤章編『紛争と国家形成——アフリカ・中東からの視角』アジア経済研究所，2012年を参照のこと。

㉓　*al-Ḥayāt*, 18 Jun 2014.

㉔　人民動員隊という言葉が初めて軍や国防省関係者によって公的に使用されたのは，2014年7月頃からである（*Khayma al-'Irāq*, 2 Jul 2014, 327）。

㉕　*Khayma al-'Irāq*, 17 Sep 2014, 337.

㉖　ORSAM, *A New Controversial Actor in Post-ISIS Iraq：al-Hashd al-Shaabi (The Popular Mobilization Forces)*, Report No. 198, May 2015, p. 10；Michael Knights, *The Long Haul：Rebooting U.S. Security Cooperation in Iraq*, Policy Focus 137, The Washington Institute for Near East Policy, 2015, p. 8.

㉗　*al-Ḥayāt*, 11 Mar 2015.

㉘　*Khayma al-'Irāq*, 18 Mar 2015, 359；ティクリート市を包囲した後に軍事作戦が膠着した時にも，サドル派のマフディー軍やヒズブッラー部隊などの人民動員隊が増派され，市内に続く幹線道路を確保したのも人民動員隊であった（*al-Ḥayāt*, 19 Mar 2015）。

㉙　*Khayma al-'Irāq*, 6 Jan 2015, 349.

㉚　アバーディー政権は，マーリキー前首相が任命したカンバル参謀長とガイダーン陸軍司令官にモスル陥落事件の責任を負わせ，解任した（*Mustaqilla*, 23 Sep 2014）。

㉛　このことについて，人民動員隊のヌーリー広報官は，人民動員隊こそが「正規軍に代わって対IS戦線の最前線に立ち，祖国の解放に尽力し」（*Masala*, 4 Apr 2015），毎日多くの犠牲者も出していると主張した。

㉜　*Nūn*, 30 Mar 2015. 一部の世論調査では，65％の国民が人民動員隊のアンバール県とニーナワー県の解放作戦への参加を支持していることが明らかになっている（*Masala*, 23 Apr 2015）。

第5章　分断がもたらすイラクの不確実な安定の促進

(33) *Nūn*, 9 Jul 2015.

(34) *Itijāh*, 13 June 2015.

(35) *Masala*, 22 Jan 2015.

(36) *al-Ḥayāt*, 11 Mar 2015.

(37) *al-Ḥayāt*, 23 Mar 2015.

(38) *Masala*, 28 Jun 2014 ; *al-Ḥayāt*, 7 Oct 2014.

(39) *al-Ḥayāt*, 27 Oct 2014 ; *Gad*, 1 Dec 2014.

(40) *al-Ḥayāt*, 20 Dec 2014.

(41) *Masala*, 2 Feb 2015 ; *Madā*, 2 Feb 2015.

(42) 各県の人口に応じて義勇兵を招集し，テロ対策の専門部隊を育成するという骨子のみが決定された（*al-Ḥayāt*, 4 Feb 2015）。

(43) *al-Ḥayāt*, 23 Aug 2014 ; 26 Aug 2014.

(44) *al-Ḥayāt*, 30 Jan 2015.

(45) *Madā*, 7 Apr 2015.

(46) *al-Ḥayāt*, 14 June 2016.

(47) *al-Ḥayāt*, 9 Feb 2015 ; 16 Feb 2015.

(48) *Madā*, 20 Mar 2015.

(49) *al-Ḥayāt*, 8 Apr 2015.

(50) 松永泰行「シーア派イスラーム革命体制としてのイランの利害と介入の範囲」吉岡明子・山尾大編『「イスラーム国」の脅威とイラク』岩波書店，2014年。

(51) *al-Ḥayāt*, 29 Mar 2015.

(52) 人民動員隊を国民軍と捉える主張は，*Masala*, 27 Jan 2015. シーア派以外のメンバーの存在を重視する主張は，*Ayn*, 25 May 2015 ; 4 Jun 2015を参照。加えて，アンバール県では数千人規模の部族軍が人民動員隊に合流している（*Shafaq*, 24 Jun 2015）。

(53) *al-Ḥayāt*, 8 Jul 2015.

(54) *al-Ḥayāt*, 29 Mar 2015.

(55) *Masala*, 3 May 2015 ; *Ayn*, 29 May 2015. 強硬派のアーミリーは，ISを完全に駆逐しない限りディヤーラー県を出ないと強調した（*Masala*, 19 Jan 2015）。

(56) *al-Ḥayāt*, 30 Mar 2015.

(57) *al-Ḥayāt*, 2 Apr 2015.

(58) *Masala*, 30 Mar 2015.

(59) 人民動員隊の司令官は，声をそろえてアバーディー政権との対立は存在しないと強調している（*Ayn*, 18 Jun 2015）。だが，人民動員隊メンバーの最大の供給地であるバスラでは，人民動員隊が地方政治に介入したとして，知事がその司令官を更迭するなど（*al-Ḥayāt*, 2 Jul 2015），対立も露呈している。

147

第Ⅱ部　中央政府崩壊後のセキュリティ・ガヴァナンス

⑹　たとえば，スンナ派を中心とする政党連合である国民勢力同盟は，人民動員隊が
　　ディヤーラー県やティクリート市で放火・略奪に関与したことを受けて，モスル解
　　放作戦への参加を認めないと主張した（*Istiqāma*, 3 Apr 2015）。

⑹　酒井啓子「現代イラク政治における部族と政治権力の関係」『中東研究』526号，
　　2016年。

⑹　*al-Ḥayāt*, 5 Nov 2014. アルブー・ニムル部族は，イラク中央政府に協力する覚醒
　　評議会の代表として IS の標的となり，多くの犠牲者を出してきたという事情もあ
　　る。

⑹　*Masala*, 17 Apr 2015 ; *Itijāh*, 17 Apr 2015.

⑹　*al-Ḥayāt*, 20 Apr 2015.

⑹　その一方で，国連やヒューマンライツウォッチなどの国際組織からの介入は，イ
　　ラクの安全保障政策に大きな影響を与えることはなかった。

⑹　*al-Ḥayāt*, 11 Mar 2015.

⑹　*al-Ḥayāt*, 30 Mar 2015.

⑹　*al-Ḥayāt*, 2 Apr 2015.

⑹　*al-Ḥayāt*, 27 Sep 2016.

⑺　*al-Ḥayāt*, 6 Apr 2015.

⑺　*al-Ḥayāt*, 15 Feb 2015 ; 21 Mar 2015. 被害を受けた地元部族からは，シーア派宗
　　教界に人民動員隊の行動を制御するための介入を求める要請が繰り返された
　　（*al-Ḥayāt*, 27 Apr 2015）。

⑺　*Khayma al-‘Irāq*, 1 Oct 2014, 339.

⑺　たとえば，2015年3月のティクリート解放作戦の後半に米軍が参戦したことに対
　　し，人民動員隊は，米軍が空爆を始めるのであれば兵力を撤退させると警告し，真
　　実の民戦線は実際に戦闘部隊を引いた（*Masala*, 27 Mar 2015）。反対に，バドル軍
　　団は，有志連合の参戦を断固拒否しつつも前線で作戦を続けた（*Awān*, 31 Mar
　　2015）。有志連合の介入はイラクの分断を目指しており，IS と連携しているといっ
　　た批判すら存在する（*Masala*, 6 May 2015）。

⑺　具体的には，2014年11月頃から，アンバール県の部族長を中心とする派遣団がワ
　　シントンを訪問し，オバマ政権に対して部族軍形成の支援を要求し始めた
　　（*al-Ḥayāt*, 29 Nov 2014 ; 30 Nov 2014）。翌年1月にはオバマ政権との間で公式の交
　　渉が始まり，バイデン副大統領に対して部族軍への武器提供を正式に要求した
　　（*al-Ḥayāt*, 24 Jan 2015）。最終的にオバマ政権は，イラク中央政府を通すという条
　　件付きで，スンナ派部族に対する武器提供を認め，国民防衛軍の形成を支援するこ
　　とをイラク政府との間で約束した（*al-Ḥayāt*, 29 Jan 2015）。

参考文献

酒井啓子「現代イラク政治における部族と政治権力の関係」『中東研究』526号，2016
　　年，7～19頁。

松永泰行「シーア派イスラーム革命体制としてのイランの利害と介入の範囲」吉岡明
　　子・山尾大編『「イスラーム国」の脅威とイラク』岩波書店，2014年，247～265
　　頁。

山尾大『現代イラクのイスラーム主義運動――革命運動から政権党への軌跡』有斐閣，
　　2011年。

山尾大「イラク覚醒評議会と国家形成――紛争が生み出した部族の非公的治安機関と
　　新たな問題（2003～2010年3月）」佐藤章編『紛争と国家形成――アフリカ・中
　　東からの視角』アジア経済研究所，2012年，101～136頁。

山尾大『紛争と国家建設――戦後イラクの再建をめぐるポリティクス』明石書店，
　　2013年。

山尾大「マーリキー政権の光と影――イラク戦争から「イスラーム国」の進撃まで」
　　吉岡明子・山尾大編『「イスラーム国」の脅威とイラク』岩波書店，2014年 a，
　　19～63頁。

山尾大「隠された二つのクーデタ――「イスラーム国」の進撃とアバーディー政権の
　　成立を考える」吉岡明子・山尾大編『「イスラーム国」の脅威とイラク』岩波書
　　店，2014年 b，65～108頁。

Allawi, Ali, *The Occupation of Iraq: Winning the War, Losing the Peace*, New Haven
　　and London: Yale University Press, 2007.

Cordesman, Anthony H., *Iraqi Security Forces: A Strategy for Success*, Westport and
　　London: Praeger Security International, 2006.

Dodge, Toby, *Iraq's Future: The Aftermath of Regime Change*, London: Internation-
　　al Institute for Strategic Studies, 2005.

Herring, Eric and Glen Rangwala, *Iraq in Fragments: The Occupation and Its Lega-
　　cy*, Ithaca and New York: Cornell University Press, 2006.

ICG: International Crisis Group, "Iraq after the Surge I: the New Sunni Landscape,"
　　Middle East Report, No. 74, 30 April 2008.

Jones, James L., Jennifer K. Elsea and Nina M. Serafino eds., *Security in Iraq*, New
　　York: Nova Science Publishers, 2010.

Kadhim, Abbas, "Rebuilding the Military under Democratic Control: Iraq," in Thom-
　　as C. Bruneau and Floriana Cristina Matei eds., *The Routledge Handbook of
　　Civil-Military Relations*, London and New York: Routledge, 2013, pp. 135-145.

Knights, Michael, *The Long Haul: Rebooting U.S. Security Cooperation in Iraq*, Poli-
　　cy Focus 137, The Washington Institute for Near East Policy, 2015.

ORSAM, *A New Controversial Actor in Post-ISIS Iraq : al-Hashd al-Shaabi (The Popular Mobilization Forces)*, Report No. 198, May 2015.

Slocombe, Walter, "Iraq's Special Challenge: Security Sector Reform 'Under Fire'," in Alan Bryden and Heiner Hänggi eds., *Reform and Reconstruction of the Security Sector*, New Jerzy: Transaction Publishers, 2004.

Awān（Web 版 http://awaniq.com/ar/）

Ayn（Web 版 http://aynaliraqnews.com/index.php）

al-Bayyina（The Organ of the Iraqi Ḥizb Allāh Movement）

al-Bayyina al-Jadīda（The Organ of the Sadr Movement）

Baghdād Taymuz（Web 版 http://www.baghdadtimes.ne）

Dār al-Salām（The Organ of Iraqi Islamic Party）

Fayhā'（Web 版 http://www.alfayhaa.tv/news/iraq/）

Gad: al-Gad Bres（Web 版 http://alghadpress.com/ar/）

al-Ḥayāt（Web 版　http://www.daralhayat.com/）

Istiqāma（Web 版 http://alestiqama.com/）

Itijāh（Web 版 http://aletejahtv.org/）

Khayma al-ʻIrāq（軍機関紙 Web 版 http://www.mod.mil.iq/）

Madā（Web 版 http://www.almadapaper.net/ar/）

Masala（Web 版 http://almasalah.com/ar/）

Mustaqilla（Web 版 http://www.mustaqila.com/）

New York Times（Web 版 http://www.nytimes.com/）

Nūn（Web 版 http://non14.net/）

Shafaq: Shafaq Taymuz（Web 版 http://www.shafaaq.com/sh2/news/iraq-news）

第Ⅲ部

非西欧「近代国家」におけるセキュリティ・ガヴァナンス

第6章

スリランカ内戦における安全保障と人権の相克

佐々木葉月

1 セキュリティ・ガヴァナンス論から見るスリランカ紛争

　1983年から続いていたスリランカ内戦は，反政府勢力である「タミル・イーラム解放の虎（The Liberation Tigers of Tamil Eelam：LTTE）」が，スリランカ政府により2009年に軍事的に制圧されたことで終結に至った。2002年にノルウェー仲介の下，スリランカ政府とLTTEの間で停戦合意が成立し，その後も日本，米国，EUなども加わって和平交渉が進められてきた。それにもかかわらず，内戦が軍事的解決へと至った重要な要因の1つとして，2004年にLTTEから分離した武装勢力と政府との連携が挙げられる。スリランカ政府が，かつてLTTEのナンバー2と目されていたカルナ・アンマン（本名はビニャガマムーシ・ムラリタラン）大佐のグループ（以後，カルナ派）の離脱の機会をとらえ，軍事的に連携したことで，カルナが強い影響力を有していたスリランカ東部を2007年に初めて制圧することが可能になった。カルナ派との協調は，政府によるスリランカ全土の実効支配を進め，東部に選挙実施が可能な環境を作り出したのみならず，最終的にLTTEの支配地域の軍事・政治的統合を実現した点で，国内安全保障の確立に寄与したと言える。

　一方，カルナ派との連携は，セキュリティ・ガヴァナンス形成過程において，同派に関連した人権問題の浮上と，それを問題視する国連機関や人権NGOなどの国際的なアクターによる政府の政策への介入を強める結果となった。序章で指摘されたとおり，人権問題を抱える主体との協働によるセキュリティ・ガヴァナンス形成の試みには，欧米諸国を中心とする国際社会から，強い反発が起こったのである。

153

第Ⅲ部　非西欧「近代国家」におけるセキュリティ・ガヴァナンス

　本章は，スリランカ政府による反LTTE武装勢力との協調と取り込みという手法を用いたセキュリティ・ガヴァナンスの形成がどのような過程を経てなされたのかを明らかにする。さらに，人権規範を十分に尊重しない武装勢力との連携が，政府にどのような問題をもたらしたのか，また，政府は国際アクターと武装勢力にどのように対応したのかを分析する。スリランカの事例は，国内的に十分な安全供給能力を有しない中央政府が，価値を必ずしも共有しない主体とのセキュリティ・ガヴァナンス形成を試みる場合の利点や課題を明らかにすることにつながると思われる。

　本章ではまず，スリランカ紛争の歴史的背景を概観する。その上で，2000年代半ばの第4期イーラム戦争における，スリランカ政府と反LTTE武装勢力との協調関係形成の分析，およびそれに付随した人権問題の生起を検討する。さらに，紛争終結後におけるカルナやそのグループの政府への統合と，統合深化後も残った人権問題をめぐる国際社会との軋轢を分析する。最後に，スリランカの事例のセキュリティ・ガヴァナンス論への理論的示唆を述べる。

2　スリランカ紛争の歴史的背景

スリランカにおける民族間対立

　近代以前のスリランカにおいても，シンハラ王朝とタミル王朝の間に戦争は見られたものの，スリランカ紛争の根底にある民族間対立の先鋭化は，19世紀後半から活性化したシンハラ・ナショナリズムの高まりに起因するとされる。[1]1948年の英国からの独立後は，S.W.R.D.バンダーラナーヤカ首相がシンハラ人仏教徒の支持調達を目的に，「シンハラ・オンリー」と呼ばれるシンハラ語公用語化政策を進めた。独立後の両民族の対立は，シンハラ・ナショナリズムの高まりを反映したシンハラ人優遇政策の推進と，マイノリティとして自民族のアイデンティティと利益の確保を求めるタミル人の抵抗という構図であったと言える。[2]

　民族対立の高まりを反映し，シンハラ人・タミル人双方による暴動がしばしば発生していたが，タミル人による抵抗が武装勢力による闘争の形で組織化さ

154

れたのは，1972年であった。同年には，LTTE の前身となる「タミルの新しい虎（Tamil New Tigers）」や「タミル・イーラム解放機構（Tamil Eelam Liberation Organisation）」などが結成され，テロ行為を行うようになった。背景には，同年公布の新憲法がシンハラ語を唯一の公用語と定め，仏教に特別な地位を与えるなど，シンハラ優遇政策を制度化したことへのタミル人の危機感と，政治的解決が機能しないことへの失望があった。[3]

　さらに，1977〜83年にかけて発生した3つの大暴動は，軍や警察の傍観，もしくは暴動への加担も相まって，タミル人の不安感を著しく高めた。特に1983年の暴動では，2000人を超えるタミル人が殺害され，コロンボでも10万人以上が住居を追われたという。[4]タミル人の政府に対する不信感は，タミル人武装勢力に対する支持を高め，本格的な武力紛争へと発展した。[5]中でも，「タミルの新しい虎」から改称したLTTE は，失業状態にあったタミル人の若者を吸収し，1980年代後半までに他のタミル人武装勢力を撃破し，吸収することで，数千人規模に勢力を拡大した。1987年には，インド南部のタミル・ナードゥ州から指揮していたLTTE の指導者，ヴェルピライ・プラバカランがスリランカ北部のジャフナに渡り，政府の施設を追い出して，地域一帯を支配下におくようになった。[6]

LTTE に対するスリランカ政府の対応

　1980年代後半以降のLTTE による北部の支配に対し，スリランカ政府は軍事作戦と和平交渉を繰り返してきた。1995年には，陸軍がLTTE をジャフナから追放したものの，LTTE は北部のワンニなどに勢力を留めた。一方，当時のチャンドリカ・クマラトゥンガ大統領は，タミル語の公用語化やタミル人の多い北・東部の自治を認めるなどの連邦制に近い案を提示し，LTTE 支持層の切り崩しを図ったが，議会内外のシンハラ至上主義勢力の抵抗にあい，実現しなかった。[7]

　一方，長引く紛争の政治的解決への期待が高まったのは，2002年の国際的な仲介による和平交渉の開始である。2001年12月の統一国民党（United National Party：UNP）のラニル・ウィクレマシンハの首相就任後に非公式な停戦が成立

第Ⅲ部　非西欧「近代国家」におけるセキュリティ・ガヴァナンス

した。さらに2002年2月には，ノルウェー政府の仲介により，スリランカ政府とLTTEの間で正式な停戦協定の調印がなされた。また，同年9月には，タイで第1回の和平交渉が始まった。全6回の交渉が行われ，2003年6月には，国連や51カ国の参加の下，東京でスリランカ復興開発会議が開催された。同会議では，約45億ドルの国際的な復興支援策が表明されたが，LTTEは出席しなかった。[8]

3　紛争中のカルナ派との協調関係の形成と人権問題をめぐる国際的干渉

カルナ派離脱の軍事・政治的インパクト

停戦合意は，LTTEが北部・東部において態勢を回復する期間となった。停戦期間中にLTTEは海外のタミル人ディアスポラの寄付や合法・非合法の経済活動を通じて，年200〜300万ドルの収入を得たとされる。[9]それらの収入により，高価な武器を購入して軍事力を整備し，北・東部の領域支配を強化していた。さらに，LTTEは豊富な資金力を用い，海外の「タミル復興機構（Tamil Rehabilitation Organisation：TRO）」を通じて米国の議員への働きかけやロビー活動などを行い，スリランカ政府の人権侵害への非難や，タミル国家の分離独立などを支持させていたとされる。また，和平交渉の当事者であるノルウェー政府の職員が，LTTEへの情報提供や支援などの見返りに賄賂を受け取るケースもあったという。[10]

このように，LTTEは軍事力の向上を通じて政府に直接対抗する能力を強化していただけでなく，組織やタミル人ディアスポラを通じて他国に働きかけ，スリランカの対LTTE政策を牽制する間接的な戦略も推進していた。LTTEが国際コミュニティを引き込み，国内紛争をグローバル化する戦略をとったことで，スリランカ政府は自国内のタミル人勢力だけでなく，国際世論も意識しながら，LTTEへの対応を強いられていた。

停戦中にLTTEが勢力を回復する中，2004年3月にLTTE軍事部門のナンバー2と見なされていたカルナ東部司令官が正式にLTTEから離脱したこと

第6章　スリランカ内戦における安全保障と人権の相克

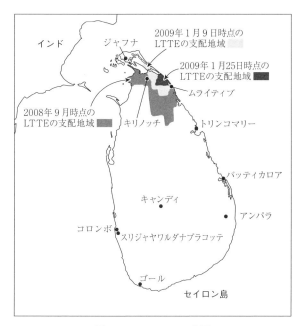

図6-1　スリランカの地図
出所：Senaratne 2015を基に筆者作成。

は，政府とLTTEの力関係を変化させうるインパクトをもった出来事であった。カルナは，離脱後に「タミル人民解放の虎（The Tamil Makkal Viduthalai Pulikal：TMVP)」と呼ばれる武装集団を形成し，少なくとも6000人の兵士が加わったとされる。[11]経験豊富な司令官であるカルナと東部の練度の高い兵士が多く離脱したことは，LTTEの軍事力にとって大きな損失であった。[12]

カルナは離脱の理由について，2007年にBBCのインタビューに応じ，LTTEとスリランカ政府との数度にわたる和平交渉への参加を通じて，分離独立が非現実的な目標だと考えるようになったことや，独立にこだわるLTTE指導者のプラバカランと対立したためと答えている。[13]さらに，同じタミル人でも，LTTEには北部出身の指導者が多く，自らのルーツである東部の出身者が差別的な待遇を受けていたことも理由として挙げている。[14]一方，カルナの離脱については，組織に対する規則違反をLTTEのインテリジェンス

157

第Ⅲ部　非西欧「近代国家」におけるセキュリティ・ガヴァナンス

部門に告発され，苦境に立っていたところ，インドとスリランカのインテリジェンス機関に離脱を促されたという指摘もある。[15] いずれにせよ，北・東部のタミル人の自治と権利の拡大を，現実的な目標として受容するカルナの立場は，北・東部の分離・独立を避けたいスリランカ政府と，最低限の利益を共有するものであった。

　スリランカ政府にとって，カルナおよびカルナ派との協調がもたらしうる最大の利益は，軍事面であった。カルナは，トリンコマリーやバッティカロアといった東部の要衝の司令官であり，軍事・インテリジェンスの双方で，LTTEの東部支配を崩す契機になることが考えられた。実際にカルナの離脱は，スリランカ軍にLTTEに対する軍事的勝利を現実の可能性として考慮させる心理的効果をもった。[16] また，ダグラス・デヴァナンダ率いるイーラム人民民主党（Eelam People's Democratic Party：EPDP）がカルナの動きに同調したことや，東部のムスリム商人の一部がカルナを支持して，LTTEへの納税を取り止めるなど，東部での反LTTEの動きも広がりつつあった。[17]

　一方，政府がカルナ派との連携を進めることは，和平交渉の破綻につながる可能性が高かった。カルナの離脱後，LTTEは東部に新司令官を送り込んだため，東部では住民も巻き込む形で両グループの抗争が激化していた。[18] また，タミル民族の唯一の代表を自任するLTTEにとって，政府と他のタミル人武装勢力との交渉は許容できるものではなかった。[19] カルナのLTTE離脱に対して，スリランカ政府は，機会を利用せずに和平交渉の継続と進展を目指す確実性の高いと思われる利益と，カルナ派との軍事的連携という不確実性の高い利益のいずれを選択するかを迫られていたと言えよう。

　当時のクマラトゥンガ大統領は，政府軍によるカルナ派の武装解除をプラバカランに申し出，LTTEの軍勢がカルナ派の背後へと移動するのを許容した。この動きにカルナは反発し，両者の本格的な協調関係が形成されることはなかった。[20] 背景には，UNP主導の和平交渉にそれまで否定的だったクマラトゥンガ大統領が方針を転換し，LTTEへの譲歩を含めた交渉再開を模索していた点が挙げられる。[21] クマラトゥンガ大統領は，カルナ派をLTTEとの交渉材料に用い，より確実な利益を得ようとしたと考えられる。

158

政府と反LTTE武装勢力との協調関係の形成

　2005年11月の大統領選挙で，首相として和平交渉を進めてきたウィクレマシンハを僅差で破った，統一人民自由連合（United People's Freedom Alliance：UPFA）のマヒンダ・ラージャパクサが大統領に就任して以降，LTTEは市民や政府に対するテロを活発化させ，停戦合意が揺らぎ始めた。LTTEは2006年4月にコロンボの陸軍病院で，自爆テロによるサラット・フォンセカ陸軍司令官の殺害を試みた。また，7月には東部のマウィルアルでシンハラ人とムスリム人農家が利用する水路をせき止めた。これらの行為を受け，スリランカ政府はLTTEに対する全面的な軍事攻撃を開始した[22]。

　LTTEに対する軍事攻撃再開の背景には，ラージャパクサ大統領を支えるスリランカ自由党（Sri Lanka Freedom Party：SLFP）などの連立与党が，和平交渉に関与するノルウェーや国際ドナー，NGOなどの干渉に否定的だった点が挙げられる[23]。そのような状況下で，ラージャパクサ大統領と側近は，2006年8月にLTTEの軍事的撃破を政策として具体化した。元軍人で，ラージャパクサ大統領の弟のゴタバヤ・ラージャパクサ国防次官と，その信任を得たフォンセカ陸軍司令官が中心となり，予算に制限を設けず，武器の調達などを行った[24]。一方，LTTE側も北・東部における権限が十分確保されないまま，和平案への妥協を迫られることを恐れていた。2006年の時点で，双方に和平交渉に留まる積極的な理由が失われていたと言える。

　2006年の政府によるLTTEへの全面攻撃が始まる以前に，LTTEは政府がカルナ派を利用していると非難し，手を切るように要求していることから，この時点で政府はカルナ派との間に何らかの協調関係を築いていたと考えられる[25]。さらに，2007年1月の東部バッティカロア県のバハライにおける戦闘では，政府軍とカルナ派は初めて共同で戦闘に従事し，7月には内戦開始から初めて，LTTEから東部地域を奪還した[26]。この東部の奪還が紛争終結に至る政府軍の攻勢へつながったとされる[27]。2008年1月には政府は正式に停戦合意を破棄し，LTTEが支配する北部を奪還する作戦へと移った。2009年の紛争終結直前には，カルナは海外メディアのインタビューに対し，政府の勝利は自分なしにはなしえなかったと述べ，自分がLTTEの戦術や隠れ家を知悉していたことの

第Ⅲ部　非西欧「近代国家」におけるセキュリティ・ガヴァナンス

重要性を強調した。スリランカ軍もカルナが戦術アドバイザーとして協力したことを認めている[28]。

　一方，スリランカ政府は，カルナの武装勢力との軍事的協力だけでなく，カルナの懐柔と政治的取り込みを進めていた。カルナは，2007年11月に渡航先の英国で偽造パスポートによる入国で逮捕された。その際，カルナは英国当局に，偽造パスポートを用意したのはゴタバヤ・ラージャパクサ国防次官だと述べたという[29]。

　また，カルナが率いる TMVP は2006年に政治部門を設立した。東部での戦闘終結前から，政府はカルナが将来的に新たな東部州の首長になる構想に言及していた[30]。政府が奪還した東部では，地域の統合を促進するため，復興・開発プログラムが政府によって立ち上げられた[31]。2008年5月には東部で選挙が実施され，TMVP も与党 UPFA の一員として選挙に参加した。TMVP は新たに設けられた東部州評議会の37議席中20議席を獲得した[32]。TMVP の勝利には，他に有力なタミル人政党がなかったことや，不支持への報復への恐れ，地元の名士を候補者として擁立した選挙戦術などが勝因として指摘されている[33]。

　東部における旧 LTTE 勢力の選挙への参加について，パリサ・コホナ外務次官は，将来的な北部の統合の先例として用いる意図を述べている。また，スリランカ軍も，カルナの政治への参画は，彼のグループへの「メッセージ」だとして，集団の政治的取り込みを企図したものであることを認めた[34]。政府は，紛争中におけるタミル人武装勢力の切り崩しと懐柔，さらには領土再統合後の民主的プロセスへの統合の嚆矢として，カルナ派を積極的に利用しようとしたと考えられる。

　ところが，政府によるカルナ派の懐柔は，旧 LTTE 勢力内の権力闘争を激化させることにつながった。東部州評議会の首席大臣に TMVP の副代表であるピラヤン（本名はシヴァネサトゥライ・チャンドラカンタン）が就任したことから，カルナとの緊張が高まった。カルナが2007年11月に渡英し，拘留されている時期に，ピラヤンが TMVP の実権を握ったとされる。TMVP の指導者の交代には，スリランカ政府に従順なピラヤンを政府が後押ししたとも指摘されている。2008年7月のカルナの帰国と，10月の UPFA によるカルナの国会議員

任命を機に対立は深まり，東部において両勢力による殺人や拉致などが発生するようになった。[35]

カルナ派の子ども兵問題をめぐる国際的圧力

スリランカ政府と反LTTE武装勢力との連携は，政府に軍事的恩恵をもたらした一方，国際機関やNGOがカルナ派が関与したと思われる子ども兵問題を取り上げることにつながり，スリランカへの介入が強まる結果となった。

2006年2月の紛争の再発以来，スリランカ政府は民間人の殺害や拉致，拷問などの人権侵害について，国際的な非難を浴びており，LTTEとの和平交渉再開を求める圧力も高まっていた。そのような状況下で，カルナ派による子どもの拉致問題を国際的に提起したのは，国連児童基金（The United Nations Children's Fund：UNICEF）であった。2006年6月，UNICEFは同年3月から，カルナ派が東部で18歳未満の男子を拉致し，子ども兵として用いている事例が増加していることを指摘し，スリランカ政府に対して調査に乗り出すよう求めた。[36]UNICEFは，国連や世界銀行（World Bank）などの国際機関が和平交渉においてLTTEに協調的に対応する中でも，LTTEに子ども兵問題の解決を迫るなど，同問題に一貫した態度で臨んでいた。[37]また，カルナ派による拉致の報告が，子どもの家族から地元NGOへの訴えという形で増加していた。[38]

問題への国際的な注目を高めたのは，元カナダ政府司法大臣で，子どもと紛争に関する国連事務総長特別代表を務めていたアラン・ロックによる，2006年11月のスリランカ訪問であった。ロック特別代表はコロンボで声明を発表し，カルナ派による拉致を認定した上で，政府軍の一部が支援もしくは，拉致に参加している証拠があると述べた。[39]これに対し，スリランカ政府は声明の真実性に疑問があるとして強く反発した。また，スリランカのメディアもロック特別代表とLTTEのつながりを指摘し，国連がLTTEから注意をそらし，カルナ派と政府軍に目を向けさせようとしているとして非難した。[40]

一方，ロック特別代表の発表の後，国際人権NGOはカルナ派の拉致問題を大きく取り上げるキャンペーンを展開した。ヒューマンライツウォッチは，2007年1月にカルナ派による子ども兵問題に関する報告書を発表した。報告書

第Ⅲ部　非西欧「近代国家」におけるセキュリティ・ガヴァナンス

は，カルナ派と TMVP の拉致への関与の指摘に加え，政府が意図的に問題を見逃してきたとし，国連に対してカルナ派への制裁を求めていた。[41]

　この報告書の特徴は，それまで LTTE による犯罪として考えられてきた子ども兵問題に，政府が間接的に関与し始めたと強調している点である。つまり，スリランカ政府による新たな人権侵害を告発する目的で書かれていると言える。報告書発表の段階では，政府とカルナ双方が協力関係にあることを否定していたため，インタビューや現地調査に基づいた NGO 独自の報告書は，政府の関与を指摘したロック国連特別代表の発表内容に信憑性を与える効果をもった。[42]そのため，別の武装勢力による子ども兵問題とは異なる，強い解決圧力をスリランカ政府に加えることになった。また，他の人権 NGO も，LTTE とカルナ派双方の子ども兵の使用を非難する声明を発表し，カルナ派による子ども兵問題が優先度の高いアジェンダとして，国際的に認識されるようになった。[43]

　問題に対し，当事者であるカルナや TMVP の対応は消極的なものであった。2006年11月の国連の視察後，カルナは国連に対し，子どもの徴兵の中止に協力すると言明した。ところが，2007年4月に UNICEF がカルナ派の屯営地を視察に訪れた際には，急造のキャンプに案内され，他の施設の視察は許可されなかった。UNICEF は結果を踏まえ，カルナ派は子どもの解放に真剣に取り組んでいないと非難した。[44]国連安全保障理事会の子どもと武力紛争に関する作業部会も5月に，LTTE とカルナ派および TMVP に，子どもの徴兵の中止を求める勧告を採択した。[45]また，国連作業部会の勧告と前後して，米国国務省の高官もスリランカ政府に対し，近年の拉致と殺人事件の発生に関し，民兵組織の行動を管理すべきだと注文をつけた。[46]

　これらの国際的な批判の高まりに対し，スリランカ政府は対応を少しずつ本格化させた。2007年5月に，スリランカの米国大使はヒューマンライツウォッチに対して，「カルナ派による子どもの拉致，徴兵，使用を全面的に非難」し，軍関係者による関与の疑いを調査する旨の書簡を送った。[47]これは，和平交渉以来のスリランカ政府の NGO に対する強い不信感を考えると，異例の対応だと言える。また，8月には，カルナ派の拉致問題に政府軍の一部が関与しているという疑いについて，政府は調査委員会を設けた。[48]カルナ派による子どもの徴

162

第6章　スリランカ内戦における安全保障と人権の相克

兵は，2006年8月には50人を超えていたが，徐々に減少し，政府が調査委員会を設ける直前の2007年7月には，8人前後であった。[49]ローカルNGO関係者は，国連と国際・国内のNGOによるキャンペーンは，同派による子どもの徴兵減少に効果があったと見ている。[50]

　カルナ派の子ども兵問題に対する国際的非難が高まった時期は，スリランカ東部におけるLTTEとの戦闘が激化した時期と重なっている。東部戦線におけるスリランカ政府の重要な軍事的パートナーであったカルナ派に対し，政府は子ども兵問題についての非難を行い，東部における実態調査を表明した。実際には両者の協調関係は切れなかったことから，人権NGOなどの国際アクターが推進する人権規範に基づく非難を受けても，形成されたセキュリティ・ガヴァナンスは維持されたと考えられる。他方で，人権侵害への関与が疑われるアクターを政府が公式に擁護することは困難であった。スリランカ政府が関与したとされる，2007年11月の偽造パスポートを用いたカルナの渡英のように，政府はセキュリティ・ガヴァナンス維持のために，国際的な人権圧力を「かわす」ことを選んだと考えられる。

　一方，カルナ派自体の人権意識の薄さや国際規範の不遵守は，同派の活動を許容しているとして，スリランカ政府への国際的非難を招く結果となった。スリランカ政府や軍の中には，カルナ派との連携を疑問視する声もあったものの，[51]実際の連携や問題への関与の程度にかかわらず，国際的なアクターから旧LTTE武装勢力とのつながりを有していると見なされた時点で，カルナ派の人権問題に関して，政府への道義的非難は避けられなかった可能性が高い。[52]

4　紛争末期以降の反LTTE武装勢力の統合と再燃する人権問題

民主的プロセスへの統合の深化と紛争終結

　北部での戦局が政府軍優勢に展開していた2008年10月，カルナは与党のUPFAによって国会議員に任命された。カルナの国会議員任命は，ラージャパクサ大統領の政治的意向によるところが大きかったと言える。カルナの議席は，UPFAと連立を組むシンハラ民族主義政党である，人民解放戦線（Janatha

163

第Ⅲ部　非西欧「近代国家」におけるセキュリティ・ガヴァナンス

Vimukthi Peramuna：JVP）の議席であり，JVPは自党議員が引き継ぐべきだとして反対した。2005年の大統領選挙では，UPFAから出馬したラージャパクサは，JVPなどの支援を受け，UNPの対立候補に僅差で勝利しており，JVPの意向は容易に無視できないものであった。また最大野党のUNPやタミル人政党のタミル国民連合（Tamil National Alliance：TNA）もカルナの任命に反対した。[53]これらから，カルナの議員任命は，カルナ派の懐柔に加え，紛争後の東部の復興やLTTE支配地域のタミル人の再統合を念頭においた，大統領主導の措置だったと考えられる。さらに，LTTEとの戦いが最終局面に差し掛かっていた2009年3月には，カルナは「国家の和解と統合相（Minister of National Reconciliation and Integration)」に任命された。この任命に際し，カルナはグループの武装解除に応じる意思を示したという。[54]

　また，カルナとその支持者は2009年3月にTMVPを脱退し，ラージャパクサが所属する連立与党の主要政党であるSLFPに加わった。この時，東部バッティカロアやアンパラでは，カルナ派は同地の政府関係者がSLFPに加わるように圧力をかけ，1800人近くがSLFPに加わったという。5月には，カルナはSLFPの副代表に任命された。[55]このように，カルナのスリランカ政治への参画とグループの統治機構への統合は，カルナとラージャパクサ大統領との個人的な関係をベースに進められたと言える。

　さらに，ピラヤンが率いるTMVPも，2009年3月にバッティカロアで武装解除に応じ，ピラヤンはグループが民主的な政治プロセスに加わる意思を明らかにした。また，TMVPのスポークスマンも，LTTEの脅威の消失ゆえに武器が不必要になったと述べ，武装解除したTMVP勢力を陸軍に編入させたい意思を示した。これに対し，陸軍側も条件を満たす者を受け入れることを表明した。[56]

　上記のように，カルナ派とピラヤン派がともに紛争終結前に武装解除に応じた背景には，大きく2つの要因があると思われる。1つは，政府軍が対LTTE戦の終盤で見せた軍事力である。陸海空の戦力を有し，軍事的な制圧は不可能と考えられていたLTTEに対し，スリランカ陸軍は2005年以降，フォンセカ陸軍司令官の下，軍事ドクトリンの見直しや師団の増設，新たな兵器

第6章　スリランカ内戦における安全保障と人権の相克

の調達などを進めた。また，空軍は北部戦線にミグ27で編成された新たな飛行隊を投入し，LTTE やその施設に対し，地中貫通爆弾も用いた徹底的な空爆を実施した。軍事力増強の背景には，ラージャパクサ就任時（2005年）の約11億ドルから，内戦終結時（2009年）の約18億ドルまで拡大した軍事支出の増加がある。戦局においても，2007年の政府軍による東部の制圧後，2008年末までに北部において軍事的優位を確立した。さらに，2009年1月に LTTE の首都として機能してきたキリノッチを占領したことで，LTTE に対する軍事的勝利は決定的になりつつあった（図6-1）。強力な軍事力で LTTE を制圧しつつある政府軍に対し，カルナとピラヤンの両派が軍事的な攪乱を図るメリットはほとんどなかったと思われる。

　もう1つは，反 LTTE 武装勢力のリーダーであるカルナとピラヤンに対する政治的な取り込みが進んでいたことである。2008年末までに，カルナは国会議員に任命され，ピラヤンも東部評議会の首席大臣であった。これらから，LTTE の軍事的敗北が時間の問題であった2009年3月には，カルナ派とピラヤン派の双方とも，政府に従うことで，自派や自派が影響力を有する地域に対する利益の確保を図った可能性が高い。

　一方，LTTE への軍事的勝利を目前としたスリランカ政府がカルナやピラヤンのグループへの懐柔を続けたことには主に2つの理由が考えられる。1つは，紛争後の統治への利用である。タミル人で LTTE の元司令官であったカルナの国会議員としての国政への参加は，紛争後のスリランカ国家へのタミル民族の統合の象徴として用いることが期待できた。また，カルナや TMVP 勢力を東部州の統治に関与させることで，復興援助資金の流入に伴う東部の利益を保障し，地域の安定を図ることが期待された。もう1つは，紛争後における国内安全保障の定着である。スリランカ政府やシンハラ世論は，LTTE 殲滅後に新たなタミル人武装勢力が台頭することを警戒していた。紛争後の不安定な時期において，政府は東部に政治・軍事的影響力を有するカルナやピラヤンを慎重に扱う必要があったと考えられる。

　2009年5月には LTTE がムライティブ北部で政府軍に制圧され，リーダーのプラバカランの死亡が確認されたことで，スリランカ政府は勝利宣言を出し

165

た。国内全土の実効支配を実現した後は，政府の復興事業や，外国援助機関や
NGO の支援によって，北・東部の復興が進められている。地雷の撤去や住民
の帰還が進み，内戦終結後のスリランカ経済は2010年からの５年間で平均
6.4％という成長率を記録した。その点では，ラージャパクサ大統領が達成し
たセキュリティ・ガヴァナンスは，スリランカの経済発展の礎石になったと言
える。一方で，政治的配慮による復興重点地域の決定や分権の問題，帰還住民
の生活の問題，紛争の影響が大きかった北部地域の復興の遅れなどの問題が指
摘されている。

紛争の記憶と再燃する人権問題

2006〜07年に国際問題となった東部でのカルナ派や TMVP による子どもの
拉致や徴兵は，2008年以降，UNICEF とスリランカ政府が協働することで激
減した。政府と TMVP，国連の３者は2008年12月に，３カ月以内に TMVP に
よる子どもの徴兵の中止と子ども兵全員の解放を目的とした行動計画を締結し
た。2009年半ばまでには徴兵中止が実現し，また捜査中のケースを除く子ども
兵の解放が実現した。

また，東部におけるカルナ派とピラヤン派による抗争も減少した。その一方，
これらのグループが引き続き，脅迫や恐喝などの東部地域における犯罪の主体
になっているという指摘もある。さらに，TMVP が東部における警察業務の
一部を担うようになるなど，体制への統合が進んだ結果，上記のような犯罪が
見過ごされる不処罰の問題や逮捕権の濫用などの問題が出ており，東部におけ
る統治の質の低下を招いている点が指摘できよう。

一方，政府の一員となったこれらの元反 LTTE 武装勢力が，人権問題に関
して再び国際的な非難を受ける契機となったのは，紛争終結時におけるスリラ
ンカ政府自身の人権問題であった。2009年４月にムライティブ北部の沿岸部と
ラグーンに挟まれた南北20数平方キロに逃げ込んだ LTTE に対し，政府軍は
LTTE がタミル人の民間人20万人以上を「人間の盾」として伴っていること
を知りながら砲撃を加えたとして，紛争末期から国際的な非難を浴びていた。
特に，安全地帯や病院への無差別な砲撃で民間人を殺傷したとして，国際人権

第⑥章　スリランカ内戦における安全保障と人権の相克

法・人道法違反の疑いがもたれていた。[66]

　2011年3月に発表された国連の専門家パネルの報告書は，紛争末期における
スリランカ軍の人権侵害を認定し，国際的な調査メカニズムの設置やスリラン
カ政府に被害者や生存者の処遇の改善などを求める厳しい内容であった。一方
で，政府の戦争犯罪調査というパネルの性質から，報告書の分析は2008年9月
以降の政府と軍の行動に集中しており，カルナ派やTMVPといった反LTTE
武装勢力についてはほとんど触れていない。[67]

　紛争中における反LTTE武装勢力の問題を取り上げたのは，スリランカ政
府が2010年5月に設置した「過去の教訓・和解委員会（Lessons Learnt and Rec-
onciliation Commission：LLRC）」であった。ラージャパクサ大統領は，国際的な
独立調査委員会の設置を拒んでおり，戦争犯罪の疑いに対する国際的な説明責
任を，国内プロセスのLLRCでかわそうとしたと言える。

　ラージャパクサ大統領が任命した8人の委員からなるLLRCには，LTTE
との停戦合意が成立した2002年2月から紛争が終結した2009年5月までの期間
を調査するマンデートが与えられた。[68]LLRCはアンパラやバッティカロアなど
の東部の住民の訴えや現地調査，関係者であるカルナやピラヤンなどへのイン
タビューを基に，カルナ派やTMVPによる拉致や子どもの徴兵などの問題を
取り上げた。2011年11月のLLRCの報告書では，問題の更なる調査の必要性
に加え，これらの勢力の武装解除が不十分だとして，武装解除の徹底を勧告し
た。[69]

　特筆すべきは，LLRCが1990年に東部で発生したLTTEによる警察官の虐
殺事件を取り上げ，和解に必要だとして，本格的な調査を求めた点である。
1990年6月にLTTEに降伏した数百人の警察官が暴行され，殺害された事件
については，当時LTTEの東部司令官であったカルナの関与が疑われていた。
LLRCは，被害者であった引退した2人の警察官の訴えを取り上げ，カルナに
直接容疑を問い質している。[70]LLRCがマンデート外の時期に遡り，政府と連携
する前のLTTE時代のカルナの戦争犯罪問題を取り上げたという点で，異例
だと言えよう。

　LLRC報告書の発表を受けて，国連人権理事会は2012年3月の決議でLLRC

167

第Ⅲ部　非西欧「近代国家」におけるセキュリティ・ガヴァナンス

勧告の実施を求めた[71]。スリランカ政府は行動計画を7月に作成し，その中には
カルナ関連の1990年の虐殺事件の再調査と訴追も明記されていたが[72]，実行され
ることはなかった。また，LLRC報告書が公表され，国連人権理事会が勧告に
一定の評価を与えて以降，国連と国際人権NGOともに，スリランカ紛争の人
権問題を，紛争末期だけでなく，2000年代半ばの停戦合意崩壊の時期も含めて
検証することが増えた[73]。そのため，子ども兵と北・東部における拉致問題が再
び取り上げられ，カルナ派やTMVPの行為も再び検証されるようになった。
また，ヒューマンライツウォッチは，LLRCが指摘したカルナのLTTE時代
の戦争犯罪も取り上げ，処罰を求めている[74]。これらの動きに対し，ラージャパ
クサ大統領は，2013年8月に，1990～2009年の北・東部州における失踪者を対
象とした調査委員会を設置したが，人権問題の調査全般に対し，消極的な態度
に終始した[75]。

　元反LTTE武装勢力に関連した人権問題について，変化が現れたのは，
2015年1月の選挙で与党SLFPから離反したマイトリパーラ・シリセーナが
ラージャパクサを破り，大統領に就任して以降である。シリセーナ大統領は，
前政権からの失踪者の調査に関する大統領委員会の規模を拡張し，カルナ派や
TMVP関連の訴えも積極的に取り上げている[76]。また，旧武装勢力のリーダー
の処遇にも変化が見られる。TMVPリーダーで，2012年まで東部州の首席大
臣を務めたピラヤンは，2005年の国会議員の暗殺に関わった容疑で2015年10月
に逮捕された[77]。ラージャパクサ大統領の下で副大臣を務めたカルナも2015年9
月の国連人権高等弁務官事務所の報告書で，グループの紛争中における子ども
の徴兵や拉致，殺人への関与を指摘され，翌月には所属するSLFP辞任を表明
した[78]。さらに2016年11月には，副大臣時代に公用車を濫用した容疑で逮捕され
た[79]。人権問題への対応で前政権と差別化し，国際的なイメージ向上を図るシリ
セーナ大統領にとっては，元反LTTE武装勢力の統合や懐柔以上に，人権問
題の不処罰に対する国際的な評判コストの方が深刻な問題として受け止められ
ている可能性が高い。

5　セキュリティ・ガヴァナンスと人権のジレンマ

　スリランカの事例は，有力な武装勢力と連携することで反政府勢力を制圧し，国土の統一を実現しただけでなく，紛争後にそれらの勢力を民主的プロセスに統合したという点で，セキュリティ・ガヴァナンスの成功事例だと見なすことができる。現時点（2017年10月）では，LTTEのように国内安全保障を深刻に脅かす主体は現れておらず，観光業の活性化など，スリランカ経済も順調に成長を続けている。

スリランカの事例の理論的示唆

　本事例からは，セキュリティ・ガヴァナンスについて，次の3つの示唆が得られると思われる。1つは，セキュリティ・ガヴァナンス形成における武装勢力との協調・連携の有効性である。ただし，連携がスリランカ紛争の戦局を変化させるほどのインパクトをもちえたのは，LTTEの有力な司令官であったカルナの軍事的力量に加え，タミル人内部の地域対立を背景に，カルナのグループが東部地域に一定の勢力を保ちえたことが重要であった。次に，武装勢力との連携の実現には，潜在的な共通利益の存在だけでなく，政府側の政治的意思が必要な点である。2005年のラージャパクサの大統領就任以降，政府とカルナ派の軍事的連携が大きく進展した点は，非公式の関係の形成について，政治的リーダーシップが重要であることを示唆している。特に2005年の段階では停戦合意が破棄されていなかったことを考えると，不確実性の高い武装勢力との軍事的連携の推進は，リスクを伴う政治的選択であったと考えることができる。

　最後に，形成されたセキュリティ・ガヴァナンスに耐久性が見られる点である。紛争中におけるカルナ派の子ども兵問題に対する国連や人権NGOの批判に直面しても，政府と同派の協調関係は維持され続けた。また，紛争後においても，2015年の政権交代後にピラヤン，カルナともに逮捕されたものの，集団的な武装抵抗などは起こっていない。これは，2016年9月の時点で，カルナが新党結成の意思を表明していたことが示唆するように，既存の体制への統合が

第Ⅲ部　非西欧「近代国家」におけるセキュリティ・ガヴァナンス

進んでいたためであろう。そして，紛争直後において，反LTTE武装勢力による過去の人権侵害への批判をかわす形で，セキュリティ・ガヴァナンスの安定と統合促進に貢献したのは，ラージャパクサ体制に特徴的な権威主義であった。ただし，生起する反LTTE武装勢力の人権侵害問題に対して，スリランカ政府が公式には批判や調査という態度を表明しているように，セキュリティ・ガヴァナンスの安定が人権規範に対して必ずしも優位に立っているわけではないことに留意する必要があろう。

「人権問題」という副作用

　一方で，セキュリティ・ガヴァナンスのため，人権意識の低い武装勢力と協調することの問題点も明らかとなった。本事例では，紛争中も紛争後においても，政府との統合の度合いにかかわらず，武装勢力には，子どもの拉致や徴兵などの人権問題がついてまわった。そして，政府がつながりを有していること自体が人権規範の遵守という点で，国内外で政府の信用を傷つける結果となった。

　武装勢力との連携で人権問題が生じる過程には，本事例では主に２つの特徴が見られた。１つは，国連や国際人権NGOなどの国際アクターである。これらのアクターが子ども兵や拉致の問題などをめぐり，国連人権理事会や報告書の発表などでスリランカへの圧力と介入を繰り返す行動からは，現代における国際人権規範の強さが窺える。もう１つは，被害にあった人々の記憶である。紛争終結後，LLRCに対する東部の住民による親族の拉致被害の訴えや，カルナに関連した1990年の警察官虐殺事件の捜査の要請などは，事件の被害者の記憶が風化せず，人権問題の適切な調査メカニズムがあれば，噴出することを示している。また，上記の国内外のプロセスは，国際的圧力による国内でのLLRCの設置や国際アクターによるLLRC報告書の利用のように，相互作用していることも指摘できる。

　このように，スリランカの事例においては，セキュリティ・ガヴァナンスと人権との間に深刻なジレンマが見られた。反政府勢力であるLTTEの軍事的制圧は，子どもの拉致や徴兵などをめぐる反LTTE武装勢力の人権問題に目

170

をつぶる形で達成された。また，紛争終結は，スリランカに国土の統合と安全，経済発展をもたらすことにつながった。一方，これらの武装勢力の人権問題は，国内外のアクターによって紛争後も追及され続けており，不処罰の問題として，スリランカの国際的信用を低下させる一因となっている。過去の人権侵害を糾弾されながらも，内戦終結を早めた功労者であるというカルナの二分した評価は，セキュリティ・ガヴァナンスと人権問題のジレンマを象徴していると言える[81]。武装勢力との連携によるセキュリティ・ガヴァナンスの形成においては，政府側は人権問題の生起という副作用を常に念頭におく必要があるだろう。

注

(1) シンハラ人をセイロン島の支配人種と考えるこのイデオロギーは，シンハラ語がアーリア語族に属するという言語学研究に基づくシンハラ人の「人種の純粋性」や，年代記や民間伝承に基づき，仏陀がシンハラ諸王に仏法の保護を命じた「ダンマディーパ（Dhammadipa，仏法の島）」や「シーハディーパ（Sihadipa，シンハラ人の島）」という概念が影響を与えているとされる。川島耕司『スリランカと民族』明石書店，2006年，221〜224頁。

(2) 川島，前掲書，220〜229頁。

(3) Rajkumar Singh, *Ethnic Politics and LTTE in Sri Lanka,* New Delhi：Kalpaz Publishing House, 2012, pp. 57-58.

(4) 川島，前掲書，233頁。

(5) LTTE はタミル住民から金銭を徴収し，貧しい家庭から徴兵することで軍事力を整備した。Asoka Bandarage, *The Separatist Conflict in Sri Lanka：Terrorism, Ethnicity, Political Economy*, New York: iUniverse, 2009, pp. 128-129.

(6) *Ibid.*, p. 129.

(7) 川島，前掲書，236〜241頁。

(8) 明石康『「独裁者」との交渉術』集英社，2010年，200〜201頁。

(9) Bandarage, *op. cit.*, p. 197.

(10) *Ibid.*, pp. 197-198.

(11) "Without Me, They Couldn't Win the War," The Washington Post, February 11, 2009.

(12) Ahmed S. Hashim, *When Counterinsurgency Wins：Sri Lanka's Defeat of the Tamil Tigers,* New Delhi：Cambridge University Press India, 2013, p. 194.

(13) 2007年のインタビューでは，カルナはプラバカランに対し，タミル人にとっては連邦制のような解決策の方が即効性があると主張したが拒絶されたとしている。

第Ⅲ部　非西欧「近代国家」におけるセキュリティ・ガヴァナンス

"A Date with a Renegade Rebel Tiger," BBC News, 4 April 2007.

⒁　"The Saga of Colonel Karuna," The Huffington Post, 25 May 2011.

⒂　Liz Philipson, "Whose War? Whose Peace?" in Jonathan Goodhand, Benedikt Korf and Jonathan Spencer eds., *Conflict and Peacebuilding in Sri Lanka*, London: Routledge, 2011, pp. 115-116.

⒃　*Ibid.*, p. 115.

⒄　Singh, *op. cit.*, p. 163.

⒅　Philipson, *op. cit.*, p. 116.

⒆　Sarah Holt, *Aid, Peacebuilding and the Resurgence of War*, London: Palgrave Macmillan, 2011, p. 139.

⒇　カルナは政府の動きを愚行として非難していることから，自らが政府にもたらす戦略的利益について自覚的であったと思われる。Dayan Jayatilleka, *Long War, Cold Peace*, Colombo: Vijitha Yapa Publications, 2014, pp. 217-219.

(21)　Ben Bavinck, *Of Tamils and Tigers Part2*, Vijitha Yapa Publications, 2014, p. 381.

(22)　Bandarage, *op. cit.*, pp. 198-199.

(23)　Holt, *op. cit.*, p. 145.

(24)　Singh, *op. cit.*, p. 169.

(25)　Bandarage, *op. cit.*, p. 198.

(26)　Jayatilleka, *op. cit.*, pp. 216-217；Hashim, *op. cit.*, p. 143.

(27)　荒井悦代「スリランカ――内戦終結」『アジ研ワールド・トレンド』第167号，2009年8月，26頁。

(28)　"Without Me, They Couldn't Win the War."

(29)　"Gotabhaya 'gave me passport'," BBC Sinhala.com, 25 January 2008.

(30)　"A Date with a Renegade Rebel Tiger."

(31)　Hashim, *op. cit.*, p. 143.

(32)　Immigration and Refugee Board of Canada, "Responses to Information Requests (RIRs)," 17 February 2012, p. 1.

(33)　International Crisis Group, *Sri Lanka's Eastern Province: Land, Development, Conflict*, 15 October 2008, pp. 14-15.

(34)　"Without Me, They Couldn't Win the War."

(35)　Canada, *op. cit.*, p. 2；International Crisis Group, *op. cit.*, pp. 15-16.

(36)　UNICEF, "UNICEF Condemns Abduction and Recruitment of Sri Lankan Children by the Karuna Group," 22 June 2006.

(37)　Adam Burke and Anthea Mulakala, "An Insider's View of Donor Support for the Sri Lankan Peace Process, 2000-2005," in Jonathan Goodhand, Benedikt Korf

第6章　スリランカ内戦における安全保障と人権の相克

and Jonathan Spencer eds., *Conflict and Peacebuilding in Sri Lanka*, London: Routledge, 2011, p. 158. UNICEF は停戦から2004年11月までに，LTTE によって 3500人以上の子どもが徴兵されたとしたが，解放のためのプログラムは不成功に終わった。Holt, *op. cit.*, p. 127.

(38)　NGO INFORM 代表ルキ・フェルナンド氏，筆者によるインタビュー，於コロンボ，2016年9月14日。

(39)　"U.N. Secretary General Rocks to Alan's Melody to Accept Unauthorized Data of Sri Lanka's Child Soldiers," Asian Tribune, 1 February 2007.

(40)　Bandarage, *op. cit.*, p. 210.

(41)　Human Rights Watch, *Complicit in Crime : State Collusion in Abductions and Child Recruitment by the Karuna Group*, January 2007.

(42)　*Ibid.*, pp. 3-6.

(43)　Amnesty International, "Sri Lanka : Amnesty International Urges LTTE to Live up to its Pledge to End Child Recruitment," 10 July 2007.

(44)　UNICEF, "UNICEF Says Karuna Faction "Not serious" about Child Release," 27 April 2007.

(45)　United Nations, "Security Council Working Group on Children and Armed Conflict Issues Recommendations on Nepal and Sri Lanka," 11 May 2007.

(46)　Human Rights Watch, *Return to War : Human Rights under Siege*, August 2007. p. 100.

(47)　*Ibid.*, p. 101.

(48)　UN Doc., *Report of the Secretary-General on Children and Armed Conflict in Sri Lanka*, S/2007/758, 21 December 2007, p. 19.

(49)　*Ibid.*, p. 8.

(50)　ルキ・フェルナンド氏，筆者によるインタビュー。

(51)　International Crisis Group, *op. cit.*, p. 16.

(52)　スリランカ政府はロック特別代表の指摘に反論して，カルナ派は政府ではなく，LTTE の産物だと述べている。Bandarage, *op. cit.*, p. 210.

(53)　"The Saga of Colonel Karuna."

(54)　Canada, *op. cit.*, p. 2.

(55)　*Ibid.*, p. 2.

(56)　"Ex-LTTE Commander Appointed Minister for National Integration," Indian Express, 9 March 2009.

(57)　Hashim, *op. cit.*, p. 192.

(58)　Chris Smith, "The Military Dynamics of the Peace Process and its Aftermath," in Jonathan Goodhand, Benedikt Korf and Jonathan Spencer eds., *Conflict and*

第Ⅲ部　非西欧「近代国家」におけるセキュリティ・ガヴァナンス

Peacebuilding in Sri Lanka, London：Routledge, 2011, pp. 81-84.

⑸9　Stockholm International Peace Research Institute, *Military Expenditure Database：1988-2015.*

⑹0　Jayatilleka, *op. cit.,* pp. 219-222. ラージャパクサ大統領は，市民に対する2008年12月の演説で，2009年にLTTEから全土を「解放する」ことになると述べている。

⑹1　JICAスリランカ事務所・一志理沙氏，筆者によるインタビュー，於コロンボ，2016年9月15日（一志氏の見解は，同氏が所属する機関を代表するものではない）。紛争後の安定を目的に，スリランカ軍は人員の規模を2倍にし，旧LTTE支配地域に新たな部隊を創設する計画を発表している。GlobalSecurity.org, "Sri Lanka Army-Troop Strength"（http://www.globalsecurity.org/military/world/sri-lanka/army-troops.htm，2016年12月27日確認）。

⑹2　The World Bank, "Overview：Sri Lanka," 4 October 2016.

⑹3　一志理沙氏，筆者によるインタビュー；"Battle Scars：Sri Lanka's North Counts the Cost of a 26-year War," CNBC, 27 April 2016.

⑹4　Danish Immigration Service, *Human Rights and Security Issues Concerning Tamils in Sri Lanka,* October 2010, p. 36.

⑹5　Canada, *op. cit.,* pp. 3-5.

⑹6　*Report of the Secretary-General's Panel of Experts on Accountability in Sri Lanka,* 31 March 2011, pp. ii-iii. 5月末の国連人権理事会では，スリランカの戦争犯罪の調査を求める議論がなされた。

⑹7　*Ibid.*

⑹8　*Report of the Commission of Inquiry on Lessons Learnt and Reconciliation, November,* 2011, pp. 5-6.

⑹9　*Ibid.,* pp. 172-180.

⑺0　*Ibid.,* pp. 299-302, 372-374. カルナは，現場のバッティカロアにおらず，全てはプラバカランの命令だとして，容疑を否認している。Amnesty International, *When Will They Get Justice?：Failures of Sri Lanka's Lessons Learnt and Reconciliation Commission,* September 2011, pp. 42-43.

⑺1　UN Doc., A/HRC/19/L.2, 8 March 2012.

⑺2　Government of Sri Lanka, *National Plan of Action to Implement the Recommendations of the Issue,* July 2012, p. 12.

⑺3　UN Doc., *Oral Update of the High Commissioner for Human Rights on Promoting Reconciliation, Accountability and Human Rights in Sri Lanka,* A/HRC/27/CRP.2, 22 September 2014；International Crisis Group, "Action Plan, But No Action," 26 September 2012.

⑺4　Human Rights Watch, "Sri Lanka：Probe into LTTE Crimes Should Start with

第❻章　スリランカ内戦における安全保障と人権の相克

Karuna," 28 March 2013.

⑺5　荒井悦代『内戦終結後のスリランカ政治──ラージャパクサからシリセーナへ』アジア経済研究所，2016年，91〜101頁。

⑺6　UN Doc., *Comprehensive Report of the Office of the United Nations High Commissioner for Human Rights on Sri Lanka*, A/HRC/30/61, 28 September 2015, para. 60-64.

⑺7　"Ex-Eastern Province CM Pillayan, who Rebelled against LTTE, Arrested in Murder Case," The Hindu, 13 October 2015.

⑺8　"Karuna Resigns from SLFP," Colombo Telegraph, 26 October 2015.

⑺9　"Former LTTE Commander Turned Sri Lankan Minister Karuna Amman Arrested," The New Indian Express, 29 November 2016.

⑻0　"Karuna to Return to Politics," The Sunday Leader, September 12, 2016；UN Doc., *Report of the OHCHRInvestigation on Sri Lanka*, A/HRC/30/CRP.2, 16 September 2015.

⑻1　たとえば，"Karuna：From Tiger Commander to Non-Cabinet Minister," The Sunday Leader, 15 March 2009.

参考文献

明石康『「独裁者」との交渉術』集英社，2010年。

荒井悦代『内戦終結後のスリランカ政治──ラージャパクサからシリセーナへ』アジア経済研究所，2016年。

川島耕司『スリランカと民族──シンハラ・ナショナリズムの形成とマイノリティ集団』明石書店，2006年。

Bandarage, Asoka, *The Separatist Conflict in Sri Lanka：Terrorism, Ethnicity, Political Economy*, New York：iUniverse, 2009.

Goodhand, Jonathan, Benedikt Korf and Jonathan Spencer eds., *Conflict and Peacebuilding in Sri Lanka：Caught in the Peace Trap?* London：Routledge, 2011.

Hashim, Ahmed S., *When Counterinsurgency Wins：Sri Lanka's Defeat of the Tamil Tigers*, New Delhi：Cambridge University Press India, 2013.

Holt, Sarah, *Aid, Peacebuilding and the Resurgence of War*, London：Palgrave Macmillan, 2011.

Jayatilleka, Dayan, *Long War, Cold Peace*, Colombo：Vijitha Yapa Publications, 2014.

Senaratne, Jagath P., *Sri Lanka Armoured Corps 60 Years of History*, Sri Lanka Armoured Corps, 2015.

Singh, Rajkumar, *Ethnic Politics and LTTE in Sri Lanka*, New Delhi：Kalpaz Publishing House, 2012.

第7章

フィリピンの紛争と再編される安全保障の協働関係

山根健至

1 紛争と暴力の比較優位

紛争に関係する主体

フィリピンには共産主義勢力とイスラーム勢力による反政府武装闘争が長きにわたって存在する。1946年の独立間もない頃から共産主義勢力が存在したが，現在も活動を続けるフィリピン共産党とその武装組織である新人民軍は，1960年代に武力革命を目指し武装闘争を開始した。また1970年代には，ミンダナオ島中西部でイスラーム教徒による独立を目指した武装闘争が開始された。こうした武装反乱を鎮圧する（あるいは和平を結ぶ）ことは，歴代の政権にとって常に国内安全保障上の重要課題であったが，依然として解決できていない。本章では，イスラーム勢力による武装闘争が続いてきたミンダナオ島中西部の紛争地域に焦点を当てる。

後述するように，本章の対象となるミンダナオ島の紛争地域では，紛争の構造や主体の関係が複雑で流動的であるため，国内安全保障上の課題は，反政府武装勢力への対応（武力鎮圧作戦・和平交渉など），紛争地への統治の浸透（治安の確立，武装解除，開発など），有力政治一族間の抗争の仲裁，過激派・犯罪組織の殲滅などと多岐にわたる。

こうした状況下，同地域における安全保障や治安維持には様々な政府・非政府の主体が関わっており，組織的暴力を保持しているものに限っても，国軍，国家警察，国軍と警察の補助部隊，自警団，政治家の私兵団，反政府武装勢力などが挙げられる。

177

第Ⅲ部　非西欧「近代国家」におけるセキュリティ・ガヴァナンス

暴力の比較優位

　他方で，紛争は長期間続いているが，アフリカのいくつかの国が言われるように中央政府が崩壊している状態ではなく，非政府主体の保持する暴力が政府の暴力を凌駕しているわけでもない。ただし，紛争地域やその周辺では中央政府が暴力を独占する程度が極めて低い状況や中央政府の統治が十分に及んでいない場所がある。つまり，ナショナルなレベルで見ると中央政府の保持する暴力が高い程度で比較優位を維持している一方で，組織的暴力を保持する主体が多数存在する紛争地域のレベルでは比較優位の程度が著しく低下する状況がある。そのため，紛争地域の安全保障において中央政府が比較優位を補うため多様な主体と協働関係を形成することがある。

　こうした特徴が典型的な形で観察できたのがミンダナオ島中西部のマギンダナオ州であった。ここでは2000年代に，イスラーム教徒の反政府武装勢力への対応において国軍が私兵団を擁する現地の有力政治一族と協働関係を形成していた。しかし現在，その協働関係は消滅している。本章では，ミンダナオ島中西部のマギンダナオ州に焦点を当て，フィリピンのように中央政府が概ね暴力の比較優位を維持してはいるが紛争地域ではその程度が低い国で観察される国内安全保障の協働関係はどのようなものであり，その形成と消滅という現象はセキュリティ・ガヴァナンス論に何を示唆しているのかを検討する。[1]

2　ミンダナオ紛争と安全保障上の脅威

イスラーム教徒の反政府武装勢力

　ミンダナオ紛争と称される南部フィリピンにおける武力紛争は，少数派のイスラーム教徒が分離独立を求め武装蜂起した1970年代に激化して以降，和平に向けた取り組みが幾度となく挫折し，40年以上続いている。この間に，約12万人の死者と多数の負傷者や国内避難民を出し，戦火の中で紛争地の人々の暮らしは深刻な打撃を受けている。

　フィリピンではカトリックを主とするキリスト教徒が全人口の90％以上を占め，イスラーム教徒はおよそ5％と圧倒的に少数派であり，その多くは，ミン

ダナオ島中部から西部，パラワン島沿岸部，スールー諸島に集住し，マニラ首都圏などの都市部にもコミュニティを形成している[(2)]。フィリピンのイスラーム教徒には，居住地，母語，慣習，生活様式などの点で多様な人々が含まれ，言語を主な基準に10以上のエスニック集団に分けられる。このうち，マラナオ，マギンダナオ，タウスグの３つのエスニック集団が全体の77%を占める[(3)]。

　1898年の米西戦争に勝利したアメリカは，スペインからフィリピン群島の領有権を獲得し，イスラーム教徒住民が多い南部でも植民地統治を開始した。アメリカはミンダナオ島の土地や天然資源に注目し，フィリピン北中部からキリスト教徒の入植者を誘致してミンダナオ開拓を進めた。1946年にフィリピンは独立を果たすが，独立後も政府は入植民誘致によるミンダナオ開発政策を推進した。そのため，多数のキリスト教徒入植民がミンダナオ島に移住し，南部フィリピンではイスラーム教徒が少数派となっていった。その過程で多くのイスラーム教徒住民が土地の権利を失い，政府が島外から企業を誘致して展開するミンダナオ島での開発事業でも，収益の大部分が遠く離れたマニラや国外にもたらされ，一般のイスラーム教徒の大半は恩恵を享受できなかった。こうした状況下，イスラーム教徒の住民たちは，先祖伝来の土地や郷土の富が外来者によって奪われていくと感じ不満を募らせた[(4)]。緊張が高まる中，イスラーム教徒の地元有力者や一般市民，キリスト教徒の入植者が武装自警団を組織し，土地等の権利をめぐってお互いに衝突を繰り返した。ミンダナオ島の中西部では治安が急速に悪化し，それが自衛のための武装組織形成をさらに促した。

　そうした中，1970年頃に南部フィリピンの分離独立を目指す武装組織「モロ民族解放戦線（Moro National Liberation Front：MNLF）」がヌル・ミスアリを中心に結成された。上述したように，イスラーム教徒には多数の民族が存在したが，彼らはイスラーム教徒を意味する蔑称であった「モロ」をフィリピン人に対抗するイスラーム教徒のナショナル・アイデンティティを示す言葉として採用し，自ら「モロ民族」を名乗ったのである。

　そして1972年９月，フェルディナンド・マルコス大統領が戒厳令を布告したことをきっかけに，フィリピン南部の各地でMNLFが武装闘争を開始した。これに対してマルコス政権が大量の国軍兵力を投入し武力鎮圧をはかったため

第Ⅲ部　非西欧「近代国家」におけるセキュリティ・ガヴァナンス

戦闘が激化，多数の死傷者や難民が発生した。1976年，リビアの仲介でフィリピン政府と MNLF との間で南部のイスラーム教徒の多い13州に自治権を与えることを骨子とするトリポリ協定が締結された。しかし，政府が実権の伴わない名目的な自治しか認めなかったため，MNLF は戦闘を再開した。その後，政府との和平をめぐって MNLF は分裂する。1980年代半ばにはミスアリの和平路線に反発するハシム・サラマトらが「モロ・イスラーム解放戦線（Moro Islamic Liberation Front：MILF）」を設立し，イスラーム国家の樹立を目指して武装闘争を継続した。また，1991年にはアブドゥラジャク・アブバカル・ジャンジャラニが和平路線に反発し，武装闘争によるイスラーム国家の樹立を唯一の目的とすると謳いアブサヤフを結成した。

　1992年に成立したフィデル・ラモス政権の下で MNLF と政府が和平交渉を重ね，1996年に最終和平合意を締結した。そして合意に基づき創設されたムスリム・ミンダナオ自治地域（Autonomous Region of Muslim Mindanao：ARMM）において，MNLF を中心とするイスラーム教徒による自治が開始された。一方 MILF は，イスラーム国家の樹立または高度の自治の獲得を目指して武装闘争を継続した。現在ではこの MILF が国内最大のムスリム武装勢力となっている。ラモス政権は MILF とも和平交渉を開始していたが，続くジョセフ・エストラダ政権下の2000年，国軍と MILF の小競り合いをきっかけに国軍が MILF の拠点に大規模攻撃を開始し，双方の間で激しい戦闘が行われた。結果的に国軍が MILF の中枢拠点を陥落させたが，MILF はゲリラ戦により武装闘争を継続した。

　2001年に発足したグロリア・アロヨ政権下では，マレーシア政府の仲介により MILF との和平交渉が断続的に実施され，2008年に政府と MILF が，イスラーム教徒の先祖伝来の土地における天然資源をイスラーム教徒住民に有利に分配することを認めた覚書に合意した。しかし，自治地域に新たに組み入れられる地域に利権をもつ実業家や政治家が猛反発し，住民にも不安が広がった。こうした中 MILF と国軍との軍事衝突が発生し，60万人以上の避難民が発生した。結局，最高裁判所が覚書を違憲と判断し，事実上，和平への取り組みは断たれた。

180

その後も，政府とMILFは停戦と武力衝突を散発的に繰り返しながら和平
交渉を続け，ベニグノ・アキノ3世政権下の2012年に両者の間で和平に向けた
「枠組み合意」が成立した。しかし，合意に不満をもつ勢力が双方にいること
や，交渉の当事者ではなく阻害要因となる武装組織や犯罪組織が紛争影響地域
には多数存在することからその後の交渉が難行し，最終的な和平の成立には至
っていない。

　以上のように1980年代後半以降，ミンダナオ島の紛争地域における国内安全
保障上の主な脅威はMNLFからMILFへと変遷しているが，政府が和平交渉
と武力鎮圧を組み合わせた手法で対応してきたことは共通している。

多層的な紛争構造——政治一族の抗争，過激派・犯罪集団の活動

　ミンダナオ紛争は，地理的にはミンダナオ島の中西部とスールー諸島にほぼ
限定された紛争である。これらの地域の中でも，武装勢力の実行支配地域やそ
の近隣地域の一部には政府の統治が浸透していない。また，地域によって差異
はあるが，組織的暴力を保持する非政府主体はイスラーム教徒の反政府武装勢
力だけではない。こうした地域では，紛争はMILFやMNLFなどと政府・国
軍の対立のみにより構成されているのではなく重層性を有している。その紛争
構造を3つの層に分けることができる。

　第1の層は，政府と反政府武装勢力との間の民族自決や土地・資源，イデオ
ロギーをめぐる対立である。具体的には，前項で概観したような国軍・国家警
察とMILF，MNLFなどとの間の武力衝突や後者と政府との和平交渉が位置
づけられる層である。第2の層は，政治一族間で発生する経済的利権・資源・
土地・地方自治体の政治職，そして名誉をめぐる対立である。こうした対立は
「リド」と呼ばれ，ミンダナオ地方では最も複雑で厄介な紛争要因となっている[5]。リドは一族間の同盟関係を通して複数の一族を巻き込む場合もあるし，一
族内部で発生する場合もある。ミンダナオ島のイスラーム教徒の多い地域で影
響力のある政治一族は，私兵団を率いて政治的・経済的権益の保護・増進を争
っている[6]。これらの層に加えて第3の層として，アブサヤフなどの過激派集団，
MNLFやMILFから離脱した戦闘員が構成する武装犯罪集団などの活動と，

第Ⅲ部 非西欧「近代国家」におけるセキュリティ・ガヴァナンス

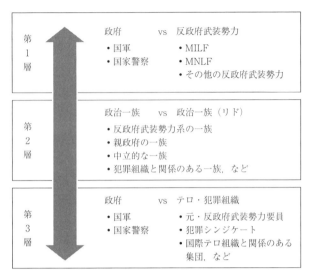

図7-1 多層的な紛争構造
出所：筆者作成。

それらを各々の安全保障上の脅威として対応する国軍・国家警察，政治一族，その他の武装組織の活動が存在する層がある（図7-1）。

各層の武装組織は，一時的・便宜的な同盟を通して，あるいは一族間の争い，犯罪行為，テロ活動などに関与するメンバーを通して，層を横断して関連している場合がある。また，アクター間には重複性や流動性が存在し，ある個人が，武装反乱組織，犯罪組織，政府の治安機構など，複数の所属を便宜的に使い分けることがある。たとえば，政治一族の私兵団の一員が同時に政府系補助部隊の要員であったり，武装犯罪集団の一員であったりすることは珍しくない。

このように，多層的な構造の中に様々な対立関係や帰属をもつ主体が存在することが，紛争を複雑にしている。こうしたことから，政治一族の間に発生したリドが一族の関係者が所属する複数の武装組織や民族のアイデンティティなどを介して垂直・水平に拡大し，国軍や国家警察，MILF，MNLFなどの大部隊を巻き込み大規模化することもあり，より広い紛争や和平の行方に影響するものとなりうる。

以上のような紛争構造であるため，ミンダナオ島の紛争地域における安全保障には各層での武力衝突の平定が課題となる。しかし，長きにわたる紛争により中央政府の統治が十分に及んでこなかった当該地域では政府の秩序維持能力が欠如しており，政府主体だけでこれらの課題に対処することは能力面，コスト面，効率性の観点から極めて困難である。そのため，紛争の複雑性を構成する当事者である非政府主体と政府との協働が行われるのである。

3　国内安全保障における政府と政治一族との協働関係

マギンダナオ州——アンパトゥアン家とMILF

前節で検討したように，政府の統治が十分に浸透していないと同時に紛争が多層的な構造をもつミンダナオ島の紛争地域では，当該地域に地盤をもつ政治一族が国内安全保障において政府との協働関係を形成する場合がある。長期にわたり反政府武装組織の影響が強い地域では，政府諸機関や治安機構が不在か極めて存在感が薄く，政府の統治が及んでいない，あるいは非常に弱い状況にある。そうした地域では，反乱鎮圧作戦を含む治安維持に関連して，政府の限られた資源の補充および地方の情報やアクセスの確保などにおいて，政府がその地域に地盤をもつ有力政治一族に依存してきた。場合によっては，地元の政治一族が反政府武装勢力の勢力拡大を防ぐ役割や治安維持を事実上担うこともある。

たとえば，1970年代にMNLFが武装闘争を開始し国軍との戦闘が激化したスールー諸島では，MNLFから分離した勢力を政府が取り込み，その指導者を地方自治体の首長に任命して武器弾薬を供与し，対MNLF作戦の協力者に仕立て上げた。彼らの擁する私兵団が，同時に政府の作戦に協力する治安部隊の役割を担った。[9] また，戒厳令以降のマルコス政権下では，ミンダナオ島北部のラナオ地方において，私兵団を擁する有力政治一族でMNLFと対立するディマポロ家を協力者として，政府と国軍はMNLFによる武装反乱に対抗した。[10]

このように国内の武装反乱が活発化した1970年代以降のミンダナオ島中西部やスールー諸島では，私兵団を擁する地方の有力政治一族が政府と協働して安

第Ⅲ部　非西欧「近代国家」におけるセキュリティ・ガヴァナンス

図7-2　フィリピンの地図

全保障を担うセキュリティ・ガヴァナンスの状況が存在してきたのである。こうした状況は近年も観察できる。ここではミンダナオ島マギンダナオ州の例を取り上げる（図7-2）。

　ミンダナオ島中西部に位置するマギンダナオ州は，反政府武装勢力の強いプレゼンスにより中央政府の統治が及んでこなかった地域の1つである。1996年の政府とMNLFの最終和平合意後に発足したMNLF主導の自治地域の一部となったが，武装闘争を継続するMILFが実行支配する地域が州内に残り，依然として根拠地が複数存在する。加えて，私兵団を擁する政治一族間の対立が激しく，さらには過激派・犯罪組織が活動・潜伏する地域でもある。

　自治地域の他の州も同様であるが，マギンダナオ州では，有力政治一族が私兵団を率いて地域の政治的・経済的利権を争っている。同州および隣接する地域に伝統的に地盤をもつ有力政治一族は，アンパトゥアン家，マングダダトゥ家，シンスアット家，マタラム家，マストゥラ家などがある。いずれの一族も

多かれ少なかれ私兵団を擁しており，マギンダナオ州には20の私兵団が存在すると見られている[12]。

1996年の和平合意後，マギンダナオ州における安全保障上の脅威は，勢力を増強し始めていたMILFに代わった。同州でMILFの部隊を率いていたのはアメリル・ウンブラ・カトーであったが，彼はサウジアラビアでイスラム教を学んだ宗教学者で尊敬を集める人物であると同時に，MILFの中でも政府との和平に反対する強硬派として知られている。2008年に政府とMILFとの間でまとまりかけた和平合意に反発して襲撃をしかけ，和平交渉をとん挫させるに至る大規模な武力衝突を招いた司令官の１人である。また，自らの支配地域内に，指名手配されているテロ組織の構成員を匿っていることが確実視されていた人物である。マギンダナオ州の一部にはカトーのようなMILF司令官の支配地域が他にも存在し，MNLFと政府の最終和平合意後も政府の統治が及んでいない。

カトーを含むMILF司令官たちの一族とリドを繰り広げていたのがアンパトゥアン家であった[13]。この対立関係を活用して，政府はマギンダナオ州でのMILFを対象とした反乱鎮圧作戦においてアンパトゥアン家と協働したのである。そのアンパトゥアン家は最大時におよそ5000名の私兵団を擁する政治一族であったが，次に，その私兵団について説明しておきたい。

私兵団と国家の治安機構

政治一族が擁する私兵団に密接に関係しているのが，国軍と国家警察の補助部隊の運用実態である。フィリピンの紛争地では一般的に，国軍や国家警察が軍事作戦遂行や治安維持に「補助部隊」を用いている。独立直後から歴代政権の下で，農民や共産主義系組織の反乱を鎮圧するために民兵が用いられたが，1968年以降は，国軍が公式に国家の治安機構の一部として補助部隊を組織し，配備してきた。

現在，国軍は補助部隊として市民軍地域部隊（Citizen Armed Forces Geographical Unit：CAFGU）を維持している[14]。CAFGUは「民兵」と称されることもあるが法規定のある正規の予備役部隊である。CAFGUの要員には，配備さ

第Ⅲ部　非西欧「近代国家」におけるセキュリティ・ガヴァナンス

れる地域の地元住民が採用される。地方自治体の首長や地方経済界の幹部など
の推薦による候補者から，現地の国軍部隊司令官が選抜することになっている。
採用されたCAFGUの要員は，公式の軍事訓練を受け，予備役兵としての公
式識別番号を付与され，国軍の指揮命令系統に組み込まれ，武器・弾薬を支給
され，国軍部隊司令官の直接の統制・監督下に置かれ，国軍の法規，規則に従
うことが求められる。また，国軍から手当や各種給付金を受け取る。[15]加えて，
地方自治体や企業に配備される特別CAFGU補助部隊（Special CAFGU Active
Auxiliaries：SCAA）が存在する。SCAAは，配備先の自治体や企業から手当て
を支給され，自治体関連施設や要人の警備，地域の治安維持，企業の事業所の
警備などを任務とし，紛争地域では国軍の作戦に動員されることもある。訓練
や武器は，国軍と配備先の地方自治体，場合によっては企業から支給される。[16]
国軍の兵員数が約12万人であるのに対して，近年のCAFGUの数は5～6万
人で推移しており，国内安全保障の主要なアクターとなっていることが分かる。
また，その大部分がミンダナオ島に配備されている。

　国軍の補助部隊であるCAFGUに加えて，市民ボランティア組織（Civilian
Volunteer Organization：CVO）と呼ばれる国家警察の補助部隊が存在する。
CVOはアキノ政権下の1987年に，大統領令309号により誕生した。これは以前
から存在した警察の補助部隊や村落の警備員にまとめて法的根拠を付与したも
のと考えられる。CVOは非武装で村落レベルでの治安維持・警備・監視や警
察任務の補助を主な任務とする。[17]2003年の数字では，CVOはフィリピン全土
におよそ80万人存在した。[18]本来CVOは非武装の組織として治安活動に参加す
ることになっているが，[19]反政府武装勢力が強力な紛争地域では，国軍・国家警
察や地元の地方自治体首長により武器弾薬を供与され，武装して反乱鎮圧任務
に加わる場合がある。[20]政府は，補助部隊のCAFGUとCVOを，国家安全保障
の促進に欠かせない組織であると見なしている。[21]

　前述のように，ミンダナオ島の紛争地域には武装組織が実効支配する地域が
あるが，そうした地域で国軍が自由に行動することはできず，また，現地につ
いての情報にも乏しい。そのため，当該地域における作戦遂行の際，現地につ
いての知識・人脈・資金を持つ地元の有力政治一族に頼ってきた。その一環と

して，彼らが擁する私兵団をCAFGUやCVOなどの補助部隊に加えて武装させ反乱鎮圧作戦に活用してきた。加えて，ミンダナオ島の有力政治一族による選挙時の支持・集票を歴代の政権は期待しており，その見返りとして，CVOなどの国家の治安機構を利用して政治一族が私兵団を形成することを容認してきた[22]。

　他方で，政治一族が政府と協力する誘因は，国家資源へのアクセスや政治基盤の強化である。紛争地域で政府の安全保障政策に協力することは，それに対する見返りに政府の重要ポストや中央から地方に配分される予算といった国家資源へのアクセス手段を形成・維持・強化することや国家権力者の政治的後ろ盾を構築することができ，一族の政治的・経済的権益を強化することにつながる。また，政治一族は，国軍や国家警察の補助部隊と癒着し部隊に自らの私兵団のメンバーを編入して私的な武装集団に正統性や合法的装いを得[23]，その私兵団を使って国軍の反乱鎮圧作戦を支援すると同時に，自らの政治的ライバルに対する軍事的優位を保つ。政府の反乱鎮圧作戦に協力することで癒着を黙認され，国家安全保障の名の下に一族の私的安全保障を推進することが可能となるのである。

アロヨ大統領とアンパトゥアン家の協働関係――二重の誘因構造

　マギンダナオ州におけるアンパトゥアン家の勢力拡大は2001年に成立したアロヨ政権下で急速に進み，同家は2009年の時点で，マギンダナオ州知事や同州内22の市町村首長を輩出していた。

　アンパトゥアン家の台頭が顕著となったのは，アロヨ政権誕生直後の2001年地方選挙の際であった。アンダル・アンパトゥアンが，国軍と国家警察の全面的な支援により，マギンダナオ州知事選挙において現職で以前にムスリム・ミンダナオ自治地域の知事も務めた人物に勝利したのである。政府がアンダルを支持したのは，現職をMILFの関係者あるいはMILFに同情的な人物であると認識したからであった。当選後アンダルは，一族のメンバーを州の様々な政治的ポストに任命したり，他方で，忠誠的ではないと見なした市町村の首長たちを孤立させたりすることで権力を掌握していった。彼は2004年にマギンダナ

第Ⅲ部　非西欧「近代国家」におけるセキュリティ・ガヴァナンス

オ州知事に再選され，2007年に３選を果たした[24]。2005年の自治地域知事選挙では，アンダルの息子のザルディ・アンパトゥアンがアロヨ政権の後押しを得て与党から立候補し当選した。アロヨ政権は，自治地域の知事としてより扱いやすく予測可能な人物を望んでいた。それが MILF のカトーと対立することから政府の対 MILF 作戦に協力してきたアンパトゥアン家であった。

　アロヨ大統領とアンパトゥアン家の関係形成には，双方に働く次のような誘因が影響している。まず，アンパトゥアン家とすれば，大統領との関係を良好なものとすることで国家資源へのアクセスを強固にし，地域における同家の支配を拡大・強化したい。たとえば，MILF の地方部隊司令官とのリドを優位に展開するために私兵団を政府のお墨付きの下で増強するのも目的の１つであった。

　他方，アロヨ大統領そして国軍としては，MILF や他の武装組織，犯罪組織などの多様な脅威が存在する複雑な紛争構造と限られた政府の能力・資源といった条件の中で，マギンダナオ州の有力政治一族を活用して対 MILF の反乱鎮圧作戦を効率的に実施したいとの思惑と，選挙の際に同家をミンダナオ中西部の集票役として活用したいとの思惑があった。実際アンパトゥアン家は2004年の大統領選挙期間中，ムスリム・ミンダナオ自治地域におけるアロヨや与党の強力な集票役として活躍した。またこの選挙と2007年の選挙の際，アンパトゥアン家がアロヨ本人や与党候補者を勝たせるため選挙不正を行ったとの報告もある[25]。つまり，アロヨや国軍の側には，限られた政府の能力を補完ないしは任務遂行を効率化するといった安全保障上の必要性と，選挙の際に支援を得て政権基盤の強化を図るといった政治上の必要性があった。アロヨ政権期に政府がアンパトゥアン家との協働関係を強化した背景には，以上のような二重の誘因構造が存在したのである。

　アロヨ政権下でアンパトゥアン家の私兵団は大幅に増強したが，構成員の多くが国軍や国家警察の補助部隊要員であった。2006年，アンパトゥアン家の私兵団と MILF のカトーが指揮する部隊の間にリドを契機とする大規模な武力衝突が発生した。その直後，国軍は，アンパトゥアン家のメンバーが首長となる地方自治体に新たな４つの CAFUG 大隊の配備を許可した（１大隊当たり88

名のCAFGUと12名の国軍正規兵で構成される）。加えてアロヨ大統領は，大統領令546号を発行し，反乱鎮圧作戦においてCVOを補助部隊として利用することを認めた。同大統領令は同時にCVOの武装を正当化する法的根拠と解釈され，CVOの武装化が一層進んだ。政権との癒着関係からアンパトゥアン家の私兵団にはすでに多くのCVO要員がいたため，この大統領令は事実上，アンパトゥアン家の私兵団の武装強化を政府のお墨付きと資源により後押しするものとなった。2009年頃にはアンパトゥアン家はおよそ5000名から成る私兵団を抱えるようになっていた。また同時期に，アンパトゥアン家はおよそ5000の銃器を保有していたと推定されているが，その銃器の多くには国防省のマークがついていた。国軍幹部によれば，国軍がMILFとの戦闘でアンパトゥアン家の協力を仰いでいる限り，同家からの武器弾薬提供の要求を断ることはできないという。

政治リスクの増大と協働の終焉

　以上のように，ミンダナオ島の紛争地域における安全保障に政府・国軍がアンパトゥアン家の協力を得る中で，同家による私兵団の増強や国軍・国家警察補助部隊の私物化が容認・促進されていった。マギンダナオ州におけるセキュリティ・ガヴァナンスの形成は，それを担う非政府主体の力を政府の容認の下で増大させたのである。それが惨劇を引き起こすこととなった。

　2009年11月23日，マギンダナオ州知事選挙に出馬予定のイスマエル・マングダダトゥの妻と支持者やメディア関係者一行が，立候補届を提出するため車列を組んで州都に向かう途中，100人以上のアンパトゥアン家の私兵団に襲撃され，同行したメディア関係者32名を含む57名が殺害されるという事件が発生した。マギンダナオ川や周辺地域でアンパトゥアン家とマングダダトゥ家は政治的ライバル関係にあるため，政敵排除の目的でアンパトゥアン家が襲撃を実行したと見られている。襲撃に参加した同家の私兵団には多くのCAFGU，CVO要員や警察官が含まれていた。ちなみに，イスマエル・マングダダトゥ本人は立候補の届け出に同行しておらず難を逃れている。事件後，アロヨ大統領はマギンダナオ州に戒厳令を布告し，アンパトゥアン家の私兵団解体，武器弾薬の

第Ⅲ部　非西欧「近代国家」におけるセキュリティ・ガヴァナンス

押収に乗り出した。アンダル，ザルディの親子を含む関係者，実行犯の一部は逮捕され，現在も裁判が進行している。[31]

　事件がフィリピンの社会に与えた衝撃は大きく，アンパトゥアン家の台頭を促したアロヨ政権にも国民の厳しい目が向けられた。折からの支持率低下やそれに乗じた政権転覆の企てに悩まされていたアロヨ政権にとっては看過できない状況である。アンパトゥアン家による悪行は以前から存在したが，アロヨ政権を支えた同家との密接な関係は，この事件を契機に政権にとっての政治的リスクとなった。たとえ安全保障上の必要性が高くとも，同家との関係が政治的リスクに転化したことを考慮し，アロヨ大統領は同家との協働関係に終止符を打たざるをえなかった。

　しかし，政府と非政府主体が協働するセキュリティ・ガヴァナンスの解体は，政府自体の安全保障提供能力の強化によって生じたわけではないため，新たな協働によるセキュリティ・ガヴァナンスが状況の変化に合わせて形成されることとなる。

4　セキュリティ・ガヴァナンスの再編——和平という秩序観の共有

アキノ政権下での和平と撹乱アクター

　アロヨ大統領とアンパトゥアン家の協働関係の解体は，2010年に就任したベニグノ・アキノ3世大統領の下での和平交渉の進展を背景に，協働関係の再編へと展開した。新政権下で政府とMILFとの非公式会合や極秘交渉がもたれ，2012年10月，両者の間で和平に向けた「枠組み合意」が成立した。後述するように，2000年代以降武装闘争に行き詰っていたMILF側が妥協を示したことが和平交渉の進展を促した。この「枠組み合意」によってMILFは武力闘争による独立を放棄し，「バンサモロ」と呼ばれる新たな政治機構の設立を目指すことになった。そしてバンサモロ基本法制定，ムスリム・ミンダナオ自治地域の廃止などを経て，2016年にバンサモロが発足すると定められた。

　こうした状況下，マギンダナオ州における安全保障では協働関係や主客の関係の変容といったセキュリティ・ガヴァナンスの再編が生じた。政府がこれま

190

第7章　フィリピンの紛争と再編される安全保障の協働関係

で協働してきたアンパトゥアン家の失脚に加え，アキノ政権が進める MILF との和平交渉の進展と MILF の分裂がその要因である。

　MILF は依然としておよそ 1 万人規模の武装組織と実効支配する地域を維持しているが，2000年，2003年の国軍との大規模衝突により多くの拠点，人員，物資，兵站能力を失っていた。また，MILF がもつ民衆の支持基盤は，長引く紛争がもたらす経済的困窮や軍事衝突のたびに強いられる避難生活により揺らぎ始めていた。さらに，MILF 創設者でカリスマ的な指導力によって組織をまとめてきたハシム・サラマトが2003年に死亡したことで，組織中央の求心力が低下し始めていた。こうした中，2000年代半ば頃から，MILF 中央委員会は政府との和平交渉を成功させることが最善の道であると認識し始めていた。和平交渉を進めるため，2005年ごろには，かねてから関係が疑われていたテロ組織との決別を宣言した。アロヨ政権下での和平交渉は頓挫したが，2010年に誕生したアキノ政権の和平に対する真摯な姿勢が両者の交渉を進展させた。以降，MILF は国軍との停戦合意順守を基本方針とし，突発的な衝突はあるものの総体的に両者の武力衝突の数は激減した。また，和平交渉では将来的に MILF が武装解除し新たな治安機構に治安維持の役割を移行していくことが合意され，一部武装解除が実施された。

　このように，独立の放棄，テロ組織との決別，和平路線の堅守，新たな治安機構への移行などは，フィリピン共和国国家の枠組みを維持し，その中で法的に定められた主体が自治地域において組織的暴力手段を保持するという将来の秩序観を MILF が政府と共有し始めたことを示している。

　しかし，国内安全保障上の脅威は依然として残った。マギンダナオ州を拠点とする MILF 強硬派司令官のカトーは MILF 中央委員会と政府との和平路線に反発してきたが，アキノ政権と MILF が和平交渉に取り組む最中の2010年12月，MILF 第105基地司令部の支持者とともに MILF を離脱し「バンサモロ・イスラーム自由運動（Bangsamoro Islamic Freedom Movement：BIFM）」を設立した。以降，独立を掲げマギンダナオ州を中心に軍事部門の「バンサモロ・イスラーム自由戦士（Bangsamoro Islamic Freedom Fighters：BIFF）」が国軍部隊への攻撃や民間施設の爆破などのテロによる武装闘争を続けている。

191

第Ⅲ部　非西欧「近代国家」におけるセキュリティ・ガヴァナンス

BIFM の幹部によると，彼らはミンダナオ中部に約1500名の戦闘員と約1万名におよぶ民衆基盤をもつという[33]。2015年4月にカトーは病死したが，別の指導者が後を継ぎ活動を続けている。また，BIFF は国内外のテロ組織の関係者を匿っていたり，テロ・犯罪集団との連携に積極的であったりすることから，安全保障上の脅威として重視されることとなった。

　さらにマギンダナオ州には BIFF の他にも元 MILF 戦闘員によって構成される武装犯罪集団が複数存在し，なかにはテロ組織との関係も疑われるものも存在するなど，地域の治安攪乱要因となっている。また，MILF の現役・退役地方司令官や政治家らの間に存在するリドに MILF の部隊が動員されることで，武力衝突の規模が拡大する。このような MILF 関係者が関与する衝突や犯罪を MILF 中央委員会は管理・統制できていない[34]。

　マギンダナオ州における BIFF の活動領域には依然として中央政府の統治が及んでいない。また，政府は MILF との和平交渉の前提となる停戦合意の中で MILF による一定地域の実効支配を容認している。こうした非政府主体の実効支配地域が存在するマギンダナオ州では，国内安全保障における新たな協働関係と主客の関係が形成されていく。

国軍と MILF の協働

　紛争地域において攪乱アクターを多く抱えた状況で和平交渉を進めてきたアキノ政権は，安全保障上の脅威であった MILF との協働を推進するようになる。政府と反政府武装組織との安全保障上の協働はアロヨ前政権下で MILF との和平交渉が実施される過程で断続的に行われたが[35]，アキノ政権になって本格化した。

　アロヨ政権下の2002年，政府と MILF との共同声明に基づき特別合同行動グループ（Ad Hoc Joint Action Group：AHJAG）が設立され，2005年に正式に発足した。AHJAG は，MILF の実行支配地域に潜伏するテロ・犯罪組織，MNLF や MILF を離脱した構成員の「ロスト・コマンド」などを取り締まるため，国軍・国家警察と MILF の間で，協調，情報共有をするための制度的枠組みである。

192

第7章　フィリピンの紛争と再編される安全保障の協働関係

　国軍や国家警察の部隊がテロ・犯罪組織などのメンバーを追跡する際に MILF の実行支配地域に入った場合，政府と MILF との停戦合意にもかかわらず両者の突発的な武力衝突が生じることが多々あった。そのため，情報共有や監視活動などで両者が協力し，テロ・犯罪組織などを MILF の地域で孤立させるために AHJAG が形成された。以降，AHJAG は数度の更新・修正を経て現在も活動を続けている。

　その後，アキノ政権下で和平交渉が進展したことで，AHJAG を通した国軍と MILF の協働が増加した。協働の主なものは，国軍と国家警察が MILF の地域で BIFF やテロ・組織犯罪などに対する掃討作戦を実施する際に，AHJAG を通じて事前に MILF 側に通告し，それに伴い MILF が部隊を一時的に引き上げるというものである。こうしたことにより，国軍と MILF との突発的な衝突や不必要な衝突の拡大を回避する。また，作戦の対象となる武装組織の潜伏情報を MILF 側が国軍に提供するといった協力も実施されている。こうした協働により安全保障作戦を円滑に遂行することができ，マギンダナオ州の BIFF の重要拠点を制圧したりテロ組織の幹部を殺害したりするなどの成果をあげている。

　このような両者の協働はマギンダナオ州以外でも実施されている。たとえば，隣接する南ラナオ州では，国軍の掃討作戦が実施される際に，情報共有，MILF 部隊の撤収・国軍の通行許可，MILF 部隊による地域住民の避難と安全確保が実施された。

　反政府武装組織として安全保障作戦の対象であった MILF は，政府との和平交渉が進展する中で安全保障における協働関係を深めるに至りセキュリティ・ガヴァナンスの一翼を担う主体となった。組織の亀裂や支持基盤の縮小に直面し中長期的な弱体化を懸念していた MILF 指導部にとって，和平の成就こそがイスラーム教徒の代表としての正統性の確保，影響力の保持，そして組織の生存を保障する道であった。上述した将来の秩序観を政府と MILF が共有し始める中で，移行期の措置として紛争地域の安全保障における両者の協働が実現したのである。

　アキノ政権末期にバンサモロ基本法の議会審議が停滞したことで，アキノ政

193

第Ⅲ部　非西欧「近代国家」におけるセキュリティ・ガヴァナンス

権下でのバンサモロ発足は不可能となり，ミンダナオ紛争の解決は2016年に発足したロドリゴ・ドゥテルテ政権へと引き継がれた。ただし，上述したような国軍とMILFの協働はドゥテルテ政権下でも進められている。

5　セキュリティ・ガヴァナンスの副産物と柔軟性

政治的誘因と副産物

　フィリピンにおけるセキュリティ・ガヴァナンスの前提となるのは，ナショナルなレベルでは政府の保持する暴力が高い程度で比較優位を維持している一方で，組織的暴力を保持する非政府主体が多数存在する紛争地域ではその程度が著しく低下するという状況である。こうした状況の下，その比較優位の中で安全保障作戦の効率性を高めるために政府と非政府主体との協働関係の形成や再編が行われるのがフィリピンのセキュリティ・ガヴァナンスの構図である。ナショナルなレベルでの暴力の比較優位が政府にあるため，セキュリティ・ガヴァナンスにおいて政府が協働関係を解消したり再編したりするといった一定の主導性を示すことが可能となる。

　このような構図の中で，3節で検討したように，ミンダナオ島のマギンダナオ州では政府と有力政治一族の協働関係によるセキュリティ・ガヴァナンスが形成されていた。その協働関係は，国家安全保障上の必要性に加えて，政権の支持基盤を強化する政治上の必要性から成る二重の誘因構造が基礎となっていた。そのため，この二重の誘因構造において政権の権力基盤強化といった一方の目的が揺らぐと，政府の側から非政府主体との協働関係が解消された。つまり，こうした二重の誘因構造を基礎とするセキュリティ・ガヴァナンスでは，安全保障上の必要性という普遍的な要素が，政権基盤の強化という特殊的な要素に強く影響され変化が生じる場合がある。セキュリティ・ガヴァナンスにおいては，それを構成する主体の個別の誘因が何であるのかが重要な要素となるのである。

　本章で取り上げたマギンダナオ州では，政府と政治一族との協働関係の形成が，政治一族の地方支配を追認する形で進められた。こうしたセキュリティ・

ガヴァナンスの副産物は何であろうか。第1に，セキュリティ・ガヴァナンスの形成は，それを担う非政府主体の力を政府の容認の下で増大させ，意図しない帰結をもたらすことがある。アロヨ政権下のアンパトゥアン家については，これほどまでに地方の政治一族が強力になったことはないと指摘される。[39] 繰り返すまでもなく，アロヨ政権とアンパトゥアン家との共存共栄の関係が，同家の支配拡大と強化を促進した。このようなセキュリティ・ガヴァナンスの形成は，非政府主体の強大化につながり，政府が領域内における自らの統治力の拡大や組織的暴力の独占を目的とするのであれば，長期的にはネガティブなインパクトを与えうる。

　第2に，本章で取り上げた国家安全保障に関わるセキュリティ・ガヴァナンスの陰では，住民の安全に対する問題が生じていた。アロヨ政権下，アンパトゥアン家の私兵団による民間人への人権侵害についての報告が多数あったにもかかわらず，政権は同家に支持を提供し続け，警察は人権侵害事案について捜査しようとはしなかった。結局のところ，政府のどの機関も，アンパトゥアン家の権力をチェックしたり，蛮行を抑制したりしようとはしなかった。[40] さらに，アンパトゥアン家が地方自治体を支配することでアロヨ政権から得た資源は，同家の資産を増加させた一方で，住民生活の改善に用いられることはなかった。マギンダナオ州の貧困率は，1997年に41.6％だったのが，アンパトゥアン家の支配が確立した後の2006年には62％に上昇した。[41] 政府が地方の有力政治一族と協働するセキュリティ・ガヴァナンスは，現地住民のためのガヴァナンスにはなっていなかったのである。

　虐殺事件や住民支配の実態から推察できるのは，セキュリティ・ガヴァナンスを形成する主体の間に長期的な展望のある秩序観は共有されてはおらず，共通の敵をもつそれぞれの主体の短期的な誘因に基づく連合が秩序の維持を担っていたということである。そうしたセキュリティ・ガヴァナンスは，虐殺を実行した一族との関係を保つことが政治的リスクを高める状況におかれたアロヨ大統領の誘因が変化したことであえなく解体した。

第Ⅲ部　非西欧「近代国家」におけるセキュリティ・ガヴァナンス

柔軟性としての再編

　セキュリティ・ガヴァナンスの視角によるミンダナオ紛争の分析は，当該地域の安全保障における協働関係の再編の存在を浮き彫りにした。言い換えれば，従来は，アロヨ政権とアンパトゥアン家の協働関係は中央と地方の関係として，アキノ政権期の政府と MILF との協働関係は和平プロセスの一環として捉えられてきたが，セキュリティ・ガヴァナンスの視角は，関係する主体が異なる複数の協働関係を，それぞれ単独の現象ではなく国内安全保障の一連の過程として把握することを可能としたのである。

　本章で検討してきたように，国内紛争に関係する主体間による協働の場合，政府と非政府主体の協働関係の変化のみならず主客の関係の変化も起こりうるため，セキュリティ・ガヴァナンスのあり方を固定的に捉えることはできない。現存する国軍と MILF の協働によるセキュリティ・ガヴァナンスも安定したものではなく変化の可能性を孕んでいる。たとえば，MILF の一部と BIFF のつながりが指摘されており，秩序を乱す撹乱アクターが協働する主体から出現してもおかしくはない。また，それを疑う国軍には MILF に対する不信感も残っている。双方の上層部の間で秩序観が共有されていたとしても，それぞれの主体の内部で共有されなくなる事態は十分起こりうる。主体は一枚岩ではないことを常に念頭におく必要があるだろう。

　フィリピンで観察されたような協働関係の形成と消滅そして再編は，多様な主体が織りなす関係が常に不安定化要因を孕みながらも再編を繰り返して秩序が維持されるというダイナミズムが，セキュリティ・ガヴァナンスの概念によって捉えられることを示している。それは，良く言えば柔軟性があり，悪く言えば不安定性が埋め込まれたガヴァナンスのあり様である。そして，フィリピンのように中央政府が崩壊しているわけではなく非政府主体に対する暴力の比較優位を維持している場合は，政府が協働関係に依存しながらもその再編においてある程度の主導性をもつことが可能であり，それにより安定性を担保するといった柔軟性を発揮できるのである。

　しかし政府が主導する再編は，政府による暴力手段の独占への過渡的状態をもたらすとは限らない。再編は秩序観の共有に基づいていたり短期的な誘因に

基づいていたりするため，セキュリティ・ガヴァナンスの展開は単線的なものにはならないのである。

注

(1) フィリピン南部の紛争地域の一部であるスールー諸島については，ミンダナオ島中西部とは関係する主体や国家の統治の浸透の程度など状況が異なるため別途の検討が必要である。

(2) 13世紀頃，イスラーム商人によってフィリピン群島にイスラーム教が伝えられ，ミンダナオ島を中心に南部でイスラーム化が進んだ。その後，16世紀後半にフィリピン群島の植民地化に乗り出したスペインにより，北部のルソン地方と中部のビサヤ地方で住民のキリスト教カトリックへの改宗が進んだ。他方で，ミンダナオ島やスールー諸島はスペイン支配を免れたことでイスラーム教徒が多数を占める社会が変化しなかった。川島緑『マイノリティと国民国家──フィリピンのムスリム』山川出版社，2012年。

(3) それ以外に，ヤカン，イラヌン，サマ，ジャマ・マプン，カリブガン，サンギルなどのエスニック集団が存在する。

(4) 川島，前掲書，34～35頁。

(5) リドは，「侮辱や不正義に対する復讐のために行使される一連の報復的暴力によって特徴づけられる，一族や親縁の間の継続的な敵対状態」のこととされる。Wilfredo M. Torres Ⅲ ed., *Rido : Clan Feuding and Conflict Management in Mindanao*, Expanded Edition, Ateneo de Manila University Press, 2014, p. 4.

(6) Peter Kreuzer, *Political Clans and Violence in the Southern Philippines,* Peace Research Institute Frankfurt Report, No. 71, Peace Research Institute, 2005. 国家警察の定義では，私兵団は「政治的・経済的利益を得る目的で威圧するために武器を使用する，合法あるいは非合法に武装した2人以上の人物から成る組織」とされる。Gemma Bagayaua Mendoza, "85 armed groups maintained by politicians – PNP, " Rappler, Nov. 24, 2012（http://www.rappler.com/nation/politics/elections-2013/features/16706-85-armed-groups-maintained-by-politicians-pnp，2015年10月16日アクセス）。国家警察によれば，2011年9月の時点で，国会議員や地方自治体首長などの政治家が保有する私兵団が30の州で85確認された。*Ibid.* 別の見積もりでは，全国に132の私兵が存在するとも言われている。"132 private armed groups exist nationwide-DND chief "（http://www.gmanetwork.com/news/story/178831/news/nation/132-private-armed-groups-exist-nationwide-dnd-chief，2015年10月16日アクセス）。

(7) Center for Humanitarian Dialogue, *Armed Violence in Mindanao : Militia and*

第Ⅲ部　非西欧「近代国家」におけるセキュリティ・ガヴァナンス

Private Armies, Center for Humanitarian Dialogue, 2011, p. 13.

⑻　Jose Jowel Canuday, "Big War, Small Wars : The Interplay of Large-scale and Community Armed Conflicts in Five Central Mindanao Communities," Torres Ⅲ ed., *op. cit.,* pp. 220-253.

⑼　Eric Gutierrez, "In the Battlefields of the Warlord," Eric Gutierrez et al., *Rebels, Warlords and Ulama : A Reader on Muslim Separatism and the War in Southern Philippines,* Institute for Popular Democracy, 2000, pp. 51-58.

⑽　G. Carter Bentley, "Mohamad Ali Dimaporo : A Modern Maranao Datu," Alfred W. McCoy, ed., *An Anarchy of Families : State and Family in the Philippines,* with a new preface, The University of Wisconsin Press, 2009, pp. 254-255.

⑾　Fr. Eliseo R. Mercado, "The Maguindanao Massacre and the Making of the Warlords," *Autonomy & Peace Review,* Institute for Autonomy and Governance, Vol. 6, Issue 1, January-March 2010, pp. 19-20.

⑿　Mendoza, *op. cit.*

⒀　International Crisis Group, "The Collapse of Peace in Mindanao," Asia Policy Briefing, no. 83, 23 Oct. 2008.

⒁　1960年代に組織化されたバリオ自警団が，マルコス政権下で民間郷土防衛隊に改変され，1986年の民主化後に1度は廃止が宣言されたが，共産主義勢力である新人民軍の伸長に対処するため，結局CAFGUに名前を変え維持し，今日まで存続している。

⒂　Herman Joseph S. Kraft, "The Foibles of an Armed Citizenry : Armed Auxiliaries of the State and Private Armed Groups in the Philippines (Overview)," Soliman M. Santos, Jr. and Paz Verdades M. Santos, *Primed and Purposeful : Armed Groups and Human Security Efforts in the Philippines,* South-South Network for Non-State Armed Groups Engagement, Small Arms Survey, 2010, pp. 191-192.

⒃　Kraft, *op. cit.,* pp. 194-195.

⒄　Rommel C. Banlaoi, "CAFGUs, CVOs and the Maguindanao Massacre," *Autonomy & Peace Review,* Institute for Autonomy and Governance, Vol. 6, Issue 1, January-March 2010, pp. 67-68 ; Center for Humanitarian Dialogue, *op. cit.,* p. 22.

⒅　Agnes Zenaida V. Camacho, Marco P. Puzon and Yasmin Patrice Ortiga, *Children and Youth in Organizsed Armed Violence in the Philippines : Contextualisation, Personal Histories and Policy Options,* University of the Philippines, Center for Integrative and Development Studies, Psychosocial Trauma and Human Rights Program, 2005, p. 21.

⒆　Center for Humanitarian Dialogue, *op. cit.,* p. 22.

⒇　Kraft, *op. cit.,* pp. 196-197.

(21) Banlaoi, *op. cit.*, p. 61.

(22) Center for Humanitarian Dialogue, *op. cit.*, p. 10.

(23) 補助部隊に関する制度のあり方が，補助部隊要員と政治一族との癒着関係を生み出し，強化し，私兵団という私的な暴力手段に合法性を付与するものとして機能している。たとえば，法制度上 SCAA は配備されている地方自治体や企業から指示や手当を受けており，SCAA の要員が雇用主である地方自治体首長の政治家に忠誠的になることは自然である。また，CVO の要員選定においても地方自治体の首長に権限があり癒着の温床となっている。*Ibid.*, pp. 19, 22-23.

(24) Human Rights Watch, *"They Own the People": The Ampatuans, State-Backed Militias, and Killings in the Southern Philippines*, Human Rights Watch, 2010, p. 18.

(25) たとえば，マギンダナオ州のある2つの市では，大統領選におけるアロヨの対立候補の得票が0票，他の2つの市では5票という信じがたい結果となっている。Human Rights Watch, *op. cit.*, pp. 69-70.

(26) International Crisis Group, "The Philippines : After Maguindanao Massacre," Update Briefing, Asia Briefing, No. 98, 21 December 2009, p. 4.

(27) *Ibid.*, p. 4. ただし，全ての CVO が武装しているわけではなく，紛争地域を中心に選択的に武装している。

(28) Maria Anna Rowena Luz G. Layador, "Of Auxiliary Forces and Private Armies : Security Sector Governance (SSG) and Conflict Management in Maguindanao, Mindanao," RSIS Working Paper, S. Rajaratnam School of International Studies, 2014, p. 12.

(29) Mercado, *op. cit.*, p. 28.

(30) Ed Lingao, "Arroyo, Ampatuans mocked agencies in crafty power play," Philippine Center for Investigative Journalism, 4 February 2010（http://pcij.org/stories/arroyo-ampatuans-mocked-agencies-in-crafty-power-play/，2015年10月18日アクセス）。

(31) アンダル・アンパトゥアンは2015年7月に病死した。しかし，依然として同州の複数の地方自治体首長ポストには同家のメンバーが就いている。

(32) Sukanya Podder, "Legitimacy, Loyalty and Civilian Support for the Moro Islamic Liberation Front : Changing Dynamics in Mindanao, Philippines," *Politics, Religion & Ideology*, Vol. 13, No. 4, December 2012.

(33) Rommel C. Banlaoi, "Current Terrorist Groups and Emerging Extremist Armed Movement in the Southern Philippines : Threat to Philippine National Security," *National Security Review : The Study of National Security at 50 : Re-Awakenings*, National Defense College of the Philippines, 2013, p. 173.

(34) "New AFP chief criticizes MILF's 'weak' leadership," *GMA News Online*, May 6, 2009 (http://www.gmanetwork.com/news/story/160103/news/regions/new-afp-chief-criticizes-milf-s-weak-leadership, 2016年9月19日アクセス); "MILF told rein in troops in raging clan war," *ABS-CBN News*, 26 Jul. 2012 (http://news.abs-cbn.com/nation/regions/07/25/12/milf-told-rein-troops-maguindanao-clan-war, 2016年9月25日アクセス)。

(35) たとえば，2004年には政府とMILFが犯罪組織に誘拐された人質の救出作戦を共同で実施した。Jeffrey Tupas, "MILF appears keen on peace pact, says Army general," *Philippine Daily Inquirer*, 2 March 2014; Charlie C. Senase and Edwin O. Fernandez, "Gov't-MILF drive forces abductors to free engineers," *Philippine Daily Inquirer*, 29 June 2004.

(36) GPH CCCH/AHJAG secretariat, *Ad Hoc Joint Action Group*.

(37) Carmela Fonbuena and Karlos Manlupig, "Military captures BIFF strongholds, extend operations," *Rappler*, 30 Jun. 2014 (http://www.rappler.com/nation/49255-biff-camps-captured, 2016年9月25日アクセス); Karlos Manlupig, "Army, MILF harmony turns fragile," *Philippine Daily Inquirer*, 1 Feb. 2015; "GPH, MILF cease-fire mechanisms contribute to success of law enforcement ops," Office of the Presidential Adviser on the Peace Process, 10 Feb. 2015 (http://www.opapp.gov.ph/milf/news/gph-milf-ceasefire-mechanisms-contribute-success-law-enforcement-ops, 2016年9月25日アクセス); Nikko Dizon, "AFP operations vs BIFF in Maguindanao extended until Saturday," *Philippine Daily Inquirer*, 30 Jan. 2014.

(38) Ryan D. Rosauro, "MILF opens camp to Lanao evacuees," *Philippine Daily Inquirer*, 29 Feb. 2016.

(39) Mercado, *op. cit.*, p. 22.

(40) Human Rights Watch, *op. cit.*, p. 70.

(41) Layador, *op. cit.*, p. 11.

参考文献

川島緑『マイノリティと国民国家――フィリピンのムスリム』山川出版社，2012年。

山根健至『フィリピンの国軍と政治――民主化後の文民優位と政治介入』法律文化社，2014年。

Banlaoi, Rommel C., "CAFGUs, CVOs and the Maguindanao Massacre," *Autonomy & Peace Review*, Institute for Autonomy and Governance, Vol. 6, Issue 1, January-March 2010, pp. 61-75.

Banlaoi, Rommel C., "Current Terrorist Groups and Emerging Extremist Armed Movement in the Southern Philippines: Threat to Philippine National Security,"

第**7**章 フィリピンの紛争と再編される安全保障の協働関係

National Security Review : The Study of National Security at 50 : Re-Awakenings, National Defense College of the Philippines, 2013, pp. 163-181.

Bentley, G. Carter, "Mohamad Ali Dimaporo : A Modern Maranao Datu," Alfred W. McCoy, ed., *An Anarchy of Families : State and Family in the Philippines,* with a new preface, The University of Wisconsin Press, 2009, pp. 243-284.

Camacho, Agnes Zenaida V., Marco P. Puzon and Yasmin Patrice Ortiga, *Children and Youth in Organizsed Armed Violence in the Philippines : Contextualisation, Personal Histories and Policy Options,* University of the Philippines, Center for Integrative and Development Studies, Psychosocial Trauma and Human Rights Program, 2005.

Canuday, Jose Jowel, "Big War, Small Wars : The Interplay of Large-scale and Community Armed Conflicts in Five Central Mindanao Communities," Wilfredo M. Torres Ⅲ, ed., *Rido : Clan Feuding and Conflict Management in Mindanao,* Expanded Edition, Ateneo de Manila University Press, 2014, pp. 220-253.

Center for Humanitarian Dialogue, *Armed Violence in Mindanao : Militia and Private Armies,* Center for Humanitarian Dialogue, 2011.

Dizon, Nikko, "AFP operations vs BIFF in Maguindanao extended until Saturday" *Philippine Daily Inquirer,* 30 Jan. 2014.

Fonbuena, Carmela, and Karlos Manlupig, "Military captures BIFF strongholds, extend operations" *Rappler,* 30 Jun. 2014（http://www.rappler.com/nation/49255-biff-camps-captured，2016年9月25日アクセス）.

GPH CCCH/AHJAG secretariat, *Ad Hoc Joint Action Group.*

"GPH, MILF ceasefire mechanisms contribute to success of law enforcement ops," Office of the Presidential Adviser on the Peace Process, 10 Feb. 2015（http://www.opapp. gov.ph/milf/news/gph-milf-ceasefire-mechanisms-contribute-success-law-enforcement-ops，2016年9月25日アクセス）.

Gutierrez, Eric, "In the Battlefields of the Warlord," Eric Gutierrez et al., *Rebels, Warlords and Ulama : A Reader on Muslim Separatism and the War in Southern Philippines,* Institute for Popular Democracy, 2000, pp. 39-84.

Human Rights Watch, *"They Own the People" : The Ampatuans, State-Backed Militias, and Killings in the Southern Philippines,* Human Rights Watch, 2010.

International Crisis Group, "The Collapse of Peace in Mindanao," Asia Policy Briefing, no. 83, 23 Oct. 2008.

International Crisis Group, "The Philippines : After Maguindanao Massacre," Update Briefing, Asia Briefing, No. 98, 21 December 2009.

Kraft, Herman Joseph S., "The Foibles of an Armed Citizenry : Armed Auxiliaries of the State and Private Armed Groups in the Philippines (Overview)," Soliman M. Santos, Jr. and Paz Verdades M. Santos, *Primed and Purposeful: Armed Groups and Human Security Efforts in the Philippines*, South-South Network for Non-State Armed Groups Engagement, Small Arms Survey, 2010, pp. 185-215.

Kreuzer, Peter, *Political Clans and Violence in the Southern Philippines*, Peace Research Institute Frankfurt Report, No. 71, Peace Research Institute, 2005.

Layador, Maria Anna Rowena Luz G., "Of Auxiliary Forces and Private Armies: Security Sector Governance (SSG) and Conflict Management in Maguindanao, Mindanao," RSIS Working Paper, S. Rajaratnam School of International Studies, 2014.

Lingao, Ed, "Arroyo, Ampatuans mocked agencies in crafty power play," Philippine Center for Investigative Journalism, 4 February 2010 (http://pcij.org/stories/arroyo-ampatuans-mocked-agencies-in-crafty-power-play/, 2015年10月18日アクセス).

Manlupig, Karlos, "Army, MILF harmony turns fragile," *Philippine Daily Inquirer*, 1 Feb. 2015.

Mendoza, Gemma Bagayaua, "85 armed groups maintained by politicians – PNP, " Rappler, Nov. 24, 2012 (http://www.rappler.com/nation/politics/elections-2013/features/16706-85-armed-groups-maintained-by-politicians-pnp, 2015年10月16日アクセス).

Mercado, Fr. Eliseo R., "The Maguindanao Massacre and the Making of the Warlords," *Autonomy & Peace Review*, Institute for Autonomy and Governance, Vol. 6, Issue 1, January-March 2010, pp. 11-30.

"MILF told rein in troops in raging clan war," ABS-CBN News, 26 Jul. 2012 (http://news.abs-cbn.com/nation/regions/07/25/12/milf-told-rein-troops-maguindanao-clan-war, 2016年9月25日アクセス).

"New AFP chief criticizes MILF's 'weak' leadership," GMA News Online, May 6, 2009 (http://www.gmanetwork.com/news/story/160103/news/regions/new-afp-chief-criticizes-milf-s-weak-leadership, 2016年9月19日アクセス).

Podder, Sukanya, "Legitimacy, Loyalty and Civilian Support for the Moro Islamic Liberation Front: Changing Dynamics in Mindanao, Philippines," *Politics, Religion & Ideology*, Vol. 13, No. 4, December 2012, pp. 495-512.

Rosauro, Ryan D., "MILF opens camp to Lanao evacuees," *Philippine Daily Inquirer*, 29 Feb. 2016.

Senase, Charlie C., and Edwin O. Fernandez, "Gov't-MILF drive forces abductors to free engineers," *Philippine Daily Inquirer*, 29 June 2004.

Torres Ⅲ, Wilfredo M. ed., *Rido : Clan Feuding and Conflict Management in Mind-anao*, Expanded Edition, Ateneo de Manila University Press, 2014.

Tupas, Jeffrey, "MILF appears keen on peace pact, says Army general," *Philippine Daily Inquirer*, 2 March 2014.

"132 private armed groups exist nationwide - DND chief" (http://www.gmanetwork.com/news/story/178831/news/nation/132-private-armed-groups-exist-nation-wide-dnd-chief, 2015年10月16日アクセス).

第8章

シリア内戦において「消極的平和」を模索するトルコ

今井宏平

1　セキュリティ・ガヴァナンス論の再考を促す中東

セキュリティ・ガヴァナンス論は中東に適用可能か

　たびたび指摘されるように，冷戦後，中東は常に国際的な安全保障の議題の中心となってきた。1990～91年にかけての湾岸危機，アル＝カーイダによる9・11同時多発テロとそれに伴うアフガン戦争とイラク戦争，イランの核開発疑惑，「アラブの春」と変革を経験した国家におけるその後の政治的混乱，「イスラーム国（IS)」(1)の登場などがそれに該当する。これらの諸事件は相互に関連性をもっており，特にイラク戦争と「アラブの春」はIS台頭の直接的な原因となった。なぜなら，イラク戦争の結果，アブー・ムスアブ・ザルカーウィーを中心にISの原型である「二大河の国のアル＝カーイダ」がイラクに生まれ(2)，「アラブの春」に伴うシリア内戦がシリア領内にISが活動するスペースを与えたためである。

　中東に位置する諸国家の国境は人工的なものであり，宗派や民族の境界線とは大きなずれが生じている。そのため，国境の境界線としての機能が低く，人々が容易に越境している。要するに，主権国家の統治が及ばない領域が数多く存在する。近年は科学技術の発展により，この状況に拍車がかかっている。ISはまさにこの状況をうまく活用し，その活動領域を広げている。

　このように，中東での混乱は容易に国境線を越えるため，地域的な問題へと発展する場合が多い。非国家主体を含む多様なアクターの相互関係を駆使して安全保障を達成する，セキュリティ・ガヴァナンスの概念は，こうした中東の脱国境的な混乱を制御する手段として，注目に値する。セキュリティ・ガヴァ

第Ⅲ部　非西欧「近代国家」におけるセキュリティ・ガヴァナンス

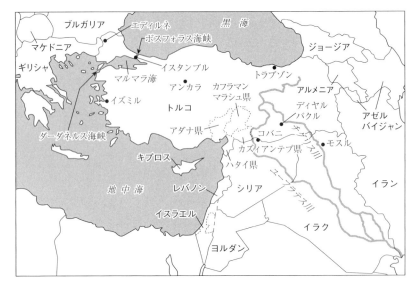

図8-1　トルコとその周辺国

ナンスの考えは，欧州安全保障協力機構（Organization for Security and Co-operation in Europe：OSCE）に代表されるように，個人の人権の尊重や自由の追求といった「積極的な平和」を志向する中で発展してきた概念である。一方で，現在の中東では「積極的な平和」よりも，紛争の停止を喫緊の課題とした「消極的な平和」の達成を最優先事項とする。これまで発展してきたセキュリティ・ガヴァナンス論は，その制度化，そして規範としての側面に焦点が当てられがちである。しかし，中東のように安全保障に関する包括的な地域機構がなく，内戦が周辺地域に拡大する現状は，セキュリティ・ガヴァナンスの機能について再検討を促している。

　本章は，上記のような問題意識に立ち，「消極的な平和」に基づくセキュリティ・ガヴァナンスの可能性について，中東における地域大国の1つであるトルコ（図8-1）をアクターとして取り上げ，検討する試みである。本書はナショナルなレベルの安全保障を対象としており，他の章ではとりわけ国内の安全保障の確保に焦点を当てている。トルコも国内に，非合法武装組織でトルコか

らの分離独立を目指すクルディスタン労働者党（Partiya Karkerên Kurdistan：PKK）という攪乱アクターが存在しており，トルコ政府と1984年から抗争を続けている。しかし，本章では近年，トルコに多様な分野にわたって脅威を与えているシリア内戦を事例として取り上げる。シリア内戦はトルコにとって隣国の問題であるが，トルコとシリアは約910キロにわたる国境線を共有し，バッシャール・アサド政権がトルコに対して攻撃を加えたり，難民が数多く流入したりするなど，トルコの安全保障を脅かしている。よって本章は，国外の脅威に対するナショナルなレベルでの安全保障の確保を分析の対象とする。そのため，トルコの統治能力だけでなく，NGO，土着の安全保障に関連するアクター，さらには域外大国，国際機構，地域機構といった外部アクターも問題となる。

　以下では，中東地域における安全保障の特徴，中東地域の安全保障を検討する上でのセキュリティ・ガヴァナンスの注目点，脅威の区分を行った上で，トルコの安全保障上の脅威とそれに対するセキュリティ・ガヴァナンスについて論じる。

中東地域の安全保障の特徴

　冷戦後の時代において，中東は常に国際政治の脅威の源泉と見なされてきた。中東地域の安全保障を考えると，いくつかの特徴が浮かび上がる。まず，地域レベルで包括的な安全保障機構がないことが大きな特徴である[3]。アラブ諸国の機構であるアラブ連盟，湾岸諸国の機構である湾岸協力会議（Gulf Cooperation Council：GCC），イスラームという宗教に基づくイスラーム諸国会議機構（Organization of Islamic Cooperation：OIC）は存在するものの[4]，中東という地域を基盤とした機構はこれまで設立されてこなかった。中東には，イスラエルとパレスチナの中東和平問題，核開発をめぐるイスラエルとイランの対立，イランとサウジアラビアの対立関係に象徴されるスンナ派とシーア派の宗派対立など複雑[5]な政治的断層が存在するため，地域全体をカバーする機構の立ち上げが難しい状況にある。立山良司は，中東で地域統合が阻害される要因として，(1)統合の動きが既存の国家枠組みを揺るがす現状変更の可能性を孕んでいた点，(2)複雑

な政治的断層が存在する点，(3)域外との関係，特に多くの国がアメリカとハブ・スポーク型の２国間関係を結んでいた点，(4)特に湾岸地域の諸国家は，石油に依存したモノカルチャー経済（レント経済）であり，中東域内よりも域外諸国との関係が重視された点，を挙げている。[6]

　２つ目の特徴としては，非国家アクターが安全保障分野で存在感を高めている点である。レバノンのヒズブッラー，パレスチナのハマースなどは政治機構と軍事機構が融合した組織であり，レバノンとパレスチナの政治的安定および不安定を大きく左右するアクターである。また，PKKはトルコからの分離独立を目指して武力闘争を展開してきた。しかし，1999年に逮捕され，現在服役中のアブドゥッラー・オジャラン党首の意向で政治的な解決にも活路を見出している。[7] さらに2014年以降，シリアとイラクの一部の領土を支配しているISも非国家アクターである。[8] これは裏を返せば，中東の主権国家が脆弱であることの証左でもある。中東では王政，共和政いずれの政体をとる場合でもその多くが暴力装置を用いた権威主義国家として機能してきた。しかし，イラク戦争後のイラクと「アラブの春」後のシリアで顕著なように，権威主義国家は一度崩壊すると権力をめぐる争いに宗派主義やナショナリズムが用いられ，内戦もしくは国内が分断される状況が出現する。

　３つ目の特徴は，２つ目の特徴と矛盾するが，権威主義国家は脆弱性を孕んでいるとしても，地域全体を包摂する機構がない現状では，主権国家が安全保障を担保する主要なアクターとならざるをえない点である。４つ目の特徴として，非国家アクターが存在感を高め，主権国家が脆弱であり，さらに中東地域を分ける国境線が第一次世界大戦後に作為的に造られたものであるため，各国の行動様式は基本的に「現状維持」であることが挙げられる。５つ目の特徴として，カール・ブラウンが「東方問題システム」と名付けたように，[9] 中東地域の政治には常に西洋諸国が影響を与えてきた。特に冷戦以降の時期は，アメリカの浸透が顕著となった。６つ目の特徴として，中村覚が指摘しているように，中東各国政府は安全保障に関して極めて「現実的」な側面があり，緊張の中に「奇妙な」安定を保つことに注力してきた。[10] 民主化や和解よりもとりあえず均衡を保つことを目指す姿勢は西欧型のセキュリティ・ガヴァナンスや安全保障

共同体とは相容れず，一方で結果を重視するセキュリティ・ガヴァナンスとは整合性をもつ。

　トルコは，伝統的に中東地域の「周辺」[11]に位置づけられてきたものの，2002年にイスラームに親和的な政党である公正発展党が単独与党の座を獲得して以降，中東地域への関与を強めてきた。トルコは中東諸国の中では主権国家としての枠組みが強固な国の1つである。一方で，トルコは第一次世界大戦後に国家解体の危機を経験し，国内ではPKKの分離独立運動を経験してきた。そのため，トルコの政策決定者は，各国の国家枠組みや国境に関しては現状維持を志向する傾向が強い。また，トルコは北大西洋条約機構（North Atlantic Treaty Organization：NATO）の加盟国であり，安全保障に関して，西洋の影響を最も受けている中東の国家である。地政学的に多様な隣国に囲まれているトルコの外交は極めて現実的である。

2　セキュリティ・ガヴァナンス論再考の鍵概念

結果的な協力を促す脅威認識

　セキュリティ・ガヴァナンス概念の特徴の1つにヘテラーキーという秩序形態が挙げられる。ヘテラーキーとは，アナーキーやハイアラーキーといった秩序形態とは異なり，「自律的な協力形態としてのネットワークに重点を置く秩序形態」[12]である。「自律」とは，広辞苑を引くと，「自分で自分の行為を規制すること。外部からの制御から脱して，自身の立てた規範に従って行動すること」と定義されている。「自律」とは，要するに，各アクターが自身の規範，規律に従って行動することで，結果的に各アクターの目標が達成されるということである。もちろんヨーロッパや東南アジアなどにおいては各アクター間に主体的な協力関係が見られるが，その他の地域では必ずしも主体的な協力関係が成り立たない場合が多く，結果的な協力関係に重点がおかれる。これは序章で示された，多様な外部アクターが関与する，現代版の前近代型セキュリティ・ガヴァナンスである。

　結果的な協力を促す大きな要因は，各アクターの恐怖もしくは脅威認識であ

第Ⅲ部　非西欧「近代国家」におけるセキュリティ・ガヴァナンス

図8-2　セキュリティ・ガヴァナンスの発展に関する理念型

る。利害を異にする諸アクターも，共通の脅威認識をもつことである種のセキュリティ・ガヴァナンスが成立する。このように考えると，スティーヴン・ウォルトが指摘した「脅威の均衡（balance of threat）」がセキュリティ・ガヴァナンスの原初形態という理解も成り立つだろう（図8-2）。ウォルトは脅威の均衡を「脅威となっている国家からの攻撃を抑止するため，また脅威となっている国家を倒すため，そうした国家へ対抗するために団結する行動」と定義している。ウォルトは国家のみを脅威の対象としているが，前述したようにセキュリティ・ガヴァナンスは脅威を国家に限定していない。

複合的な脅威

各アクターの脅威認識についてもう少し詳しく検討してみたい。バリー・ブザンは『人間・国家・恐れ』（1983年／1991年）において，国家にとっての脅威を軍事的脅威，政治的脅威，社会的脅威，経済的脅威，生態学的脅威という5つの部門に分類している。軍事的脅威とは，伝統的なハードパワーに基づく脅威である。政治的脅威とは，諸国家の組織的な安定性を損なわせるために分離主義者を扇動したり，政治機構を混乱させたりする脅威である。社会的脅威とは，一般市民が被る社会レベルでの脅威であり，物理的なもの，心理的なもの，文化的なものまで様々な形態が考えられる。経済的脅威は，諸国家の経済や市場に悪影響を及ぼす脅威である。生態学的脅威は，国家に物理的な損害をもたらし，国家のアイディアや国家機構を機能不全にする脅威であり，具体的には災害などが該当する。ブザンは5つの脅威は，相互依存関係にあり，密接に関

連するものと見なしている。ブザンはこうした「複合的な脅威」に対応するために複合的安全保障の必要性を強調した。また，国家にとっての脅威認識と述べているが，国家の中の社会に言及している。軍事的脅威，政治的脅威，経済的脅威，生態学的脅威が脅威の質について論じているのに対し，社会的脅威は脅威を受ける主体に焦点を当てており，レベルが異なる。脅威を受ける主体は国家（政府），社会における人々，近隣諸国の政府と人々，さらに場合によっては国際社会が考えられる。次節では，中東におけるセキュリティ・ガヴァナンスの特徴とトルコに関するセキュリティ・ガヴァナンスの現状について考察していきたい。

3　シリア内戦がトルコに与える複合的脅威

軍事的脅威

　シリア内戦がトルコに与える脅威認識とはどのようなものだろうか。ここでは，前述したブザンの複合的脅威認識に沿って検討していきたい。[15]

　第1に，軍事的脅威であるが，2011～13年にかけて，トルコにとって主要な軍事的脅威はアサド政権であった。2011年11月の関係断絶以降，トルコはシリアの反体制派への援助を強め，間接的にアサド政権と対立してきた。しかし，2012年6月22日にトルコ軍機がシリア軍に撃墜され，同年10月3日にシリア軍の砲撃により，シャンルウルファ県アクチャカレでトルコ住民5名が死亡したことで，その脅威がより直接的となった。2013年4月以降，アサド政権が反体制派に対して化学兵器を使用した疑いが強まると，トルコは，それまでにもましてアサド政権を軍事的な脅威と認識するようになった。アサド政権の化学兵器は，トルコに生態学的な脅威を与える可能性があった。アサド政権の脅威は，その後も継続しているが，2013年9月14日にアメリカとロシアがシリアの化学兵器廃棄の枠組みに同意したことで，トルコにとって，アサド政権の軍事的脅威は一時よりも小さく感じられるようになった。

　2014年以降，トルコの脅威として急速に顕在化したのがISである。トルコのISに対する脅威認識が高まった事件が，トルコ領事館人質事件である。こ

第Ⅲ部　非西欧「近代国家」におけるセキュリティ・ガヴァナンス

表8-1　2015年6月〜2016年11月までにトルコで発生
した主なISによるテロ

日時	場所	死亡者
2015年6月5日	ディヤルバクル	4名
2015年7月20日	スルチ	32名
2015年10月10日	アンカラ	103名
2016年1月12日	イスタンブル	10名
2016年3月18日	イスタンブル	5名
2016年6月28日	イスタンブル	47名
2016年8月21日	ガジアンテプ	54名

出所：筆者作成。

れは，2014年6月10日，イラクのモスルにあるトルコ領事館がISの戦闘員に
襲撃され，オズトゥルク・イルマズ領事以下，領事館員49人（トルコ人46人，イ
ラク人3人）が人質となった事件である。この事件は，同年9月20日に，トル
コ国家情報局（Milli İstihbarat Teşkilatı：MİT）が中心となり，人質49人全員が
無事救出された[16]。

　2015年7月20日に，シリアのコバニと隣接するトルコ南東部のシャンルウル
ファ県スルチで起きたISの信奉者によるテロで32名が死亡した事件を契機に，
トルコは反ISの姿勢を明確にする。トルコはインジルリック空軍基地のアメ
リカによる使用を許可し，有志連合の対IS作戦に参加する決断を下した。そ
して，同年8月28日に初めて有志連合のIS空爆作戦に参加した。その後，IS
によるテロが激化し，トルコ政府の対ISの姿勢を強めている（表8-1）[17]。

　2015年9月30日からロシアがアサド政権擁護のために空爆を開始した。これ
により，トルコとロシアの関係が悪化するとともに，ロシア軍機およびシリア
軍機がトルコの軍事的脅威となる。ロシアの空爆がアメリカをはじめとする有
志連合の空爆と異なっていたのは，その対象となったのがISだけではなく，
反体制派も含まれていた点である。ロシアはその理由を反体制派の中にISと
通じるグループが含まれていると説明した。このロシアの空爆は，反体制派を
支持するトルコやアメリカとの間の緊張を高めた。

　トルコは，ロシアが空爆を開始した直後の2015年10月初旬からシリア軍機が

212

第8章　シリア内戦において「消極的平和」を模索するトルコ

トルコ領空を侵犯していると主張してきた。10月3日には，ロシア軍機がハタイ県の領空を侵犯したとしてトルコのF-16機2機がスクランブル発進した。[18]さらに2日後の10月5日には，ロシア軍機もしくはシリア軍機と思われるミグ29戦闘機がトルコのF-16機2機を執拗に追跡するなどの行動をとった。[19]10月16日にはトルコ軍がトルコ領内に侵入した国籍不明のドローンを打ち落とし，その後ドローンはロシア製であることが判明した。[20]トルコは度重なるロシア軍機のトルコ領空近辺の飛行，さらに11月中旬から反体制派の中でもトルコが特に支持しているトルクメン人が支配しているシリアのラタキア県のバユルブジャク地域に空爆を実施するなど，両国の対立は鮮明化していた。

　トルコとロシアの緊張が最高潮に達したのが11月24日のトルコ軍機（F-16）によるロシア軍機（Sukhoi Su-24）撃墜事件である。この事件は，NATO加盟国がソ連／ロシアを実際に攻撃した初のケースであり，また，シリアに関与する外部勢力同士で武力衝突が起きた初のケースでもあった。

　ロシア軍機撃墜事件後，両国間で非難の応酬となり，最終的にロシアはトルコに対して経済制裁を発動した。その主な内容は，ロシア人のヴィザなしでのトルコへの渡航禁止，鶏肉などを含む17品目の輸入禁止であった。ロシアとの関係悪化は経済的脅威へと波及した。2015年にG20が開催されたトルコ有数のリゾート地，アンタルヤには西洋から多くの観光客がやってくることで知られているが，ロシア人はその中心であった。2015年と2016年の月ごとのトルコへの観光客の増減を比較すると，5月は前年比34.2％減，6月は前年比40.8％減となっている。[21]ロシア人観光客だけに限ると，その減少はさらに顕著であり，2016年に入り，7月までで93％の減少となった。また，ロシアはトルコにとって主要な石油と天然ガスの輸入国（2014年の統計では，石油はイラク，イランに次ぐ第3位，天然ガスは第1位）であり，天然ガスに関しては実に約55％を依存している。[22]さらに，トルコは近年，原発の建設を積極的に進めているが，その最初の試みがロシアとの間のアクユ原発（メルシィン県）であった。両国の関係悪化により，アクユ原発の計画は一時的に停止となった。また，トルコとの関係が悪化して以降，ロシアはクルド民主統一党（Partiya Yetkitiya Demokrat：PYD）への支援を強め，2016年2月にはモスクワにPYDの代表部が

213

第Ⅲ部　非西欧「近代国家」におけるセキュリティ・ガヴァナンス

開設された。

政治的脅威

　次に，政治的脅威について検討する。トルコにとって，シリア内戦で政治的な脅威となっているのは，シリア北部における PYD の勢力拡大である。なぜなら，PYD，そしてその軍事部門であるクルド人民防衛隊（Yekineyên Parastina Gel：YPG）は，トルコで分離独立運動を展開してきた PKK の関連組織と目されているからである。トルコは2014年9月から翌年1月にかけて起きた，ISと PYD のコバニ争奪戦を静観した。アメリカをはじめ，有志連合の諸国家がPYD を支援する中で，トルコは最小限の協力を行ったにすぎなかった。これはトルコ政府が PYD および YPG に提供された武器が PKK やアサド政権に渡る可能性を危惧していたためである[23]。数少ない協力として，トルコ政府はアメリカとの間で，少なくとも2000人のシリア反体制派の兵士をアンカラに近いクルシェヒルの軍事訓練センターでトルコ軍とアメリカ軍によって訓練することに合意した[24]。しかし，この際も YPG の兵士への訓練についてはトルコ側が拒否している。

　トルコは，アサド政権との対立を深める中で，早い段階からシリア北部に飛行禁止区域の設置を目指してきた。2015年7月20日に IS との対決姿勢を明確にする中でも「ISIL フリーゾーン」と呼ばれる安全地帯をシリアのアレッポからジャラーブルスにかけての90キロの地域に設置することを主張した[25]。この「ISIL フリーゾーン」設置の目的として，トルコ政府は IS 対策，アサド政権対策，そして難民の帰還先の確保という3点を挙げている。しかしながら，これらに加えて，PYD と YPG の勢力範囲の拡大を防ぐ目的も「ISIL フリーゾーン」にはあると見られている[26]。こうした飛行禁止区域に関しては，2016年8月後半からシリアに軍事介入する中でもトルコは一貫して設置を求めている。

経済的脅威

　シリア内戦，それに伴うトルコへ流入する難民の急増は，トルコの経済的脅威となっている。シリア内戦によって，トルコは大別して3つの経済的被害を

214

被っている。それは，隣接地域における経済活動の停止，シリアとの貿易の停滞，難民への対応や国境防衛のための出費の拡大である。トルコとシリアにレバノン，ヨルダンを含む4カ国は2010年12月3日に「レバント・カルテット」と呼ばれる経済協力の枠組を立ち上げた。レバント・カルテットは，4カ国間で自由商業地域，ヴィザなしでの渡航許可，共同評議会の設立，商業・関税・農業・保健・エネルギー各分野での協力深化などを通して，2015年までに4カ国の経済規模を1兆5000億ドルまで高めることを目指した[27]。しかし，シリア内戦によって主導国であったトルコとシリアが対立し，レバント・カルテットは機能不全に陥った。また，トルコ統計局の調べによると，トルコとシリアの貿易額は2004年から増加し，2010年の時点ではトルコからシリアへの輸出が約18億ドル，輸入が4億5000万ドルを超えていた。しかし，シリア内戦以降，貿易額は急激に減じ，2012年の時点では輸出が約5億ドル，輸入が約1億1500万ドルとなった。2013年以降，トルコのシリアに対する輸出は再び増加しているが，シリアからの輸入は停滞している。加えて，トルコには2011年4月からシリア難民が流入し始め，2016年11月時点で，登録されているだけでも約276万人の難民が滞在している[28]。トルコ政府によると，トルコは2016年9月30日までに難民対策で約250億ドルの支出を余儀なくされている[29]。

社会的脅威

シリア内戦で社会的脅威となっているのが，難民の流入およびISやPKKとの戦闘への巻き込まれである。難民に関しては，上述したように276万人がトルコに流入しているが，2014年の時点ですでに，難民キャンプには26万人前後しか滞在しておらず，キャンプ外に167万人の難民が住んでいるという状況であった[30]。難民が増えることが，概に脅威認識を高めるわけではないが，たとえばシリアに隣接するキリス県では，元々住んでいたトルコ人よりも多い8万6000人の難民が暮らしている。宗派，民族が異なる難民が多数流入することで人口統計が大きく変化すると，脅威認識を刺激することにつながる。

シリア国境付近の地域では，2012〜13年にかけてはアサド政権からの砲撃，2015年夏以降はISによる自爆テロで多くの市民が犠牲となっている。そのた

215

め，国境付近に住む市民は IS によるテロを警戒するようになっている。IS が主にトルコへの出入国で使用していると考えられているのが，ジャラーブルス／ガズィアンテプ県，アル・ライ／キリス県の 2 カ所である。トルコ政府が2015年に拘束した IS に関連する外国人戦闘員は913人で，最も多かったのは中国人の324人，次いでロシア人の99人，3 番目はパレスチナ人の83人となっている。[31] 拘束した戦闘員の出身国は57カ国にものぼると見られている。[32] 478人はシリアからトルコへ入る際に，435人はトルコからシリアへ入る際に拘束された。ほとんどがキリス県のエルベイリ地区で拘束されている。2015年後半に壁が建設されるまでは，1 日に2000〜3000人が国境を往来していたとされ，壁が建設されてからも兵士（下士官）に賄賂を渡すなどの方法で主にエルベイリのアルパケスメズ村から 1 日に200〜400人が2016年初め頃まで往来していたと指摘されている。[33]

　キリス県とともに IS が通路とし，トルコでの作戦の拠点を構えていると考えられているのがガズィアンテプ県である。トルコのテロ活動センターの調査によると，自爆テロに使われるベストはガズィアンテプ県で作られたとされる。[34] 2014年にトルコ警察が33枚の自爆用のベストをキリス県とガズィアンテプ県で押収するまで，自爆用ベストはシリアで製造されていた。しかし，押収された後はトルコ国内での製造に切り替えたと見られている。ガズィアンテプ県はトルコ・IS の拠点であった。2015年10月10日のアンカラでのテロの際にテロリストの運転手を務めたハリル・イブラヒム・ドゥルガンは，テロ後，ガズィアンテプ県に潜伏しており，11月14日に警察との銃撃戦の末，ドゥルガンは自爆して死亡した。[35] また，トルコ・IS の幹部の 1 人で，テロ計画の戦略を立てていたユヌス・ドゥルマズも2016年 5 月18日にガズィアンテプ県で警察に対して自爆を敢行し，死亡した。

4　シリア内戦に対するトルコのセキュリティ・ガヴァナンス

秩序安定化から脅威の均衡へ

公正発展党，特にレジェップ・タイイップ・エルドアン（元首相・現大統領）

第8章　シリア内戦において「消極的平和」を模索するトルコ

は，トルコの伝統的な外交方針である西洋重視を進める一方で，中東地域への関与も強めた[36]。エルドアンのイニシアティヴの下，公正発展党の外交を取り仕切ったのがアフメット・ダーヴトオール（元外相・元首相）である[37]。「アラブの春」以前のトルコ外交は，権威主義国家であっても現状維持に基づく地域の安定化に貢献するのであれば，その内政には干渉しない立場をとった。こうしたトルコの立場の象徴となったのが，シリアとの関係強化である[38]。2004年にはアサド大統領とエルドアン首相がそれぞれトルコとシリアを訪問し，同年12月には両国の間で自由貿易協定（以下FTA）が締結された。さらに2009年9月にはアサド大統領がトルコを訪問した際に，ハイレベル戦略協力委員会の設置と両国間でのヴィザ免除の実施が決定された。また，2004～08年にかけては，2000年以降，交渉が停滞しているシリアとイスラエルの関係改善に関してもトルコは間接交渉の仲介役を担った。

　こうしたトルコの秩序安定化政策は2010年5月のガザ支援船団攻撃事件[39]，トルコとブラジルのイラン核開発の仲介の頓挫から次第に綻びを見せ始め[40]，「アラブの春」に端を発するシリアの内戦で破綻を迎えることになる。「アラブの春」に際して，トルコは当初変革を経験した諸国家の「モデル」と見なされ，一時的に地域での正統性を高めた。特にチュニジアのナフダ党やエジプトのムスリム同胞団の指導者たちは，公正発展党をイスラームと民主化の両立のモデルとした[41]。しかし，トルコは変革を経験した諸国家のモデルであることを強調することで，結果として権威主義国家との関係を許容しない形での地域秩序の安定化を標榜した。言い換えれば，「アラブの春」以降の公正発展党の外交は「現状打破」を前提とした地域安定化を模索する政策に転換した。この外交方針の転換は，必然的にシリアのアサド政権との関係の再考を促した。シリアでは2011年の3月15日から反政府デモが起こり始め，4月からハタイ県を中心にトルコにシリア難民が流入し始めた。トルコ政府はダーヴトオール，ハカン・フィダン国家情報局長がシリアを訪問し，アサド政権に翻意を促すも結局失敗に終わり，トルコ政府はアサド政権との関係を2011年11月30日に断絶した。一方で，トルコ政府はアサド政権打倒を目指すシリア国民評議会を支持した。

　トルコは周辺国との関係が悪化してからは，地域秩序の不安定化は国際秩序

217

第Ⅲ部 非西欧「近代国家」におけるセキュリティ・ガヴァナンス

の不安定化を招くとして，国際社会と連携して周辺地域，特にシリアの安定化
を図ろうとするも，結果的に，約910キロの国境を共有する隣国シリアの混乱
にトルコも巻き込まれることになる。ダーヴトオールの地域秩序の安定化を図
る政策は，基本的にはソフトパワーを駆使して周辺地域と国際社会で正統性を
高める手法であった。しかし，シリア内戦の影響がトルコの国益を直接的に脅
かすようになると，トルコ政府はハードパワーも使用しながら，脅威を均衡，
さらにそれを常態化させることを試みるようになる。[42]

脅威の均衡の確保

　トルコはシリア内戦で脅威認識が高まるにつれ，安全を保障する，より正確
には脅威に対して均衡，脅威を抑止するための措置を講じてきた。アサド政権
の脅威が直接的になると，まず，トルコは自身が加盟する NATO に対して働
きかけを行った。2012年のトルコ軍機撃墜，そしてアクチャカレで5名が死亡
する事件が勃発した際に，トルコは速やかに NATO 緊急理事会を開催させた。
そして，同年12月4日に NATO は対空防衛のためにパトリオット・ミサイル
をシリアに近いガズィアンテプ県，アダナ県，カフラマンマラシュ県に配備す
ることを決定，2013年2月15日にミサイルの配備が完了した。[43]

　NATO によるシリアの軍事脅威の抑制に次いで，自国の安全を保障するた
めにトルコはアメリカとの関係を強化する。2013年5月16日にエルドアン首相
とバラク・オバマ大統領の首脳会談が行われ，両国はアサド政権の退陣は必要
不可欠であることを確認した。[44]そして，両国は同年8月と9月にアサド政権へ
の空爆に傾くが，ロシアの介入によりトルコは梯子をはずされることになる。
とはいえ，アメリカとロシアがアサド政権の化学兵器撤廃で合意したため，ト
ルコもアサド政権の化学兵器の脅威は消滅した。トルコとアメリカの信頼関係
は一時的に低下したものの，両国関係は，2015年7月にトルコが IS との対決
姿勢を強めたことで，再び活発になっている。

　シリア情勢に関して，トルコは反体制派支持，ロシアは政権支持であり，前
述した2015年11月24日のトルコ軍によるロシア軍機撃墜事件で両国の対立は決
定的となった。しかし，両国は2016年6月28日に関係正常化に合意した。[45]これ

218

第8章 シリア内戦において「消極的平和」を模索するトルコ

はトルコ側の関係正常化の強い意向を反映したものと見られている。前述した
ように，ロシアとの関係悪化は，軍事的脅威のみならず，トルコ経済の不安定
要因となった。翌日29日にはイスタンブルのアタテュルク国際空港でISによ
るテロが起こり，47名が死亡した。トルコにおけるISのテロは通常，トルコ
人のISメンバーによる犯行がほとんどであったが，6月29日のテロは外国人
戦闘員，特にチェチェンや中央アジア出身の戦闘員による犯行であった。ロシ
アは1990年代から国内，そしてユーラシアにおけるテロ対策に注力してきた。
そのため，トルコにとってIS対策におけるロシアの重要性も高まると見られ
ている。シリア内戦において，アサド政権の存続に関しては，依然として意見
を異にするトルコとシリアであるが，IS対策に関しては利害が一致している。
関係を正常化した後，トルコとロシアの関係は，緊密なものとなっている。6
月30日にロシアは経済制裁を部分的に解除し，8月9日にはエルドアン大統領
とプーチン大統領の首脳会談が実現し，原発事業の再開，ロシア人観光客向け
のチャーター便の再開，トルコ経由でロシアの天然ガスを欧州に輸出する計画，
を確認した。

　また，国内事情に鑑みれば奇妙な状況であるが，トルコにとって，PYDお
よびYPGの存在はISの勢力拡大を食い止めるための必要悪である[46]。トルコは
コバニ争奪戦を静観したことから，究極的には両者の壊滅を狙っていると思わ
れるが，PYDおよびYPGとISが拮抗を保っている状態は，トルコにとって，
シリア内戦が自国に拡大することを防ぐのに都合が良い。

　「アラブの春」で地域における正統性が最高潮に達し，民衆の側に立って地
域の「現状打破」を目指したトルコであったが，より高度な民主化のためには
権威主義の瓦解が条件であった。トルコは「アラブの春」による下からの変革
と，それに呼応するアメリカをはじめとした外部アクターの介入によって権威
主義は倒れると見込んでいたが，権威主義国家の頑健性は高く，かつ外部アク
ターは選択的な介入しか行わなかった。その結果，トルコ自身が紛争に巻き込
まれることになり，より高度な民主化を目指したためにより現実主義的な外交
を展開せざるをえなくなった。

　難民対策に関しては，トルコ首相府傘下のトルコ災害・緊急時対応庁（Afet

219

ve Acil Durum Yönetimi Başkanlığı：AFAD），トルコ赤新月社，国連難民高等弁務官事務所（Office of the United Nations High Commissioner for Refugees：UNHCR），世界食糧計画（World Food Programme：WFP）に加え，人権と自由に対する人道援助基金（İnsan Hak ve Hürriyetleri ve İnsani Yardım Vakfı：İHH），難民と移民の連帯のための協会（Association for Solidarity with Asylum Seekers and Migrants：ASAM）などのNGOが部分的に協力する形で展開されている。[47]AFADと国連機関はキャンプの運営を中心に活動を展開している。しかし，前述したように，キャンプに住む難民に比べ，キャンプの外に住む難民が圧倒的に多い。そのため，小規模ではあるが，きめ細かい援助を展開するNGOの活動が必要不可欠な状況となっている。

　このように，トルコのシリア内戦への対応には，主権国家，国際機構，地域機構（NATO），非国家主体であるIS，PYDおよびYPG，NGOという多様なアクターが関係する形で，安全保障を担保している。ただし，各アクターは必ずしも制度や規範に基づいて安全を保障しているわけではない。トルコの安全保障において，当然ながら中心的なアクターとなるトルコの複合的な脅威認識に基づき，また，脅威認識を共有する形でNATOやアメリカが介入している。そして，難民対策のようにトルコと国際社会の両方にとって問題となる出来事はトルコ政府，国連機関，NGOが協力する形で対応に当たっている。PYDおよびYPGの活動は，根本的にはトルコの国益に反する。しかし，短期的に見ると，トルコにとって脅威認識が高まっているISの活動を抑制する効果（機能）がある。このように，トルコのシリア内戦に対するセキュリティ・ガヴァナンスは，脅威認識に根差し，「消極的な平和」を確保するための各アクターの行動が結果的に紛争の抑制につながっている状態を指している。

「消極的な平和」は継続するのか

　本章は，「消極的な平和」に基づくセキュリティ・ガヴァナンスの可能性について，中東，特にトルコのシリア内戦への対応を事例として取り上げ，検討してきた。

　国際関係論においてガヴァナンスという用語が使用されるようになり，セキ

ュリティ・ガヴァナンスの概念が登場した冷戦後の時期に念頭におかれたのは，人間の安全保障に代表されるような「積極的な平和」の模索であった。特に多様なアクターの関与，制度化，もしくは規範に焦点が当てられた。しかし，2010年代に入り，中東，アフリカでは主権国家，非国家主体を巻き込んだ内戦が目立つようになり，「積極的な平和」よりもその前提となる「消極的な平和」の確保が急務となった。本章では，主体的な協力関係は希薄だが，結果としての協力関係に重きを置き，共通の脅威に対応するために，結果として協力関係が構築されるセキュリティ・ガヴァナンスに焦点を当てた。これは，紛争の根本的な解決の糸口は見出せないが，脅威認識に基づく同盟や外交によって戦闘の停止および凍結を試みる，脅威の均衡に近いレベルのセキュリティ・ガヴァナンスであった。

　トルコにとって，アサド政権の軍事活動やISの拡大といった軍事的脅威を1国で防ぐことは困難であった。そのため，域外大国であるアメリカやロシア，トルコが加盟しているNATO，さらに非政府組織であり，トルコと対立関係にあるPYDおよびYPG，難民の保護に当たる複数のアクターを巻き込んで，結果としての安定と協力をトルコは達成した。

　ただし，言うまでもなく，この結果としての安定は脆弱で，移ろいやすいものである。事実，本章が指摘してきたシリア北部における脅威の均衡は，2016年8月24日からのトルコ軍のシリア越境攻撃で崩れつつある。トルコ軍，およびシリアの反体制派は，まずジャラーブルス，次いでマンビジュを越境攻撃し，PYDを駆逐する作戦を展開している。マンビジュは8月中旬にISからクルド系勢力が奪還したジャラーブルスの南に位置する地域である。トルコの攻撃が意味するのは，トルコにとって，ジャラーブルスとマンビジュといったユーフラテス川より西の地域へのクルド系勢力の拡人はレッドラインであるという点，現状ではアサド政権の打倒以上にシリア北部でのクルド系勢力の拡大阻止を優先しているという点である。PYDおよびYPGは，ISへの対抗組織として，シリア北部の不安定な均衡を創出する上でロシアを含む欧米諸国から必要不可欠なアクターと見なされている。一方，トルコは，ここにきてPYDおよびYPGへの圧力を強めている。トルコはPYDおよびYPGをPKKと同一の攪

第Ⅲ部　非西欧「近代国家」におけるセキュリティ・ガヴァナンス

乱アクターと認識している。西洋諸国も，PYD および YPG をあくまで IS との戦いで有効な駒と考えている。仮に IS が組織として壊滅すると，PYD および YPG もその戦略的重要性を失い，シリアにおける攪乱アクターと他国から認識される可能性も否定できない。IS のような共通の脅威認識が消滅，もしくは低減することでアクター間の協調行動の機会が失われるのである。

　また，難民問題に関してもトルコは難しい対応を迫られている。たとえば，2016年 7 月 2 日に，エルドアン大統領がシリア難民に市民権を付与する可能性に言及すると，各地で暴動が起き，トルコ人によるシリア難民の市民権の付与に反対する集会も開催された。

　不安定さが増している中東やアフリカの一部の地域において，紛争の停止および凍結という機能を重視した低度のセキュリティ・ガヴァナンスが，今後，制度化，規範を目指す高度のセキュリティ・ガヴァナンスに発展する可能性はかなり低い。なぜなら，低度のセキュリティ・ガヴァナンスを達成しているアクター間，特に域内アクター間で対立が見られるためである。外部アクターも域内アクター間の対立を緩和することに苦心している。超大国であるアメリカが，中東における求心力を低下させ，各アクターの行動を規制しきれないことも高度のセキュリティ・ガヴァナンス構築をより一層困難なものとしている。

　これまでのところ，唯一各アクター間で共有できるアジェンダは，テロの撲滅である。トルコは PKK，PYD，YPG をテロ組織と認定するなど，アクター間の足並みを揃えることはかなり難しいものの，少なくともテロの規制および制度化は低度のセキュリティ・ガヴァナンス達成のためにも必要不可欠である。その意味では，中東地域で今後機構化が進展する場合，「積極的な平和」を目指す OSCE よりも，テロの撲滅など，各アクターの安全保障の確保を念頭においた機構，たとえば上海協力機構などがまずは参照されるべきであろう。

注

(1)　「イスラーム国」にはダーイシュ，IS，ISIL など様々な呼称がある。本章ではひとまず IS という呼称に統一する。「イスラーム国」の呼称に関しては，中東調査会イスラーム過激派モニター班『「イスラーム国」の生態がわかる45のキーワード』明石書店，2015年，50〜52頁。

222

第8章　シリア内戦において「消極的平和」を模索するトルコ

(2)　「イスラーム国」の組織的変遷に関しては，たとえば，保坂修司「『イスラーム国』とアルカーイダ——液状化するサイクス・ピコ体制とカリフ国家の幻影」吉岡明子・山尾大編『「イスラーム国」の脅威とイラク』岩波書店，2014年，203〜245頁。

(3)　中東地域の地域機構に関しては，立山良司「中東における地域主義の試みとその限界」村井友秀・真山全編『現代の国際安全保障』明石書店，2007年，163〜177頁；末近浩太「中東におけるリージョナリズム」篠田武司・西口清勝・松下冽編『グローバル化とリージョナリズム——「グローバル化の現代—現状と課題」第二巻』御茶の水書房，2009年，299〜325頁を参照。

(4)　アラブ連盟とOICはテロ対策を含め，安全保障問題に積極的に取り組んでいる。アラブ連盟とOICに関しては，江﨑智絵「アラブ連盟・イスラーム諸国会議機構」広瀬佳一・宮坂直史編『対テロ国際協力の構図——多国間連携の成果と課題』ミネルヴァ書房，2010年，97〜114頁。また，GCCの設立は安全保障問題に起因している。GCCの設立に関しては，細井長「湾岸協力会議（GCC）の形成と発展」『立命館経営学』第40巻第3号，2001年，137〜158頁を参照。

(5)　ここで使用する宗派対立とは，あくまで他の問題を切り落とし，過剰に単純化した結果としてのそれである。現在の中東政治が宗教対立という枠組みに単純化されているという点に関しては，たとえば，酒井啓子「誰が「正しい」かを競う戦い」『世界』2015年10月号，70〜78頁。

(6)　立山，前掲論文，172〜175頁。

(7)　しかし，2015年7月に停戦交渉が破棄され，2016年11月時点でトルコ政府とPKKの間で再度和平交渉に乗り出す機運はほとんど見られていない。

(8)　「イスラーム国」は主権国家として扱うべきかどうかという点に関しては様々な意見がある。主権国家の要件として，①領土，②人民，③主権性，④他国からの承認という4点が指摘できる。この要件に照らし合わせると，「イスラーム国」は他国からの承認を得ることが難しい。このような理由から，本章では「イスラーム国」を非国家アクターとして扱う。

(9)　Carl Brown, *International Politics and the Middle East : Old Rules, Dangerous Game,* London: I.B.Tauris & CL, 1984, pp. 4-7.

(10)　中村覚「序章」吉川元・中村覚編『中東の予防外交』信山社，2012年，11頁。

(11)　トルコとイランは，その国家面積，人口，GDPの指標からは中東において大国であるにもかかわらず，中東域内政治を説明する際，地政学的観点とアイデンティティの観点から，あくまでアラブ諸国の周辺と位置付けられてきた。たとえば，ヒンネブッシュは両国を「非アラブ周辺国」，イスマーイールとペリーは「（中東の）外縁」，と表現している。Tareq Ismael and Glenn Perry, "Toward a framework for analysis," in Tareq Ismael and Glenn Perry eds., *The International Relations of the Contemporary Middle East : Subordination and beyond,* London : Routledge,

2013, p. 3；Raymond Hinnebusch, *The International Politics of the Middle East*, Manchester: Manchester University Press, 2003, pp. 71-72.

⑿　ヘテラーキーに関しては，三浦聡「ヘテラーキカル・ソサエティ──世界政治におけるネットワークと権威」『国際政治』第132号，2003年，58〜76頁を参照。

⒀　Stephen Walt, "Testing theories of alliance formation：the case of South West Asia," *International Organization*, Vol. 42, No. 2, 1988, p. 278.「脅威の均衡」と似た概念で「恐怖の均衡（balance of terror もしくは balance of fear）」という概念がある。この概念は元々，冷戦期の米ソの一歩間違えば大規模核戦争に陥りかねない核開発競争を指すものである。末近は「恐怖の均衡」のロジックからイスラエルとシリアの関係を説明している。末近浩太「『恐怖の均衡』がもたらす安定と不安定──国際政治とレバノン・イスラエル紛争」吉川・中村編，前掲書，215〜239頁。

⒁　Barry Buzan, *People, States and Fear-An Agenda for International Security Studies in the Post-Cold War Era (Second Edition)*, Boulder：Lynne Rienner Publishers, 1991, pp. 116-134.

⒂　2013年5月時点でのシリア内戦がトルコに与えた脅威認識に関しては，今井宏平「接近するトルコとアメリカ──トルコのフロッキングとアメリカのオフショア・バランシング」拓殖大学海外事情研究所『海外事情』第61巻7・8月号，2013年，45〜62頁を参照。

⒃　トルコ人人質事件救出の詳細は，たとえば，今井宏平「シリア内戦と『イスラーム国』をめぐるトルコの対応」『中東動向分析』Vol. 13, No. 11，2015年3月27日，1〜3頁。

⒄　トルコのIS に関しては，今井宏平「トルコにおいて伸張する「イスラーム国」──その起源と構成」『アジ研ワールド・トレンド』2016年8月号，40〜47頁。

⒅　"Turkey downs Russian fighter jet near Syrian border after violation of airspace," *Daily Sabah*, 24 November 2015.

⒆　*Ibid*.

⒇　"Turkey shoots down unidentified drone near Syrian border," *The Guardian*, 16 October 2015.

㉑　"Turizm Dibe Vurdu," *Cumhuriyet*, 29 Temmuz 2016.

㉒　"Energy Cooperation in the History of Turkish-Russian Relations," 15 July 2015 (http://www.naturalgaseurope. com/energy-cooperation-in-the-history-of-turkish-russian-relations-24672，2016年9月30日閲覧).

㉓　Gönul Tol, "Washington-Ankara tensions will shape Obama's legacy in Turkey," *Middle East Institute Website*, 5 December 2014.

㉔　"2,000 Syrian rebels to be trained in Turkey," *Hürriyet Daily News*, 15 November 2014.

第8章　シリア内戦において「消極的平和」を模索するトルコ

(25)　"Turkey, US to create 'ISIL-free zone' inside Syria," *Hürriyet Daily News*, 25 July 2015.

(26)　"U.S., Turkey Agree to Keep Syrian Kurds Out of Proposed Border Zone," *Wall Street Journal*, 3 August 2015.

(27)　当時の4カ国の総GDPは7240億ドルであった。

(28)　"Syria Regional Refugee Response," UNHCR website（http://data.unhcr.org/syrianrefugees/country.php?id=224, 2016年10月8日閲覧）.

(29)　"How did Ankara's spending on Syrian refugees jump to $25 billion?" *Al-Monitor*, 30 September 2016.

(30)　Kemal Kirişci and Elizabeth Ferris, "Not Likely to Go to Home : Syrian Refugees and the Challenges to Turkey and the International Community," *Brookings Turkey Project Policy Paper*, No. 7, September 2015, p. 8.

(31)　"Most ISIL members detained on Turkish border come from China," *Hürriyet Daily News*, 11 December 2015.

(32)　Fehim Taştekin, "How the Islamic State is still seeping through Syria-Turkey border," *Al-Monitor*, 1 February 2016.

(33)　*Ibid*. 賄賂の金額は、1人頭100〜300ドルと言われている。また、深夜に2000〜2500ドル払い、見回りを他の場所で行ってもらうなどの方法もとられているようである。

(34)　"ISIL militants prepared suicide vests in Gaziantep on Syrian border : Police," *Hürriyet Daily News*, 5 December 2015.

(35)　"Gaziantep'te 'hücre evi' operasyonuyla büyük katliam önlendi," *Hürriyet*, 15 Kasım 2015.

(36)　公正発展党の中東への関与は、伝統的な西洋重視の政策を否定するものではない。たとえば、公正発展党は2005年10月にEU加盟交渉を開始し、加盟交渉を継続している。ダーヴトオールは、「トルコは中東を含むアジアにどのように弓を引くかで、ヨーロッパやアメリカに対して放つ矢の長さが決定するのである。その逆も然りである」と述べ、西洋と中東への関与は両立されるべきと主張している。Ahmet Davutoğlu, *Stratejik Derinlik*, Istanbul : Küre yayınları, 2001, p. 562.

(37)　ダーヴトオールが主導した外交の理念と実践に関しては、今井宏平『中東秩序をめぐる現代トルコ外交——平和と安定の模索』ミネルヴァ書房、2015年を参照。

(38)　2000年代のトルコとシリアの良好な関係に関しては、たとえば、Özlem Tür, "The Political Economy of Turkish-Syrian Relations in the 2000s-The Rise and Fall of Trade, Investment and Integration," in Raymond Hinnebusch and Özlem Tür eds., *Turkey-Syria Relations : Between Enmity and Amity*, Farnham : Ashgate, 2013, pp. 159-175 ; Meliha Benli Altunışık, "Explaining the Transformation of Turk-

225

第Ⅲ部　非西欧「近代国家」におけるセキュリティ・ガヴァナンス

ish-Syrian Relations: A Regionalist Approach," in *ibid*, pp. 177-191；今井宏平「『ダーヴトオール・ドクトリン』の理論と実践」拓殖大学海外事情研究所『海外事情』第60巻 9 号，2012年，16〜31頁；今井宏平「中東地域におけるトルコの仲介政策——シリア・イスラエルの間接協議とイランの核開発問題を事例として」『中央大学社会科学研究所年報』第17号，2013年，171〜190頁。

(39)　ガザ支援船団攻撃事件とは，2010年 5 月31日，救援物質をガザ地区に届けるためにガザ沖を航海していた，約7000人のトルコやヨーロッパ出身の活動家や政治家と，約 1 万トンの支援物資を乗せた 6 隻の支援船が，イスラエル軍から攻撃を受け，その中のマーヴィ・マルマラ号に乗船していた 8 人のトルコ人と 1 人のトルコ系アメリカ人の計 9 人が死亡，多くの乗組員が負傷した事件である。

(40)　トルコとブラジルのイラン核開発問題に関する仲介については，今井「中東地域におけるトルコの仲介政策」，前掲論文，2013年を参照。

(41)　"Gannuşi, Tunus için 'AKP modelini' düşünüyor," *CNN Türk*, 31 Ocak 2011；"Muslim Brotherhood debates Turkey model," *Hürriyet Daily News*, 14 September 2011.

(42)　ダーヴトオールの外交政策は，2011年の「アラブの春」の後，地域秩序安定化政策から国際秩序を重視する政策へと変更した。ダーヴトオールの外交政策の変遷に関しては，今井宏平「『中心国外交』で深まるトルコ像の相克」『外交』Vol. 31, 2015年，132〜137頁。

(43)　パトリオット・ミサイルを保有するアメリカ，オランダ，ドイツがそれぞれ 6 基のパトリオット・ミサイルと400名の兵士を配備した。2015年 1 月には，オランダに代わり，スペインがアダナにパトリオット・ミサイルを配備した。さらに，2016年 6 月にはドイツに代わり，イタリアが航空防衛システムをカフラマンマラシュに配備した。アメリカが2015年10月にパトリオット・ミサイルを撤退したガズィアンテプには代わりの防衛システムは配備されていない。トルコへのパトリオット・ミサイル配備に関しては，(http://www.nato.int/cps/en/natolive/topics_92140.htm)。

(44)　エルドアン首相とオバマ大統領の会談の全文は Joint Press Conference by President Obama and Prime Minister Erdogan of Turkey (https://www.whitehouse. gov/the-press-office/2013/05/16/joint-press-conference-president-obama-and-prime-minister-erdogan-turkey，2016年10月 9 日閲覧)。

(45)　両国の関係改善には，エルドアン大統領の外交顧問であるイブラヒム・カルン，フルス・アカル統合参謀総長，カザフスタンのヌルスルタン・ナザルバエフ大統領，アゼルバイジャンのイルハム・アリエフ大統領，トルコのビジネスマン，ジャビット・チャーラル，そしてロシアのダゲスタン共和国の首長，ラマザン・アブドゥラチーポフが両国間の関係改善で大きな役割を担ったと報道されている。Murat Yetkin, "The secret diplomacy that ended Turkey-Russia crisis," *Hürriyet Daily*

第8章　シリア内戦において「消極的平和」を模索するトルコ

News, 9 August 2016.

⑷6　PYD および YPG に関する詳細は，たとえば，Harriet Allsopp, *The Kurds of Syria: Political Parties and Identity in the Middle East,* London：I. B. Tauris, 2014；Michael M. Gunter, *Out of Nowhere：The Kurds of Syria in Peace and War,* London: Hurst & Company, 2014.

⑷7　トルコの難民政策に関しては，たとえば，今井宏平「流入するシリア難民の現状とトルコの対応」日本・トルコ協会『アナトリアニュース』No. 137, 2014年3月，66〜72頁；今井宏平「難民問題の「矛盾」とトルコの政治・外交──ソフトパワー・負担・切り札」駒井洋監修・人見泰弘編著『難民問題と人権理念の危機』明石書店，2017年，133〜149頁。

参考文献

今井宏平「『ダーヴトオール・ドクトリン』の理論と実践」拓殖大学海外事情研究所『海外事情』第60巻9号，2012年，16〜31頁。

今井宏平「中東地域におけるトルコの仲介政策──シリア・イスラエルの間接協議とイランの核開発問題を事例として」『中央大学社会科学研究所年報』第17号，2013年，171〜190頁。

今井宏平「接近するトルコとアメリカ──トルコのフロッキングとアメリカのオフショア・バランシング」拓殖大学海外事情研究所『海外事情』第61巻7・8月号，2013年，45〜62頁。

今井宏平「流入するシリア難民の現状とトルコの対応」日本・トルコ協会『アナトリアニュース』No. 137, 2014年3月，66〜72頁。

今井宏平『中東秩序をめぐる現代トルコ外交──平和と安定の模索』ミネルヴァ書房，2015年。

今井宏平「シリア内戦と『イスラーム国』をめぐるトルコの対応」『中東動向分析』Vol. 13, No. 11, 2015年3月27日，1〜13頁。

今井宏平「『中心国外交』で深まるトルコ像の相克」『外交』Vol. 31, 2015年，132〜137頁。

今井宏平「『消極的平和』を模索するセキュリティ・ガヴァナンス──トルコのシリア内戦における対応を中心に」『立命館大学人文科学研究所紀要』第109号，2016年，47〜69頁。

今井宏平「難民問題の「矛盾」とトルコの政治・外交──ソフトパワー・負担・切り札」駒井洋監修・人見泰弘編著『難民問題と人権理念の危機』明石書店，2017年，133〜149頁。

江﨑智絵「アラブ連盟・イスラーム諸国会議機構」広瀬佳一・宮坂直史編『対テロ国際協力の構図──多国間連携の成果と課題』ミネルヴァ書房，2010年，97〜114

頁。

吉川元・中村覚編『中東の予防外交』信山社，2012年。

酒井啓子「誰が「正しい」かを競う戦い」『世界』2015年10月号，70〜78頁。

末近浩太「中東におけるリージョナリズム」篠田武司・西口清勝・松下冽編『グローバル化とリージョナリズム——「グローバル化の現代—現状と課題」第二巻』御茶の水書房，2009年，299〜325頁。

末近浩太「『恐怖の均衡』がもたらす安定と不安定——国際政治とレバノン・イスラエル紛争」吉川元・中村覚編『中東の予防外交』信山社，2012年，215〜239頁。

立山良司「中東における地域主義の試みとその限界」村井友秀・真山全編『現代の国際安全保障』明石書店，2007年。

中東調査会イスラーム過激派モニター班『「イスラーム国」の生態がわかる45のキーワード』明石書店，2015年。

保坂修司「『イスラーム国』とアルカーイダ——液状化するサイクス・ピコ体制とカリフ国家の幻影」吉岡明子・山尾大編『「イスラーム国」の脅威とイラク』岩波書店，2014年，203〜245頁。

細井長「湾岸協力会議（GCC）の形成と発展」『立命館経営学』第40巻第3号，2001年，137〜158頁。

三浦聡「ヘテラーキカル・ソサエティ——世界政治におけるネットワークと権威」『国際政治』第132号，2003年，58〜76頁。

Ahmet Davutoğlu, *Stratejik Derinlik*, Istanbul:Küre yayınları, 2001.

Barry Buzan, People, *States and Fear-An Agenda for International Security Studies in the Post-Cold War Era (Second Edition)*, Boulder: Lynne Rienner Publishers, 1991.

Carl Brown, *International Politics and the Middle East:Old Rules, Dangerous Game*, London: I.B.Tauris & CL, 1984.

Harriet Allsopp, *The Kurds of Syria:Political Parties and Identity in the Middle East*, London:I. B. Tauris, 2014.

Kemal Kirişci and Elizabeth Ferris, "Not Likely to Go to Home:Syrian Refugees and the Challenges to Turkey and the International Community," Brookings Turkey Project Policy Paper, No. 7, September 2015.

Meliha Benli Altunışık, "Explaining the Transformation of Turkish-Syrian Relations: A Regionalist Approach," in Raymond Hinnebusch and Özlem Tür eds., *Turkey-Syria Relations:Between Enmity and Amity*, Farnham:Ashgate, 2013, pp. 177-191.

Michael M. Gunter, *Out of Nowhere:The Kurds of Syria in Peace and War*, London: Hurst & Company, 2014.

Özlem Tür, "The Political Economy of Turkish-Syrian Relations in the 2000s-The Rise and Fall of Trade, Investment and Integration," in Raymond Hinnebusch and Özlem Tür eds., *Turkey-Syria Relations: Between Enmity and Amity*, Farnham: Ashgate, 2013, pp. 159-175.

Raymond Hinnebusch, *The International Politics of the Middle East*, Manchester: Manchester University Press, 2003.

Stephen Walt, "Testing theories of alliance formation: the case of South West Asia," *International Organization*, Vol. 42, No. 2, 1988, pp. 275-316.

Tareq Ismael and Glenn Perry, "Toward a framework for analysis," in Tareq Ismael and Glenn Perry eds., *The International Relations of the Contemporary Middle East: Subordination and beyond*, London: Routledge, 2013, pp. 3-38.

［付記］本章は，今井宏平「『消極的平和』を模索するセキュリティ・ガヴァナンス ──トルコのシリア内戦における対応を中心に」『立命館大学人文科学研究所紀要』第109号，2016年を加筆・修正したものである。

第⑨章

コロンビア麻薬戦争における政府と外部アクターの協働

福海さやか

1 コロンビアの麻薬と暴力

コロンビアでは，軍事政権が崩壊した1958年以降，基本的に二大政党による政治体制が継続している。しかしながら，1960年代半ばから，コロンビア革命軍（Fuerzas Aemadas Revolutionarias de Colombia：FARC）および民族解放軍（Ejército de Liberación Nacional de Colombia：ELN）等の非合法武装勢力が存在し，政治目的のテロや資金調達のための誘拐等を行ってきた。コロンビアにおいては，中央政府が，完全には暴力を独占するに至っていなかった。さらに，ゲリラ組織は，徐々にカルテルと呼ばれる麻薬組織と連携するようになった。麻薬産業から潤沢な資金がゲリラ組織に流入するようになると，その脅威は強大化した。このような状況を受けて，麻薬問題に包括的に取り組むべく打ち出されたのが，プラン・コロンビアである。麻薬問題に取り組み，コロンビアに安定をもたらすために，コロンビア政府は積極的に，プラン・コロンビアに外部アクターの支援を求めた。コロンビア政府は，麻薬組織とゲリラ組織の連携に単独で対抗する軍事力や警察力も，資金も有していなかったからである。

本章では，プラン・コロンビアに焦点を絞り，麻薬組織とゲリラ組織の連携に，コロンビア政府がいかに外部アクターと協働しながら対抗し，安全保障を追求しようとしたのかを考察する。コロンビアでは，中央政府が一定程度安定して国土を治めていた。脆弱国家や破綻国家と呼ばれるほど国家機能が麻痺していたわけではない。しかし，半世紀以上も続くゲリラ組織の活動を沈静化もしくは鎮圧することはできず，また，1990年代以降に強大化した麻薬密輸組織に対しても効果的な取締りを行うことはできなかった。麻薬組織，そしてそれ

231

第Ⅲ部　非西欧「近代国家」におけるセキュリティ・ガヴァナンス

と連携したゲリラ組織の力が時として中央政府を凌駕し，私的な暴力の行使が横行していた。コロンビア政府は，十分に暴力の独占を達成することができず，非国家組織を抑えきれずにいた。コロンビア政府はこの弱点を補うために外部アクターの協力を仰ごうとした。そのための手段として，国際的に広く共有可能だと思われた「麻薬問題への対処」を掲げた。このような取り組みは，序章の類型に従えば，第Ⅳ象限に位置するセキュリティ・ガヴァナンスの試みであるように思われる。それがいかに追求されたのかを分析し，その経験から，セキュリティ・ガヴァナンス論に対していかなる示唆を引き出せるのかを考察するのが本章の目指すところである。

　以下，本節ではプラン・コロンビアが施行される以前のコロンビア情勢について麻薬密輸組織とゲリラ組織の関係に着目して論じる。第2節では，プラン・コロンビアにコロンビア政府がいかなる狙いを込めていたのかを検討する。第3節では，プラン・コロンビアの実施に対して国際社会からどのような態度で迎えられたか，主要なアクター（特にアメリカ合衆国［米国］とEU）の反応に着目して考察する。第4節はプラン・コロンビアの効果を国際協力と国内の情勢安定の観点から分析する。またプラン・コロンビアの経験が，セキュリティ・ガヴァナンス論にいかなる示唆を与えるのかを検討する。

　ラテンアメリカ諸国は歴史的に多くの内戦を経験している。コロンビアも例外ではなく，内乱が50年以上続いており，活発で影響力のあるゲリラ組織が複数存在してきた。そのような経済・社会的不安が続く中，1980年代にカルテルと呼ばれるコカインの栽培と密輸を生業とする組織が台頭してきた。後にカルテルは敵であったはずのゲリラ組織とビジネス契約を結び，双方が麻薬からあがる利益で潤うようになった。カルテルとゲリラ組織の結び付きにより，カルテルはより安全に密貿易を行うことができるようになると同時に，「豊かなビジネスマン」が見舞われる家族の誘拐と身代金要求の心配も減少した。一方，ゲリラ組織は資金集めが最も難しい課題であるが，カルテルから流れ込む潤沢な資金のおかげで武器の調達や人員の維持が容易になり，戦いを長期的に維持することが可能になった。本節ではカルテルの台頭とその影響，そしてカルテルとゲリラ組織の連携について述べる。

232

麻薬組織──メデジン・カルテルとカリ・カルテル

ラテンアメリカで最も利益のあがるビジネスは，違法麻薬産業であるコカイン産業である。1990年代半ば，コロンビアの麻薬密輸組織の年商は約7億米ドルであろうと推測されていた。[1] その後，2000年代に入るとコカインの末端価格が下がったものの，巨額の金を動かす産業であることに変わりはない。コカイン産業は南アメリカ大陸のアンデス地方を中心とするもので，ボリビアとペルーで生産された原料をコロンビアで精製し，国際市場，特に米国とヨーロッパへ供給している。最大消費地域である米国市場の70％，そしてヨーロッパ市場の90％がアンデス地方から来ていると言われている。

密輸ルートは米国へはメキシコを通って主に陸路で運ばれるのが一般的である。米国の主要な都市にはラテンアメリカの麻薬カルテルが支部をもっており，支部から支部へと中継されていくこともある。ヨーロッパへはコロンビアから喜望峰を通り，コンゴなど中央アフリカからモロッコ，スペインを目指すルートが主流であった。しかし，政治状況などの変化からベネズエラやブラジルから西アフリカを通ってヨーロッパに入るルートが使われることが増えている。歴史的なつながりの深いスペイン，大きな港のあるイギリス，オランダが主な入港先である。

このようなコカイン産業の発展はコロンビア第2の都市を拠点に活動していたメデジン・カルテル（Medellin Cartel）のリーダー格の1人であるカルロス・レーダーがもっていたコネクションを使って米国への密輸ルートを確立したところに拠る。[2] 定期的に流入する米ドルを資金源に，メデジン・カルテルの構成員はコロンビア国内での合法的な経済活動や政治活動に携わるようになった。特にメデジンでは，都市の主産業であった繊維産業の衰退期がコカイン産業の興隆期と合致したこともあり，2万8000近い職を創り出した。メデジンにいた失業者の30％をコカイン産業とその関連企業で抱えたカルテルは，実質都市経済活動を組織の影響下においたも同然であった。[3]

経済力の強大化から政治力をつけたメデジン・カルテルはコカイン産業発展の妨げとなる政府の政策に徹底して抵抗した。たとえば，犯罪規制法などの法案の提出を阻止し，法秩序も賄賂や脅迫で自分たちの都合の良いようにねじ曲

第Ⅲ部　非西欧「近代国家」におけるセキュリティ・ガヴァナンス

げようとした。そのため，首都ボゴタではメデジン・カルテルが1989年に半年間で200回に及ぶ爆破事件を起こし，麻薬に関連した裁判に関わる弁護士，検察官そして裁判官は正義を貫こうとすると命の危険に曝された。よって，カルテルの構成員が関わる事件を引き受けようとするものは非常に少なかった。その結果，麻薬絡みの事件に法の裁きが下ることは極めて少なかった。このような状況を打開しようとしたコロンビア政府は，匿名の検察や裁判官による公判を試みた。しかし，関係者の名前はリークされ，司法関係者を守ろうとするコロンビア政府の試みは失敗に終わったのみならず，人権擁護団体から被告人の人権侵害として批判された。

　強大な資金力を活用して頻繁に暴力を行使したメデジン・カルテルであったが，スラムへの住宅の建設と提供や都市人口への就労機会の提供など篤志家や起業家としての側面ももっていた。さらに，圧倒的な経済力に助けられ，メデジン・カルテルは政治にも影響力をもっていた。地方行政ではカルテルのリーダー格が政治家として関与していたのに加え，カルテルの代表であるパブロ・エスコバールは国会議員として選出されもした。カルテルの狙いはコロンビアを組織にとって都合の良い体制に留め置くことであり，国全体を牛耳ろうというゲリラ組織の意図とは異なるものであった。とはいえ，特定非合法団体の利益を反映した法案を重視していた点において民主主義国家に相応しいとは言い難いものであった。

　1993年，エスコバールが米国麻薬取締り局に射殺され，主要メンバーが収監されると求心力を失ったメデジン・カルテルは弱体化し，2番手にいたカリ・カルテル（Cali Cartel）がコカイン産業の中心になった。カリ・カルテルはコロンビア第3の都市を本拠地にしていた。メデジン・カルテルとは異なり，粗野な暴力の行使を嫌う組織であった。そのため，特定の人物を狙って暗殺を企てることはあったが，多くの場合は賄賂で懐柔する方法を好んだ。

　カリ・カルテルの手法はビジュアル・パフォーマンスからすれば，メデジン・カルテルのそれに比べ穏やかに見える。しかし，政治家をはじめアイドルやサッカー選手など市政，財界や社交界で影響力のある人物が数多くカルテルの影響下に置かれていた。さらに，エルネスト・サンペルが大統領に選出され

第9章　コロンビア麻薬戦争における政府と外部アクターの協働

た際の選挙活動費はカリ・カルテルから寄付された600万米ドルを含むもので
あったとされている。[(8)] そのため，コロンビアの政治を麻薬（ナルコ）と民主主
義（デモクラシー）の掛け合わせとしてナルコクラシーと揶揄するものもあっ
た。[(9)] 国政そして地方行政レベルでの政治・経済への影響力という点では，カ
リ・カルテルの活動の方が大きかったと言えよう。

　1990年代後半，カルテルが取締りを受けて資産凍結などの措置を受けると，
カリの建設業は20％落ち込み，失業率は33％増加した。[(10)] ここでもメデジン同様
にカリ・カルテルの展開する麻薬産業とその関連企業が都市経済の重要な担い
手だったことが見て取れる。

　これ以降，度重なる取締りの影響でカリ・カルテルは次第に構成員を変え，
2000年代に入ると初代カリ・カルテルとは全く異なる組織[(11)]に変貌した。同じも
のは名前とコカイン産業の要であるという点だけであった。これはカリ・カル
テルの組織形態に由来する強みであり，二大カルテル取締りの後ですらコロン
ビアをコカイン産業の要に留めた理由である。カルテルの弱体化と確立された
流通システムの恩恵を受け，ゲリラ組織が徐々にコカイン産業でのシェアを拡
大していった。

　メデジンとカリの2つのカルテルの例は，犯罪組織が都市機能，ひいては国
家機能の中枢に関わる部分まで進出しており，国としては不本意ながらも違法
産業に特に経済面で支えられていたことがわかる。しかし，この経済的安定は
カルテルの私的な暴力の行使や政治腐敗という代償を伴うものでもあった。

カルテルとゲリラ組織の連携

　私的な暴力の行使を厭わないカルテルではあったが，彼らはあくまでも「商
人」であり，武器の扱いに慣れてはいなかった。実行部隊としてカルテルが雇
ったのはシカリオと呼ばれる暗殺者や，武器の扱いに長けるゲリラ組織のメン
バーであった。コロンビア政府のみならず，米国やEUが憂慮したのはこのゲ
リラ組織とカルテルの連携である。麻薬産業から流れ込む潤沢な資金がゲリラ
組織を強大化させたからである。

　ゲリラ組織の活動資金は，従来であれば支援者からの寄付が主なものであっ

235

第Ⅲ部　非西欧「近代国家」におけるセキュリティ・ガヴァナンス

た。そのため，強大化する可能性は低かった。しかし，自分たちの要求を通す
ための破壊活動や活動資金獲得のための身代金誘拐などが頻発するなど，社会
にとって厄介な存在であった。麻薬カルテルとゲリラ組織も敵対関係にあり，
資金力に長けた麻薬密売人の家族はゲリラ組織に身代金誘拐の標的にされてい
た。

　この敵対する2者の結び付きは，政府が麻薬産業の取締りを強化したことに
端を発する。安全にコカインを消費者に届けるためにカルテルが用心棒として
ゲリラ組織を登用したのである。カルテルの側からすれば，ゲリラ組織に荷を
守らせ，その見返りを支払うことで家族が誘拐されるリスクを減らすことがで
きる。ゲリラ組織にとっては，他のどの方法よりも定期的に多額の資金を得る
ことができた。用心棒以外にも，カルテルの戦闘部隊としての働きを担い，カ
ルテルの復讐や見せしめ行為の肩代わりを行っていた。たとえば，メデジン・
カルテルは100万米ドルでゲリラ組織4月19日運動（Movimiento 19 de abril：
M-19）を雇い，最高裁判所をはじめとする行政機関を襲わせたことがある。[12]

　このナルコ‐ゲリラ間の連携は，連携するもの同士にとっては利のある結び
付きであったが，それ以外のアクター（特に政府）にとっては問題以外の何も
のでもなかった。なぜなら，相乗効果でカルテルもゲリラ組織も規模を拡大し
ていったからである。特にゲリラ組織には従来の資金集めの方法では予測すら
できなかった規模にまで強大化したものもあった。

　コロンビアには共産主義系のゲリラ組織であるコロンビア革命軍（FARC），
民族解放軍（ELN）など複数の組織が活動していたが，最大規模と言われてい
たFARCですら1980年代までは5000人程度の構成員しかいなかった。ところ
が，ゲリラ組織がカルテルの用心棒として働き始めると著しい変化が見られた。[13]
資金が潤沢になり，より多くの武器と構成員を入手し維持できるようになった
ため，組織規模の拡大が可能になり，活動が活発化したのである。N.Y.タイ
ムスなどの報道によると，1990年代のFARCは組織経費の50％（約5～15億米
ドル）を麻薬関連事業で賄っていると推測され，構成員は1万8000人近くにま
で増加したとされている。[14]さらに，政府との話し合いでスイスほどの大きさの
土地を自治領として手に入れたFARCは，そこでケシなどを栽培し，複数の

236

麻薬を製造・販売していた。

　カリ・カルテルの衰退を受けてFARCは独自にメキシコの麻薬カルテルと手を組み，米国への密輸ルートを確立していった。2000年代半ばまでには，FARCがコロンビアのコカイン産業に占めるマーケットシェアは30％にまでなった。さらに2010年代にはヨーロッパへの密輸ルートであるアフリカでムジャヒディーンなどのゲリラ組織との協力関係を構築し，麻薬密輸事業を展開している。FARCは手に入れた自治領の「有効利用」と麻薬撲滅政策の成果とされる麻薬カルテルの弱体化を受けての「麻薬事業」の拡大をしてきたのである。

　FARCなど大きな組織の麻薬産業への関与のみが取り上げられるが，コロンビア政府筋はコロンビアで活動するほぼ全てのゲリラ組織が麻薬産業に関わり，依存の程度にこそ差はあるものの資金源にしていると見ていた[15]。そして，FARCの例に見られるようにカルテルの弱体化は，それ単体では，ゲリラ組織など別のグループが麻薬産業で台頭を促すものにしかならない，とも考えていた。つまり，ゲリラ活動の沈静化と麻薬密貿易の縮小は連動しており，どちらか一方だけへの対処では不十分であるという認識であった。

2　プラン・コロンビアと政府の思惑

　1960年代から麻薬撲滅に取り組む米国の努力はとても緩やかなコカイン押収量の減少しかもたらさなかった。よって，2000年代初頭，従来の麻薬規制政策への懐疑的な見方から新しい対応への模索が行われ始めた。このアメリカ式麻薬規制政策の費用対効果は満足のいくものではないとし，麻薬産業撲滅には麻薬消費と生産という表面的な問題だけでなく，経済・社会構造，ひいては行政システムやインフラなど根本的な解決が必要であるとする考えが広まってきたことも一因である。麻薬規制政策のトレンドの変化には，過去の政策の反省に加え，EUが域外での麻薬規制に目を向け始め米国とは異なる開発政策重視の麻薬規制政策をラテンアメリカで展開しようとしていたことも影響していた。

　そのような中，麻薬規制政策の傾向に大きな転機をもたらした要因の1つが

237

第Ⅲ部　非西欧「近代国家」におけるセキュリティ・ガヴァナンス

プラン・コロンビアである。プラン・コロンビアが世界的に注目を浴びたこと
で麻薬規制への「包括的な（holistic）」アプローチが論じられるようになった。

　前述のとおり，コロンビア政府は麻薬産業の問題は，それ単体の問題ではな
く他の社会問題と絡んだ複雑なものだと認識していた。そのため，コロンビア
政府が提案した規制政策は麻薬産業の多面性を踏まえ，麻薬とそれに関わる犯
罪集団の活動だけでなく，違法産業を創り出す社会的背景にも目を向けた対策
を施そうと試みるものであった。しかし，包括的麻薬規制政策は同時進行で多
くの問題に向かわなくてはならないため，規模が大きくならざるをえない。よ
って，コロンビア政府は国際社会からの支援がプラン・コロンビア成功には必
要であると考えた。

　1999年，パストラナ政権はコロンビアの主な問題である麻薬密輸，ゲリラ，
そして貧困を打開しようと安全保障，金融，代替開発，麻薬規制，人権擁護，
平和構築など10項目に渡る領域をカバーする75億米ドルをかけたプロジェクト
を計画した。[16]この取り組みは経済状態の改善や法整備を行うことで麻薬密輸組
織とゲリラ組織の関係を断ち切り，麻薬産業従事者を減らすことで麻薬取引量
を抑え，6年で麻薬密輸量を50％削減しようとしていた。つまり，パストラナ
政権は麻薬規制は治安維持や開発がうまくいってこそ成功すると考えていたと
言えよう。[17]

　しかし，複数の多岐にわたるプロジェクトを同時に走らせるだけの資金をコ
ロンビア政府はもちあわせておらず，最初から国際社会の援助なしには成り立
たない計画であることもパストラナ政権は理解していた。[18]プラン・コロンビア
は年間運用資金5億ドルで15〜20年の運転期間が必要なプロジェクトであると
考えていたからである。[19]事実，コロンビア政府は必要な資金75億米ドルのうち，
ほぼ半分の35億ドルを国際ドナーが負担してくれることを期待していた。この
ため，コロンビア政府はプラン・コロンビアの草案を英語で作成した。二大ド
ナーとなる予定の米国とEUに，そしてそれ以外の国際アクターにアピールす
るため，公式文書を最初から国外向けに作成していたのである。[20]

238

麻薬産業と共有責任

この国際社会への期待，特に米国とEUに対するものは，コロンビアのリソース不足の問題だけではなく，以下の2つの理由からきている。

1つは麻薬問題は国際問題である，という認識である。麻薬密輸は「輸出国」の脆弱性だけが注目を浴びがちであるが，ブラック・マーケットは市場原理に基づいて存在しており，「消費国」の存在が密輸を存続させている。つまり，コロンビアのみならず先進国もこの麻薬産業の担い手として責任があり，国際社会全体が努力しなければ解決は難しい。[21]そのため，ラテンアメリカ諸国は「麻薬問題は国際社会の共有責任（shared responsibility）である」と主張していた。

この主張に対して，EUは自らが国際社会の一員であり，その中のリーダーであることを重く捉え，この共有責任のコンセプトに基づいてラテンアメリカでの麻薬規制政策を行う，とした。[22]実のところ，2000年代頭までEU域内ではコカインによる深刻な被害は見受けられず，国際社会に対する義務や共有責任を使ってしかラテンアメリカにリソースを割く理由を正当化できなかったのである。しかし，2000年代半ば以降，コカイン問題が欧州で深刻化するにつれてラテンアメリカの政策的な重要性が増し，[23]2000年代末までにはコカイン生産地域に対する麻薬取締り政策はEUにとって外せないものになった。[24]

一方，米国はラテンアメリカの麻薬問題は国家安全保障上の脅威であるとの認識を示していた。南から流れ込む大量の麻薬はドルの流出や中毒者と犯罪者の増加につながっていたからである。よって，ラテンアメリカ諸国に言われるまでもなく，真剣に対処しなければならない問題の1つがコロンビアからのコカイン密輸であった。

2つの麻薬規制政策

コロンビアが国際社会からの支援を期待した2つ目の理由は，米国とEUの採る麻薬規制政策の性格の違いにある。この2者はそれぞれ法執行型と開発型のプロジェクトを麻薬規制政策として行ってきた。米国は法執行を中心に軍隊の投入も辞さない強硬な麻薬規制政策で麻薬密輸組織の撲滅，コカインの押収，

第Ⅲ部　非西欧「近代国家」におけるセキュリティ・ガヴァナンス

コカノキの撲滅などに力を入れてきた。

　EU はインフラ整備や教育，代替作物を用いた経済支援などの開発援助政策を施行し，共同体における規範や価値観の再構築，農民たちの生活水準を上げることで麻薬栽培に従事する人を減らし，麻薬生産量を減らそうと努めていた。[25] EU にとって経済・社会開発による貧困撲滅や教育の充実などが犯罪撲滅への第一歩なのである。[26] ラテンアメリカでの EU 代替開発プロジェクトは，全てが成功裏に終わっているとは言えないものの，それなりの数のプロジェクトがうまく運営されており，EU がかけてきた時間と資金が信頼と定評につながっていた。そのため，安心感のあるプロジェクトとして EU 主導のプロジェクトに協力する地域住民が増えてきていた。

　よって，コロンビアは米国と EU が従来の2者間協力の枠組みと同様にプラン・コロンビアの枠組みの中で協力してくれることを期待していたのである。むしろ，2者間協力で行っていることをプラン・コロンビアの枠組みの中に再編するだけであるため，比較的容易に協力を得られるのではないかと見ていた。また，米国と EU がカバーしない分野でも，それらに実績のある他のドナーから協力を得られることを期待していた。プラン・コロンビアはある種，ドナーの得意分野を集めて1つのプロジェクトにしようとする試みでもあった。

3　国際社会の反応

　従来の麻薬規制政策の問題点が指摘され始め，開発政策における途上国の役割などが問題視されるようになってきた時期に，プラン・コロンビアは国際社会の「弱者」コロンビアから提示された。自国の問題点にシビアに目を向け，抜本的な改善を求めようとする政策に対して，国際社会にはどのように反応したのであろうか。本節ではプラン・コロンビアに対し，主なアクターである米国，EU そして近隣ラテンアメリカ諸国の反応を検証する。

米国の交渉と支援

　国際ドナーへのアピールを行う際，コロンビア政府は米国を最重要ターゲッ

トと位置づけた。プラン・コロンビア施行の準備段階として，コロンビア政府は米国に相談と交渉を行った。ラテンアメリカと米国の結び付きの深さ，そして米国の政治・経済力の大きさからすれば当然と言えよう。さらに，ラテンアメリカでの麻薬取締りに関しては米国が最も経験と蓄積が大きい。コロンビア政府にとっては有力なアドバイザーであった。

　コロンビア政府はプラン・コロンビア公式発表のぎりぎりまで米政府と交渉し，原案を米国の意向に沿うように修正した[27]。なぜなら，ゲリラ組織との和平交渉や開発分野により力が入れられていたコロンビア政府の原案から，麻薬規制重視に移行すれば大幅な予算拡大が可能であると米国政府高官から言われたからである[28]。1990年代後半，米国のラテンアメリカにおける関心は麻薬が最も大きな位置を占めており，ゲリラとの和平交渉では議会で予算承認が下りづらかったことも背景にある。

　プライオリティを麻薬規制に移行したプラン・コロンビアへの支援として米国議会は13億ドルの予算を承認した。この予算の内訳は，2.5～2.8億ドルの代替開発プロジェクト予算が含まれていたものの，米国の他国で行う麻薬供給規制政策の例に漏れず大部分は軍や警察などへの武器や訓練に充てられていた[29]。これらの米国の支援により，コロンビア政府はヘリコプターや飛行機など本来の国家予算であれば入手不可能な装備を数多く揃えることができた[30]。加えて，米国との合同捜査やトレーニングはコロンビア警察の能力を底上げし，麻薬取締りにおける効率性を高めた[31]。

　9.11テロ事件後，米国は急激に政策を転換した。プラン・コロンビアへの支援もその影響を受け，コロンビア軍と警察への支援予算が急増し，軍への支援が警察へのそれを上回った[32]。また，麻薬取締りにしか充てることのできなかった支援金をゲリラ対策にも使う事ができるようになった。

　米国政府の意向を受けて，コロンビア政府の起案したプラン・コロンビアは経済開発重視のプロジェクトから武力行使を伴う麻薬規制政策重視のプロジェクトへと性質を変えていった[33]。一説では，この修正は政策の本質的な変容ではなく，どの分野から始めるかの優先順位が変更されただけにすぎないと論じられた[34]。なぜなら，前述のとおり，麻薬産業とゲリラ組織のつながりは深く，相

互作用があるため，どちらかを弱体化させるためには他方への対処も必要である。よって，ゲリラ対策が先であっても，麻薬対策が先であってもコロンビアの安定へのプロセスとしては問題ないと見なしたのである。

しかし，プラン・コロンビアへの援助と賛同を得るという目的のためには大きな違いが現れた。公式発表された時にはすでに米国の支援が確約されたも同然の状態で，かつ英語で示されたプラン・コロンビアは「米国の後押しする麻薬規制プロジェクト」であり「米国政府の麻薬取締りプロジェクト」であるとの印象を国際社会に与えた。さらに，米国政府の意向を反映することに努めたため，人権擁護や開発のための具体的な政策がおざなりにされてしまっており，その点への懸念が示された。

EU の拒絶

EU は，コロンビアが重要なドナーの1つであると考えていたにもかかわらず，加盟国が独自に支援する分には構わないとしながらも，プラン・コロンビアへの不参加を決めた。主な理由は2つあった。1つは，開発援助を行うとはいえ，軍事要素が63％を占めるプロジェクトとは関わることができないと判断したからである。EU は開発を主体としたリベラルなプロジェクトを推進しているとの評判を築いてきた。この件に関わることは，米国と手を結び，その理念に賛同したものと見なされかねない。そうなると，今まで築いてきたリベラルなアプローチに対する評判と信頼を失うことになり，米国が主導するプロジェクトと同様に麻薬取締りへの反対運動を行う者に進行中のプロジェクトサイトが襲われ，活動が妨害される恐れがあると危惧したのである。米国政府の行うプロジェクトはホスト国の反対派によって関係者が襲われたり，プロジェクト拠点が焼き討ちにあったりしており，強固な警備体制を敷かなければプロジェクトの実行が危ぶまれる場所もある。EU のプロジェクトサイトが同様の被害にあう可能性があった。

2つ目はプラン・コロンビアに含まれるプログラムの中に EU の推進するコンセプトやプロジェクトと対立する要素があったことである。EU はコロンビア政府とゲリラの和平交渉を支援してきた。強硬な麻薬規制政策は麻薬密輸組

織とゲリラの活動を活性化させ，和平交渉の発展に影響を与えかねないと考えていた[38]。加えて，米国の行うコカノキ撲滅プログラムは農薬の空中散布によるもので，麻薬産業に無関係な農耕地にまで悪影響を与えていた。そのため，農薬散布地域と隣接する村や共同体に被害を与えており，EU が行う開発援助プロジェクトの現場も被害にあう可能性があった[39]。

またこれらに加えて，米国とはプロジェクト公表前から密な話し合いをしていたにもかかわらず，EU や他のラテンアメリカ諸国はプラン・コロンビアが計画されていることや，支援協力に対する打診すらなかったことを不満に思っていた[40]。国際会議の場が設けられることなく，米国との話し合いのみで練られたプラン・コロンビアは米国さえ入ってくれればそれでよいプロジェクトであると EU に見なされたのである。

結果的に EU 公式見解はプラン・コロンビアに否定的とならざるをえなかった。だが，それは全ての加盟国が反対だったからというわけではなく，コンセンサスがとれなかったためである。しかし，コロンビア政府の打ち出した麻薬規制政策の方向性は，全体としては，むしろ EU が目指す方向性と近く共感できるものであった[41]。また，EU はプラン・コロンビアとは一線を画すとしながらも，プラン・コロンビアで求められていた役割である社会・経済開発プロジェクトの支援を行い，コロンビア政府にとっては EU のプラン・コロンビア参加と同様に価値のある支援であった[42]。

EU の主な支援プロジェクトの1つ，ピース・ラボラトリー（Peace Laboratory）は複数のゲリラや麻薬密輸組織が活動するエリアであるマグダレナ・メディオ（Magdalena Medio）で地元の NGO と地域住民が取り組んでいた開発プロジェクトにテコ入れしたところから始まった。マグダレナ・メディオはゲリラなどの私設武装集団が跋扈し，そこに麻薬密輸業者が加わってくるようになった地域である。地域のリーダーを中心に麻薬栽培から合法作物栽培に方向転換し，地域のインフラ整備や行政の立て直しなどを図ろうとしていたのがピース・ラボラトリーである。EU はこのプロジェクトがある程度確立してきたところに参入した。ここで地域を巻き込んでのプロジェクトのあり方と進め方を学んだ EU は，そのノウハウをもとに10年間で少しずつ同様のプロジェクトの

第Ⅲ部　非西欧「近代国家」におけるセキュリティ・ガヴァナンス

数を増やし，現在ではコロンビア南部の麻薬生産地域でも複数行っている。

　このピース・ラボラトリーへの支援は当時のコロンビア政府が望んでいた方向性とは異なっていたが，マグダレナ・メディオにはすでに現地 NGO によってある程度確立されたプロジェクトであったことや，活動する NGO と直接コンタクトをとれたことなどが EU の求める基準と一致しており，EU にとっては支援を決断しやすかったのである。[43]

近隣ラテンアメリカ諸国の警戒

　ベネズエラ，ブラジルなどの近隣諸国は武力行使を伴う強硬な麻薬規制政策に以下の２点から懸念を示した。[44] １つは麻薬産業の拡散を恐れたからであり，もう１つは米軍が南アメリカでプレゼンスを強化する事に不安を感じたからである。

　麻薬規制は「バルーン効果」を伴う。コロンビアで強硬な手段を講じれば，犯罪者と麻薬は越境して近隣の国に本拠地を移す。麻薬問題はコロンビアで撲滅されるのではなく，より緩やかな取締りを行う国に流れ出て行く。プラン・コロンビアの開始とともに自国へ麻薬関連ビジネスとそれに付随した殺人事件などの増加は必至であるから，近隣諸国は支援できないと表明した。実際，エクアドル，ベネズエラ，ブラジルそしてパナマではコロンビアから流出した麻薬産業の影響だと見られる事件がプロジェクトの開始後，比較的早い時期から見られた。[45]

　加えて，プラン・コロンビアは米国のラテンアメリカ干渉への礎になる可能性があると危惧していた。プラン・コロンビアはその多くを他国からの資源に頼っている。特に米国の出資率そして軍事プレゼンスが高いため，コロンビア政府が米国同調政策をとる可能性がある上，ペルーとボリビアで行っている軍事訓練などと合わせて南アメリカで米軍が常駐する基地として使われるのではないかと危惧したのである。[46] 歴史的な背景や政治・経済的な力関係からくる軋轢などから，ラテンアメリカ諸国は米国の動きに慎重な態度をとっている。その中でも，軍事介入のきっかけとなるような事柄に対しては非常に慎重である。

4 プラン・コロンビアとセキュリティ・ガヴァナンス

　コロンビアはゲリラと麻薬組織，そしてそのコンビネーションが国にもたらす悪影響と戦い続けてきた。しかし，コロンビア政府はゲリラと麻薬組織の影響力の前に司法制度への信頼や治安を維持することができずにいた。なぜなら，麻薬組織は経済力に物を言わせて大量の兵器を購入し，ゲリラ組織と連携することでそうした兵器を一層効果的に活用できるようになっていたからである。そのため，コロンビア国内には私的暴力と恐怖，そして賄賂が蔓延していた。こうした状況を受けて，コロンビア政府は麻薬産業を「安全保障上の危機である」とし，他国と協力しつつ対策を講じようとしてきた。しかし，コロンビアは従来の国際協力による麻薬取締政策は状況の改善に効果的ではないと考えた。そこで，コロンビア政府は外部アクターの協力を前提として包括的な麻薬政策プラン・コロンビアを施行し，麻薬組織とゲリラ組織を弱体化することで治安維持と国内情勢の安定を図ろうと試みた。コロンビアに安定をもたらすために多くの外部アクターの関与を政府が率先して求めたのである。

安全保障と国際協力

　プラン・コロンビアに対する意見は賛否両論あるものの，コロンビアは1990年代に比べて安定している。少なくとも，ゲリラや麻薬密輸組織の行う暴力は日常ではなくなった。これは米国の軍備支援などに加えて，それ以外の国の経済・社会開発支援に負うところもあると思われる。

　具体的に見てみると，2000年代以降，上昇と下降を繰り返してはいるものの，コロンビアでのコカノキの栽培面積がやや減少傾向にある。[47] 2000年と2009年を比較すると58％の減少が見られた。[48] 2014年のコカノキ栽培量の報告では6万9000ヘクタールでかなりの減少が認められる。[49] これらはプラン・コロンビアの要素の1つである農薬散布などによるコカノキ撲滅政策の結果だと考えることができよう。その後，史上最低の生産量を記録した数年後，1990年代後半の生産量まで上昇しているため，麻薬規制政策としてどの程度機能しているのかは

第Ⅲ部 非西欧「近代国家」におけるセキュリティ・ガヴァナンス

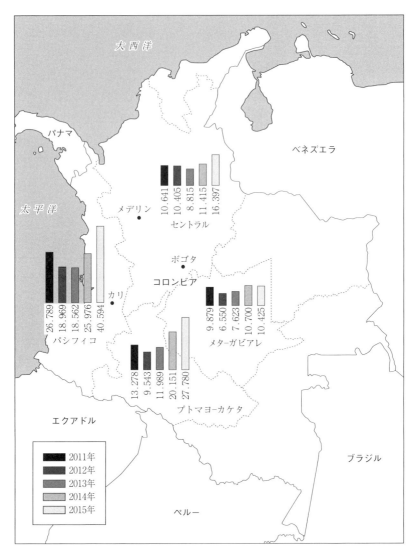

図9-1 コロンビアの地域別コカ作物（ha）

出典：UNODC, Colombia: Monitoreo de territorios afectados por cultivos illicitos 2015, Julio de 2016, p. 28を基に筆者作成。

判断しづらい。また，コカノキの栽培量減少の割合に比べて，精製技術の向上によりコカイン生産量の減少率は低いとされている。しかし，麻薬産業の規模と暴力の行使に一定の関係があるとするのであれば，この麻薬産業の縮小傾向はコロンビア国内の殺人などの凶悪犯罪減少につながっていると言えよう。

　プラン・コロンビア開始以前の治安維持に関しては，国の約26％の自治体に機能する警察組織が存在せず，約30％の自治体がゲリラ組織や武装集団などに支配されていたか，もしくはその活動の場となっていた。しかし，2015年にはゲリラの支配や活動拠点となっている地域の割合は約8％にまで下がり，ゲリラ活動や麻薬組織の暴力に蹂躙された多くの地域で和解への道を探す努力がなされようとしている。

　治安維持や主権の強化に大きな役割を果たしたのが，米国からの装備援助であったと警察幹部が当時を振り返っている。警察が対抗する手段をもたなかったため，多くの犠牲を出しながらも麻薬密輸組織やゲリラに逃げられ，逮捕に至ることができなかった。しかし，プラン・コロンビア施行とともに米国からブラック・ホークを与えられたことで，犯罪者やゲリラを追い詰めることができるようになった。警察の存在，国の治安維持と法執行能力を可視化することができるようになったのである。

　プラン・コロンビア施行の成果の一部である治安維持，そしてそこからもたらされた国内の安定によって，経済発展も進んでいった。たとえば，プラン・コロンビアとは一線を画すとするEUとその加盟国が独自に行う経済協力に加えて，麻薬規制に関する協力などは行わない日本もコロンビアの経済発展を支援している。1990年代のコロンビアに対して積極的に自国の企業の誘致を試みる政府は限られていた。EUはそのような経済活動の場を増やし，合法産業を発展させる取り組みが必要としつつも，実際にはプロジェクトとして成り立っていなかったのである。

コロンビアにおけるセキュリティ・ガヴァナンス

　麻薬問題は国際社会全体に関わる問題であり，国際社会の構成員の共有責任が受け入れられている。しかも，コロンビア政府提案のプラン・コロンビアは

現行の麻薬規制政策が抱える問題点への対処や巨大ドナーの意向を汲んだ要素を多くもっているものになる予定であった。よって，麻薬問題という共感を得られそうな政策を中心にすることで，外部アクターの助力によってコロンビア政府の不足を補い，安定した社会を作り出す礎にすることで国力の強化を試みたと考えられる。序章で言うところの，第Ⅳ象限のような形態のセキュリティ・ガヴァナンスを成り立たせようと試みたと考えることができるであろう。

　しかし，多国間協力による国際プロジェクトとしての麻薬規制は，コロンビア政府の意図したとおりにはならなかった。なぜなら，麻薬問題をめぐる状況は国により差があるため，その位置づけや緊急性に対する認識が異なり，自国のポリシーを圧してまで協働しなければならないものだとは考えないアクターもいたからである。特に二大ドナーとして期待されていた米国とEUのコカイン問題に関する認識の間には大きな隔たりがあった。米国にとっては国家安全保障上の問題であったが，2000年代初頭のEUにとってラテンアメリカのコカイン産業に緊急性はないと見なされていた。そのため，方針の異なる米国との協働をEUは受け入れなかった。その後，EU域内でのコカイン問題は深刻化するが，麻薬問題に対して軍事力を用いて解決しようとする米国とは政策上の一致を見ることはできない，とする姿勢を崩さなかった。

　このような二大ドナーの政策上の違いを知りながらも，コロンビア政府は米国との協働を優先し，米国支援による軍事色の強い麻薬対策プロジェクトが中心のプラン・コロンビアに変更された。そのため，EUの協力は得られず，NGO等の関与も含む開発の要素を含む包括的な麻薬対策としての色彩はプラン・コロンビアから消えた。その結果，プラン・コロンビアは当初想定していた内容からは程遠いものにならざるをえなかった。コロンビア政府の意向がその政策内容に十分に反映されていたとは言い難い。また，アメリカ色が強くなったことで，プラン・コロンビアに対する近隣ラテンアメリカ諸国の懐疑的姿勢が強まった。

　とは言え，プラン・コロンビアが麻薬密輸組織を弱体化させることに成功し，その結果としてゲリラ組織の財源を削減，ゲリラとの和平交渉へとつながっていったという成果をあげていることも事実である。プラン・コロンビアは国内

の治安の安定に寄与していると言える。結果を重視する「ガヴァナンス」という観点から言えば，外部アクターの協力を得て安全が向上したことは評価できるであろう。

　ただし，この成果はコロンビア政府が一部の外部アクター，とりわけ米国への依存を強めることで成し遂げられたことに留意する必要がある。安全保障，あるいは法執行といった国家主権の根幹に関わる分野において，特定の国への依存を強めたことは，政府として妥当な決断であっただろうか。当初想定されたように，経済や社会開発などの分野においてNGOなどと協働しつつ，より多様な外部アクターが関わりながら麻薬対策が進められた場合と比べ，このような形で麻薬対策を進めたことがコロンビアにどのような影響をもたらすのであろうか。この点については，今後も注視していく必要があろう。

　以上見てきたように，国力が弱く，中央政府が支配を行き届かせることのできないコロンビアのような国にとって，外部アクターの力を使って国の体制や治安を維持すること（もしくはその基盤を作ること）は「ガヴァナンス」におけるオプションの1つになりうるであろう。しかし，「自国が十分に有していない資源を外部アクターの援助で賄う」方針は，多様な外部アクターが政策目的を共有し協働して初めて可能になる。コロンビア政府の例は多様な外部アクターの協働を確保することは容易なことではないことを示している。

　外部アクターの支援頼みのプラン・コロンビアのような政策は慎重に行われるべきであり，当初想定していた内容から離れたものになる可能性も忘れてはならない。なぜなら，支援に応じてくれたドナーの意向に沿った政策しか行うことができず，ホスト国政府の意向が政策内容に十分に反映されない政策しか施行されないことも起こりうるからである。

注

(1)　Constantine, T. A., Congressional Testimony, *National Drug Control Strategy and Drug Interdiction*, Before the Senate Caucus on International Narcotics Control, and The House Subcommittee on Coast Guard and Maritime Transportation, 12 September 1996 (http://www.usdoj.gov/dea/pubs/cngrtest/ct960912.htm, Accessed 13 December 1998).

第Ⅲ部　非西欧「近代国家」におけるセキュリティ・ガヴァナンス

(2)　Constantine, T. A., *DEA Congressional Testimony Regarding Drug Trafficking in Mexico*, before the Senate Committee on Banking, Housing, and urban Affairs, 26 March 1996 (http://www.usdoj.gov/dea/pubs/cngrtest/ct960328.htm, Accessed 6 June 1999);Constantine, T. A., *DEA Congressional Testimony Regarding Cooperation with Mexico*, before the National Security, International Affairs and Criminal Justice Subcommittee of House Government Reform and Oversight Committee, 25 February 1997 (http://www.usdoj.gov/dea/pubs/cngrtest/ct970225.htm, Accessed 8 June 1999);Drug Enforcement Agency, *The South American Cocaine Trade: An "Industry" in Transition*, June 1996 (http://www.usdoj.gov/dea/pubs/intel/cocaine.htm, Accessed 28 August 1999);Builta, J., 'Mexico faces corruption, crime, drug trafficking and political intrigue,' *Criminal Organizations*, Vol. 10, No. 4, Summer 1997 (http://www.acsp. uic.edu/iasoc.crime_org/vol10_ 4 /art_4v.htm, Accessed 21 September 1998);Reuters, 'Mexico finds cocaine in joint operation with U.S.,' *ABC News*, 7 December 1999 (http://abcnews.go.com/wire/World/reuters19991207_201.html, Accessed 8 December 1999).

(3)　Menzel, S. H., *Cocaine Quagmire:implementing the US anti-drug policy in the north Andes-Colombia*, University Press of America: Maryland, 1997, p. 41;Youngers, C., 'Coca Eradication Efforts in Colombia,' *WOLA Briefing Series: Issues in International Drug Policy*, 2 June 1997 (http://www.worldcom.nl/tni/drugs/links/guaiare. htm, Accessed 23 October 1998);Clawson, P. L. and Lee III, R. W., *The Andean Cocaine Industry*, St Martin's Griffin: New York, 1998, p. 168.

(4)　Menzel, *op. cit.*, p. 80.

(5)　Ross, T., 'Colombian judges court death,' *Independent*, 18 November 1991.

(6)　Youngers, *op. cit.*;Clawson and Lee III, *op. cit.*, p. 168.

(7)　Isikoff, M., 'Colombia's Drug King Becoming Entrenched,' *Washington Post*, 8 January, 1989;Moore, M., 'Mexican Seeks Ex-Governor on Drug Charges,' *The Washington Post*, 8 April 1999 (http://www.washingtonpost.com/wp-srv/inatl/longterm/mexico/mexico.htm, Accessed 8 April 1999).

(8)　'Colombian poll win 'bought' by drug cartel,' *Daily Telegraph*, 15 March 1994;Menzel, S,H., *Fire in the Andes:US Foreign Policy and Cocaine Politics in Bolivia and Peru*, University Press of America: Maryland, 1997, p. 90;United States Congress Senate Committee on Foreign Relations, *Corruption and drugs in Colombia; democracy at risk:a staff report to the Committee on Foreign Relations*, US GPO:Washington DC, 1996, p. vi;Ross, T., 'Blow to Colombia as tape links parties to Cali drug cartel,' *The Guardian*, 28 June 1994.

(9)　Dillon, S., 'In Letter From Hiding, Mexican Governor Charges Political Plot,'

第❾章　コロンビア麻薬戦争における政府と外部アクターの協働

The New York Times, 7 April 1999 (http://www.nytimes.com/library/world/americas/040799mexico-governor.html, Accessed 7 April 1999); Associated Press, 'Former Mexican governor said negotiating surrender in drug case,' *CNN News*, 20 February 2000 (http://www.cnn.com/2000/WORLD/americas/02/20/bc.mexico.fugativegov.ap/index.html, Accessed 20 February 2000).

⑽　Youngers, *op. cit.*; Clawson and Lee III, *op. cit.*, p. 168.

⑾　最終的には密輸行程の前後で関係するだけの小さなグループの連携で，組織とは呼べないものになって行った。後にカリ・カルテルという呼称は使われなくなった。

⑿　Claudio, A., 'United States-Colombia Extradition Treaty: Failure of a Security Strategy', *Military Review*, December 1991, p. 71; Chomsky, N., *The Drug War* (http://www.mega.nu:8080/ampp/drugtext/ial5.html, Accessed 11 July 2004); Salias, C. M., 'Colombia and the Kaleidoscope of Violence,' *US Foreign Policy in Focus,* Vol. 1 No. 18, 27 October 1997 (http://www.igc.apc.org, Accessed 16 September 1998); Menzel, *op. cit.*, p. 80; Lee, R. W., 'Policy Brief: Making the Most of Colombia's Drug Negotiations,' *Orbis*, Vol. 35, No. 2, Spring 1991, p. 242.

⒀　GAO, *Drug War: Observation on Counternarcotics Aid to Colombia*, GPO, 1991, p. 20; Committee on Foreign Affairs, *US Narcotics Control Program in Peru, Bolivia, Colombia, and Mexico*, GPO, 1989, p. 23; Lee, R. W., *The White Labyrinth: Cocaine and Political Power*, Routledge: London, 1991, p. 118.

⒁　Rohter, L., 'Colombia Agree to Turn Over Territory to Another Rebel Group,' *The New York Times*, 26 April 2000 (http://www.nytimes.com/library/world/americas/042600colombia-rebels.html, Accessed 27 April 2000); Dudley, S., 'Colombia sets negotiations with a second rebel group,' *The Washington Post*, 26 April 2000 (http://www.washingtonpost.com/wp-dyn/articles/A14228-2000Apr25.html, Accessed 27 April 2000).

⒂　コロンビア大使館員とのインタビュー，ブリュッセル，2002年7月10日。
Tjaden, S., 'Colombia Captures Guerrilla Groups's 'Link' to Sinaloa Cartel', InSight Crime, 2 June 2016 (http://www.insightcrime.org/news-briefs/colombia-captures-guerrilla-link-to-sinaloa-cartel, Accessed 13 November 2016).

⒃　Colombian President, *Plan Colombia: Plan for Peace, Prosperity, and the Strengthening of the State*, Bogotá: Presidency of the Republic, 1999 (http://www.usip. org/library/pa/colombia/adddoc/plan_colombia_101999.html, Accessed 31 October 2003).

⒄　Garrido, R. S., 'La Guerra Global Contra El terror, Plan Colombia, El IRA Y La Región Andino Amazonica: Wanted or Certified?' *Mamacoca* (http://www.mamacoca.org/FSMT_sept_2003/es/abs/soberon_guerra_global_terror_abs_es.htm, Ac-

251

第Ⅲ部　非西欧「近代国家」におけるセキュリティ・ガヴァナンス

cessed 15 December 2003).

⒅　コロンビア大使館員とのインタビュー，ブリュッセル，2002年 7 月10日。

⒆　Carpenter, T. G., 'Plan Colombia: The Drug War's New Morass,' *CATO Policy Report*, Vol. 23, No. 5, September/October 2001.

⒇　コロンビア大使館員とのインタビュー，ブリュッセル，2002年 7 月10日。

(21)　同上。

(22)　Patten, C., *3rd meeting of the Support Group of the Peace Process: Colombia: A European contribution to peace*, 28 April 2001 (http://europa.eu.int/comm/externall_relations/colombia/3msg/template_copy(1).htm, Accessed on 28 October 2001).

(23)　UNODC, *World Drug Report 2014*, p. 16; UNODC, *The Transatlantic Cocaine Market*, 2011, p. 16.

(24)　駐コロンビア欧州連合代表部でのインタビュー，ボゴタ，2015年 3 月 4 日。

(25)　欧州委員会と欧州理事会でのインタビュー，2002年 4 月22～23日および2002年 7 月 8 ～10日，ブリュッセル。

(26)　EMCDDA, *Euro-Ibero American Seminar: Cooperation on Drugs and Drug addiction Policies (Conference Proceedings)*, Luxembourg: Office for Official Publication of the European Communities, 1999, pp. 13-14.

(27)　米国務省でのインタビュー，ワシントン DC，2003年 5 月27日。

(28)　Vaicius, I. and Isacson, A., "'Plan Colombia': The Debate in Congress," *International Policy Report*, December 2000, p. 2 (http://www.ciponline.org/colombia/aid/ipr1100.pdf, Accessed 29 October 2003).

(29)　Beers, R., *Testimony* before the Criminal Justice, Drug Policy, and Human Resources, Subcommittee of the House Committee on Government Reform, 12 October 2000 (http://www.state.gov/www/policy_remarks/2000/001012_beers_criminal.html, Accessed 6 March 2003); Lister, R., 'US commits to Colombia,' *BBC*, 31 August 2000 (http://news.bbc.co.uk/l/hi/world/americas/902035.stm, Accessed 20 October 2003).

(30)　コロンビア大使館員とのインタビュー，ワシントン DC，2003年 5 月29日。

(31)　コロンビア警察とのインタビュー，コロンビア大使館，ロンドン，2002年 1 月14日。

(32)　2002年度は警察が13億ドル，軍が10億ドルであったが，2003年度には警察13億ドル，軍14億ドル，そして，2004年度は警察14億ドル，軍15億ドルと増加し続けた。*Fiscal year 2004 Congressional Budget Justification*, p. 36, obtained during the interviews in Washington DC in May 2003.

(33)　Godoy, H., *Plan Colombia's Strategic Weaknesses*, a paper presented at the 2003

252

meeting of the Latin American Studies Association in Dallas, Texas, 27-29 March 2003, pp. 12-14 (http://136.142.158.105/Lasa2003/GodoyHoracio.pdf, Accessed 13 November 2003).

(34) Gentleman, J. A., *The Regional Security Crisis in the Andes: Pattern of State Response,* July 2001, p. 11 (http://www.carlise.army.mil/ssi/pubs/2001/andes/andes.pdf, Accessed 16 May 2003).

(35) Observatorio para la Paz, 'Plan Colombia: Juego de Máscaras,' *Mamacoca* (http://www.mamacoca.org/plancol_mascaras_es.htm, Accessed 21 November 2003).

(36) *Plan Colombia: A Plan for Peace or a Plan for War?* Statement made by social organisations, non-Governmental Organisations, and the Colombian Human Rights and Peace Movement (http://www.tni.org/drugs/research/plcoleu.htm, Accessed 15 December 2003); Penalva, C., *El Plan Colombia y Sus Implicaciones Internacionales,* 2003 (http://www.ua.es/cultura/aipaz/docs/Plancol.ref, Accessed 20 January 2004); The actual text of Plan Colombia, see: President, *Plan Colombia: Plan for Peace, Prosperity, and the Strengthening of the State,* Bogotá: Presidency of the Republic, 1999 (http://www.usip. org/library/pa/colombia/adddoc/plan_colombia_101999.html, Accessed 31 October 2003).

(37) Gayón, O., 'Plan Colombia is a Dracula,' *El Espectador,* 11 June 2000 (http://www.elespectador.com/0006/11/genotici.htm#01, English translation on: http://www.narconews.com/europlan1.html, Accessed 31 October 2003).

(38) コロンビア大使館員とのインタビュー，ブリュッセル，2002年7月10日。

(39) Capeda Ulloa, F., 'The European Union Contributes to the peace process in Colombia,' *Nueva Mayoria,* 29 May 2001 (http://www.nuevamayoria.com/english/analysis/cepeda/icepeda290501.htm, Accessed 31 October 2003).

(40) 駐米欧州連合代表部でのインタビュー，ワシントンDC，2003年5月30日，米州機構（CICAD）担当者とのインタビュー，メキシコ外務省，メキシコシティ2003年6月16日。

(41) European Commission, *Peace Process in Colombia: Commission launches 'Peace Laboratory in the Magdalena Medio,'* 7 February 2002, IP/02/213 (http://www.reliefweb.int/w/rwb.nsf/0/3d7963a94e62ffe8c1256b59004a367a? Open Document, Accessed 29 October 2003).

(42) Departamento Nacional de Planeación, *Plan Colombia Balance 1999-2003,* November 2003, p. 7 (http://www.dnp. gov/co/ArchivosWeb/Direccion_Evaluacion_Gestion/Report_y_Doc/Balance_Plan_Colombia.pdf, Accessed 15 January 2004).

(43) 欧州委員会でのインタビュー，ブリュッセル，2003年1月15日。

第Ⅲ部　非西欧「近代国家」におけるセキュリティ・ガヴァナンス

⑷　Marguis, C., 'Ambitious Antidrug Plan for Colombia is Faltering,' *New York Times*, 15 October 2000；Rohter, L., 'Latin Leaders Rebuff Call by Clinton on Colombia,' *New York Times*, 2 September 2000；Metcalfe, R., "Plan Colombia under Scrutiny," *Radio Netherlands Wereldomroep*, 17 October 2000 (http://www.rnw.nl/hotspots/html/colombia001017.html, Accessed 30 October 2003).

⑸　Flynn, S., *US Support of Plan Colombia : Rethinking the Ends and Means*, May 2001, p. 4 (http://www.carlisle.army.mil/ssi/2001/pcussprt/pcussprt.pdf, Accessed 16 May 2003)；Arias Calderón, R., 'A View from Panama' in *Plan Colombia : Some Differing Perspectives*, July 2001, p. 33 (http://www.carlisle.army.mil/ssi/pubs/2001/pcdiffer.pdf, Accessed 16 May 2003).

⑹　Garrido, R. S., 'La Guerra Global Contra El terror, Plan Colombia, El IRA Y La Región Andino Amazonica；Serrano, P., *Plan Colombia, la guerra sin limites*, 23 May 2002 (http://www.rebelion.org/plancolombia/serrano230502.htm, Accessed 20 January 2004).

⑺　麻薬産業に関しては１国だけが栽培量を減少させてもあまり重要性はなく，近隣の国を含めた生産地域全体で減少しないと意味がない。コカイン生産地域であるボリビア，ペルーの生産量を含めて減少傾向にあることの方が国際コカイン市場には意味がある。

⑻　UNODC, *World Drug Report 2010*, p. 65.

⑼　UNODC, *Coca Survey 2014*, p. 11.

⒀　UNODC, *World Drug Report 2016*, p. 21.

⒁　*Ibid*.

⒂　Mejia, D., *Plan Colombia : An Analysis of Effectiveness and Costs*, Center for 21st Century Security and Intelligence Latin America Initiative, Brookings (https://www.brookings.edu/wp-content/uploads/2016/07/Mejia-Colombia-final-2.pdf, Accessed 5 May 2017).

⒃　Giraldo, E., 'Plan Colombia, sus éxitos y fracasos,' 02/02/2016, *Caracol Radio* (http://caracol.com.co/radio/2016/02/02/internacional/1454424938_754362.html, Accessed 5 May 2017).

⒄　'Los tres henerales colombianos que ejecutaron el Plan Colombia,' 01/02/2016, *Caracol Radio* (http://caracol.com.co/radio/2016/02/01/internacional/1454364681_374913.html, Accessed 5 May 2017).

⒅　独立行政法人国際協力機構コロンビア支局長へのインタビュー，ボゴタ，コロンビア，2015年３月３日。

⒆　欧州委員会でのインタビュー，ブリュッセル，ベルギー，2012年４月22～23日。

254

参考文献

Arias Calderón, R., 'A View from Panama' in *Plan Colombia : Some Differing Perspectives* July 2001 (http://www.carlisle.army.mil/ssi/pubs/2001/pcdiffer.pdf, Accessed 16 May 2003).

Associated Press, 'Former Mexican governor said negotiating surrender in drug case,' *CNN News*, 20 February 2000 (http://www.cnn.com/2000/WORLD/americas/02/20/bc.mexico.fugativegov.ap/index.html, Accessed 20 February 2000).

Beers, R., *Testimony* before the Criminal Justice, Drug Policy, and Human Resources, Subcommittee of the House Committee on Government Reform, 12 October 2000 (http://www.state.gov/www/policy_remarks/2000/001012_beers_criminal.html, Accessed 6 March 2003).

Builta, J., 'Mexico faces corruption, crime, drug trafficking and political intrigue,' *Criminal Organizations*, Vol. 10, No. 4, Summer 1997 (http://www.acsp. uic.edu/iasoc.crime_org/vol10_ 4 /art_4v.htm, Accessed 21 September 1998).

Capeda Ulloa, F., 'The European Union Contributes to the peace process in Colombia,' *Nueva Mayoria*, 29 May 2001 (http://www.nuevamayoria.com/english/analysis/cepeda/icepeda290501.htm, Accessed 31 October 2003).

Carpenter, T. G., 'Plan Colombia : The Drug War's New Morass,' *CATO Policy Report*, Vol. 23, No. 5, September/October 2001.

Chomsky, N., *The Drug War* (http://www.mega.nu:8080/ampp/drugtext/ial5.html, Accessed 11 July 2004).

Claudio, A., 'United States–Colombia Extradition Treaty : Failure of a Security Strategy,' *Military Review*, December 1991.

Clawson, P. L. and Lee III, R. W., *The Andean Cocaine Industry*, St Martin's Griffin: New York, 1998.

'Colombian poll win 'bought' by drug cartel,' *Daily Telegraph*, 15 March 1994.

Colombian President, *Plan Colombia : Plan for Peace, Prosperity, and the Strengthening of the State*, Bogotá : Presidency of the Republic, 1999 (http://www.usip.org/library/pa/colombia/adddoc/plan_colombia_101999.html, Accessed 31 October 2003).

Constantine, T. A., Congressional Testimony, *National Drug Control Strategy and Drug Interdiction*, Before the Senate Caucus on International Narcotics Control, and The House Subcommittee on Coast Guard and Maritime Transportation, 12 September 1996 (http://www.usdoj.gov/dea/pubs/cngrtest/ct960912.htm, Accessed 13 December 1998).

Constantine, T. A., *DEA Congressional Testimony Regarding Cooperation with Mexi-*

第Ⅲ部　非西欧「近代国家」におけるセキュリティ・ガヴァナンス

co, before the National Security, International Affairs and Criminal Justice Subcommittee of House Government Reform and Oversight Committee, 25 February 1997 (http://www.usdoj.gov/dea/pubs/cngrtest/ct970225.htm, Accessed 8 June 1999).

Constantine, T. A., *DEA Congressional Testimony Regarding Drug Trafficking in Mexico*, before the Senate Committee on Banking, Housing, and urban Affairs, 26 March 1996 (http://www.usdoj.gov/dea/pubs/cngrtest/ct960328.htm, Accessed 6 June 1999).

United States Congress Senate Committee on Foreign Relations, *Corruption and drugs in Colombia; democracy at risk : a staff report to the Committee on Foreign Relations*, US GPO : Washington DC, 1996, p. vi.

Departamento Nacional de Planeación, *Plan Colombia Balance 1999-2003*, November 2003 (http://www.dnp. gov/co/ArchivosWeb/Direccion_Evaluacion_Gestion/Report_y_Doc/Balance_Plan_Colombia.pdf, Accessed 15 January 2004).

Dillon, S., 'In Letter From Hiding, Mexican Governor Charges Political Plot,' *The New York Times*, 7 April 1999 (http://www.nytimes.com/library/world/americas/040799mexico-governor.html, Accessed 7 April 1999).

Drug Enforcement Agency, *The South American Cocaine Trade : An "Industry" in Transition*, June 1996 (http://www.usdoj.gov/dea/pubs/intel/cocaine.htm, Accessed 28 August 1999).

Dudley, S., 'Colombia sets negotiations with a second rebel group,' *The Washington Post*, 26 April 2000 (http://www.washingtonpost.com/wp-dyn/articles/A14228-2000Apr25.html, Accessed 27 April 2000).

EMCDDA, *Euro-Ibero American Seminar : Cooperation on Drugs and Drug addiction Policies (Conference Proceedings)*, Luxembourg : Office for Official Publication of the European Communities, 1999.

European Commission, *Peace Process in Colombia : Commission launches 'Peace Laboratory' in the Magdalena Medio*,' 7 February 2002, IP/02/213 (http://www. reliefweb.int/w/rwb.nsf/ 0 /3d7963a94e62ffe8c1256b59004a367a? Open Document, Accessed 29 October 2003).

Fiscal year 2004 Congressional Budget Justification, p 36, obtained during the interviews in Washington DC in May 2003.

Flynn, S., *US Support of Plan Colombia : Rethinking the Ends and Means*, May 2001 (http://www.carlisle.army.mil/ssi/2001/pcussprt/pcussprt.pdf, Accessed 16 May 2003).

GAO, *Drug War : Observation on Counternarcotics Aid to Colombia*, GPO, 1991.

第9章　コロンビア麻薬戦争における政府と外部アクターの協働

Garrido, R. S., 'La Guerra Global Contra El terror, Plan Colombia, El IRA Y La Región Andino Amazonica: Wanted or Certified?' *Mamacoca* (http://www.mamacoca.org/FSMT_sept_2003/es/doc/soberon_guerra_contra_el_terror_es.htm, Accessed 15 December 2003).

Gayón, O., 'Plan Colombia is a Dracula,' *El Espectador*, 11 June 2000 (http://www.elespectador.com/0006/11/genotici.htm#01, English translation on: http://www.narconews.com/europlan1.html, Accessed 31 October 2003).

Gentleman, J. A., *The Regional Security Crisis in the Andes: Pattern of State Response*, July 2001, p. 11 (http://www.carlise.army.mil/ssi/pubs/2001/andes/andes.pdf, Accessed 16 May 2003).

Giraldo, E., 'Plan Colombia, sus éxitos y fracasos,' 02/02/2016, Caracol Radio (http://caracol.com.co/radio/2016/02/02/internacional/1454424938_754362.html, Accessed 5 May 2017).

Godoy, H., *Plan Colombia's Strategic Weaknesses*, a paper presented at the 2003 meeting of the Latin American Studies Association in Dallas, Texas, 27-29 March 2003 (http://136.142.158.105/Lasa2003/GodoyHoracio.pdf, Accessed 13 November 2003).

Isikoff, M., 'Colombia's Drug King Becoming Entrenched,' *Washington Post*, 8 January 1989.

Lee, R. W., 'Policy Brief: Making the Most of Colombia's Drug Negotiations,' *Orbis*, Vol. 35, No. 2, Spring 1991.

Lister, R., 'US commits to Colombia,' *BBC*, 31 August 2000 (http://news.bbc.co.uk/1/hi/world/americas/902035.stm, Accessed 20 October 2003).

'Los tres henerales colombianos que ejecutaron el Plan Colombia,' 01/02/2016, Caracol Radio (http://caracol.com.co/radio/2016/02/01/internacional/1454364681_374913.html, Accessed 5 May 2017).

Marguis, C., 'Ambitious Antidrug Plan for Colombia is Faltering,' *New York Times*, 15 October 2000.

Mejia, D., *Plan Colombia: An Analysis of Effectiveness and Costs*, Center for 21st Century Security and Intelligence Latin America Initiative, Brookings (https://www.brookings.edu/wp-content/uploads/2016/07/Mejia-Colombia-final-2.pdf, Accessed 5 May 2017).

Menzel, S. H., *Cocaine Quagmire: implementing the US anti-drug policy in the north Andes - Colombia*, University Press of America: Maryland, 1997.

Menzel, S. H., *Fire in the Andes: US Foreign Policy and Cocaine Politics in Bolivia and Peru*, University Press of America: Maryland, 1997.

第Ⅲ部　非西欧「近代国家」におけるセキュリティ・ガヴァナンス

Metcalfe, R., "Plan Colombia under Scrutiny," *Radio Netherlands Wereldomroep*, 17 October 2000 (http://www.rnw.nl/hotspots/html/colombia001017.html, Accessed 30 October 2003).

Moore, M., 'Mexican Seeks Ex-Governor on Drug Charges,' *The Washington Post*, 8 April 1999 (http://www.washingtonpost.com/wp-srv/inatl/longterm/mexico/mexico.htm, Accessed 8 April 1999).

Observatorio para la Paz, 'Plan Colombia: Juego de Máscaras,' *Mamacoca* (http://www.mamacoca.org/plancol_mascaras_es.htm, Accessed 21 November 2003).

Patten, C., *3rd meeting of the Support Group of the Peace Process: Colombia: A European contribution to peace*, 28 Aprill 2001 (http://europa.eu.int/comm/externall_relations/colombia/3msg/template_copy(1).htm, Accessed 28 October 2001).

Penalva, C., *El Plan Colombia y Sus Implicaciones Internacionales*, 2003 (http://www.ua.es/cultura/aipaz/docs/Plancol.ref, Accessed 20 January 2004).

Plan Colombia: A Plan for Peace or a Plan for War? Statement made by social organisations, non-Governmental Organisations, and the Colombian Human Rights and Peace Movement (http://www.tni.org/drugs/research/plcoleu.htm, Accessed 15 December 2003).

President of Colombia, *Plan Colombia: Plan for Peace, Prosperity, and the Strengthening of the State*, Bogotá: Presidency of the Republic, 1999 (http://www.usip.org/library/pa/colombia/adddoc/plan_colombia_101999.html, Accessed 31 October 2003).

Reuters, 'Mexico finds cocaine in joint operation with U.S.,' *ABC News*, 7 December 1999 (http://abcnews.go.com/wire/World/reuters19991207_201.html, Accessed 8 December 1999).

Rohter, L., 'Colombia Agree to Turn Over Territory to Another Rebel Group,' *The New York Times*, 26 April 2000 (http://www.nytimes.com/library/world/americas/042600colombia-rebels.html, Accessed 27 April 2000).

Rohter, L., 'Latin Leaders Rebuff Call by Clinton on Colombia,' *New York Times*, 2 September 2000.

Ross, T., 'Blow to Colombia as tape links parties to Cali drug cartel,' *The Guardian*, 28 June 1994.

Ross, T., 'Colombian judges court death,' *Independent*, 18 November 1991.

Salias, C. M., 'Colombia and the Kaleidoscope of Violence,' *US Foreign Policy in Focus*, Vol. 1 No. 18, 27 October 1997 (http://www.igc.apc.org, Accessed 16 September 1998).

Serrano, P., *Plan Colombia, la guerra sin limites*, 23 May 2002 (http://www.rebelion. org/plancolombia/serrano230502.htm, Accessed 20 January 2004).

Tjaden, S., 'Colombia Captures Guerrilla Groups's 'Link' to Sinaloa Cartel,' InSight Crime, 2 June 2016 (http://www.insightcrime.org/news-briefs/colombia-cap-tures-guerrilla-link-to-sinaloa-cartel, Accessed on 13 November 2016).

UNODC, *Coca Survey 2014*

UNODC, The Transatlantic Cocaine Market, 2011.

UNODC, *World Drug Report 2010*.

UNODC, *World Drug Report 2014*.

UNODC, *World Drug Report 2016*.

Vaicius, I. and Isacson, A., "'Plan Colombia': The Debate in Congress," *International Policy Report*, December 2000 (http://www.ciponline.org/colombia/aid/ipr1100. pdf, Accessed 29 October 2003).

Youngers, C., 'Coca Eradication Efforts in Colombia,' *WOLA Briefing Series : Issues in International Drug Policy*, June 2, 1997 (http://www.worldcom.nl/tni/drugs/ links/guaiare.htm, Accessed 23 October 1998).

終　章

セキュリティ・ガヴァナンス論の新地平

足立研幾

1　多様な主体間の多様な協働形態

　本書の目的は，特殊西欧的な国家や安全保障概念を前提にするのではなく，非西欧社会の事例をも取り込みつつ，セキュリティ・ガヴァナンス論を再構築していくことである。実際，本書で示してきたとおり，非西欧社会においては，西欧社会を念頭におき構築されてきたセキュリティ・ガヴァナンス概念が想定していたよりも，多様な形で政府とその他の主体が安全保障上の役割を分有したり，対立したりしていた。各章で明らかにされたこうした実態は，いかなる理論的含意を有するのであろうか。本格的な検証を行うためには，より体系的な事例研究を積み重ねることが必要であるが，本章ではこれまで明らかになった点を整理しつつ今後の更なる研究のための，論点整理を行っておきたい。

　序章で指摘したとおり，これまでのセキュリティ・ガヴァナンス論は，中央政府が安全保障上の役割を独占していた状態から，徐々に多様な主体へと安全保障上の役割を分有・共有するようになりつつあるという流れを当然視しがちであった。これは，序章で示した概念図の第Ⅰ象限の，多様な主体間の協働形態であるポスト近代型セキュリティ・ガヴァナンスである。しかし，とりわけ非西欧社会においては，こうした形態に留まらない，非常に多様な形で，様々な主体が安全保障確保に向けて協働している現状が各章で明らかにされた。

　典型的には，中央政府の統治能力が極めて脆弱ないわゆる「失敗国家」や，紛争によって中央政府が崩壊してしまったケースなどである。そうしたケースにおいては，中央政府が暴力を独占し，安全保障を一元的に提供することは期待できない。それゆえ，従来のセキュリティ・ガヴァナンス論が想定していた

261

のとは全く異なる要請から，多様な主体の協働による安全保障提供が試みられ
てきた。また，中央政府がある程度安定した統治を行っている場合であっても，
一部領域や，あるいは特定の問題領域においては多様な主体と協働せざるをえ
ない場合もある。こうした状況は，理念型の西欧「近代国家」では見落とされ
がちな点である。本書では，まさにこうした事例について，それぞれ複数の
ケースを取り上げて分析を進めた。次節以降では各章の分析結果を踏まえて，
セキュリティ・ガヴァナンス論に対していかなる示唆が得られるのか，検討を
進めていく。

2 「失敗国家」におけるセキュリティ・ガヴァナンスの諸相

「失敗国家」の事例として，本書ではシエラレオネ，およびマリを取り上げ
た（第Ⅰ部）。それぞれイギリス，フランスから1960年代に独立を果たしたもの
の，中央政府は依然として脆弱である。そうした脆弱な政府に対して反旗を翻
す勢力が現れると，たちまちそれは国家存続を脅かす安全保障上の危機となる。
国家存続の危機に際して，安全保障面で中央政府を助けたのは外部アクターで
あった。アフリカには，そもそも脆弱な国家が多い。とりわけ冷戦終焉後，国
際社会はそれらの脆弱な国家を様々な形で支援してきた。そうして積み重ねて
きた経験が，安全保障上の危機に際して，外部アクターが協働する土台となっ
た。実際，国連 PKO はアフリカ大陸に数多く派遣され，2016年8月末時点で
も国連 PKO 派遣要員の実に8割以上がアフリカ大陸に派遣されている。また，
域外の勢力に頼るだけでなく，アフリカ連合（AU）や西アフリカ諸国経済共
同体（ECOWAS）といった地域国際機構も，脆弱な国家を支援し，地域の安定
に貢献すべく活動してきた。国連や EU，地域機構である AU，あるいは
ECOWAS は，こうした経験を積み重ねる中で徐々に協働の制度化を進めつつ
ある。中央政府が単独で紛争解決を行う能力をもたないシエラレオネやマリに
おいて紛争が勃発し，外部アクターが協働して安全保障提供にあたったのはこ
うした文脈においてであった。

終章　セキュリティ・ガヴァナンス論の新地平

シエラレオネ：「民主主義」を掲げた一時的協働は持続可能か

　最初に，シエラレオネについて振り返ろう。シエラレオネは，第1章（岡野英之）によれば，リベリアを中心とする「紛争連動地域」に位置する。そして，脆弱な政府の安全保障提供能力の限界が顕在化したのは，リベリアのテイラーに支援された武装勢力「革命統一戦線（RUF）」がリベリアから国境を越えてシエラレオネに侵攻するようになって以降のことである。軍事政権は，RUFを一定程度抑え込むことに成功していた。しかし，国内外からの民主化要求を受けて実施された大統領選挙を経てカバー政権が誕生し，国軍を縮小すると，1997年5月，国軍がクーデターを起こし，RUFがこれに同調した。

　これに対して，ナイジェリアはECOWASの西アフリカ諸国経済共同体監視団（ECOMOG）の枠組みの下で介入し，自警団のカマジョーやリベリアの武装勢力リベリア民主統一解放運動（ULIMO）などとも協働しつつ，クーデター派から首都を奪還した。1999年1月に，リベリアから支援を受けたRUFが攻勢を強めると，ECOMOGが増派を断行し，RUFを退けた。1999年7月，シエラレオネ政府と反政府勢力の間でロメ和平協定が調印され，和平合意実施やDDRのためには国連シエラレオネミッション（UNAMSIL）が派遣された。2000年5月にRUFによる攻勢が再び強まると，イギリスが介入しRUFを駆逐し，戦闘に備えていなかったUNAMSILを守り，カバー政権崩壊を防いだ。第1章では触れられていないが，その後事態は沈静化し，2002年5月に大統領・議会選挙が実施されカバーが再選された。また，2005年末をもってUNAMSILは撤退し，それを引き継いだ国連シエラレオネ統合事務所（UNIOSIL），さらにその後継の政治・平和構築分野に活動を絞った小規模な国連シエラレオネ統合平和構築事務所（UNIPSIL）も順調に活動を続けた（2014年3月活動終了）。その間，2007年にはカバー大統領の任期満了に伴う選挙が行われ，平和裏に政権交代が実現するなど，政治情勢は安定している。

　シエラレオネにおいて，脆弱な政府が曲がりなりにも反政府武装勢力を抑え込み，その後政治的に安定するに至ったのは，国連PKO，ナイジェリアやイギリス，あるいはリベリアのULIMOといった外部アクターや，自警団カマジョーが，一時的な利害の一致によって協働したからであった。自警団カマジ

263

ョーが政府と協働したのは，あくまで私的利益の追求という観点が大きかった
かもしれないが，ULIMO についてはリージョナルな紛争のダイナミズムが大
いに作用した。しかし，何よりも重要だったのは，ECOWAS を通して中心的
役割を果たしたナイジェリアやイギリスの介入，そして国連 PKO といった外
部アクターのサポートであった。ナイジェリアやイギリスによる介入の背景に
は様々な思惑があろうが，国内外の民主化要求に応えて選挙で誕生したカバー
政権を守ることが，民主主義を重視する国際社会にとって重要であるという考
え方が大きかったと岡野は指摘する。

　こうした協働は，序図 - 1 で示した第Ⅲ象限の前近代型セキュリティ・ガヴ
ァナンスの典型的な例である。岡野自身は，こうした協働は一時的なものにす
ぎないとしている。しかし，少なくとも建前上は民主主義に基づいた秩序を構
築するという点で外部アクターが一致していたことが彼らの協働を担保し，そ
の後の国連 PKO へとスムーズにつながった面もあると思われる。たとえ建前
上であっても秩序観を共有し協働すると，各アクターはそうした秩序観に反す
る行動は取りにくくなる。その結果，シエラレオネにおいて「民主主義」を守
るべく様々なアクターの協働が促進され，徐々に第Ⅳ象限の新しい中世型セキ
ュリティ・ガヴァナンスへと移行しつつあるのかもしれない。その後のシエラ
レオネの安定は，紛争連動地域の中心であったリベリアの安定など，外部要因
によるところも大きい。ただ，多様なアクターが，共通の大義，秩序観を掲げ
て協働することが，その後いかなる意味をもちうるのか，今後さらなる検討を
続ける価値はあろう。

マリ：新しい中世型セキュリティ・ガヴァナンスの課題

　次に，第 2 章（山根達郎）が扱ったマリの事例について振り返ってみよう。
マリ北部で紛争が発生したのは2012年であった。西アフリカにおいて，上述の
リベリアやシエラレオネにおける紛争がある程度落ち着き，またその過程で国
連や ECOWAS が協働の経験を重ねた後のタイミングであった点は改めて強調
してもよい。いずれにせよ，2012年，トゥアレグ系武装集団であるアザワド解
放民族運動（MNLA）が独立を宣言したり，同じくトゥアレグ系のジハーディ

終章　セキュリティ・ガヴァナンス論の新地平

スト武装集団であるアンサル・ディーンが北部の一部を支配下に収めたりした。こうした動きに対して，マリ政府軍の一部でクーデターが企てられるなど，マリ政府は独力で効果的に対応することができなかった。このような状況を受け，外部アクターはすぐさま支援に向けて動き出した。当初検討されていたECOWASによる介入には，マリ政府や周辺国が難色を示した。すると，AUによる「アフリカ」主導の介入に，ECOWASが部隊の主力を提供するマリ国際支援ミッション（AFISMA）設置が国連で承認された。事態の急な悪化にAFSIMA派遣が間に合わないことが分かると，テロ対策を掲げてフランスが介入し，その後，予定を早めてAFISMAが展開し，マリの国軍・警察の育成支援を目的としたEUマリ訓練ミッション（EUTM Mali）が設置された。和平合意後には，これらの任務は国連マリ多面的統合安定化ミッション（MINUSMA）へと引き継がれた。

　このような多様な外部アクター間の協働によるセキュリティ・ガヴァナンスが可能となった背景には，アフリカ大陸において，国際社会がこれまで自由主義や民主主義を基調とする国家建設支援を行ってきたことがある。マリのケースではテロ対策の側面も大きかったことが，外部アクターの一層迅速な介入につながった面もあろう。国家建設支援や，テロ対策において，多様な外部アクターは概ね秩序観を共有しつつ協働の経験を積み重ね，その制度化を進めてきていた。マリにおいては，そうした秩序観の共有に基づき，十分な安全保障提供能力をもたない政府を，多様な外部アクターが支援する形，すなわち序図 - 1の第IV象限にあたる新しい中世型セキュリティ・ガヴァナンスが進められた。

　多様な主体が，秩序観を共有しながら協働して安全保障確保を目指すという点では，従来のセキュリティ・ガヴァナンス論が想定していたものと同様である。しかし，十分な安全保障提供能力を有する中央政府がセキュリティ・ガヴァナンスを主導するのではなく，安全保障提供能力に欠ける中央政府を，多様な（外部）アクターが支援するという点で決定的に異なる。このようなセキュリティ・ガヴァナンスは，外部アクターが共有する秩序観と，国内アクターの有する秩序観の間に離齬がない限りは問題にならない。

　マリのケースについて言えば，そうした離齬は現在のところ生じていない。

265

しかし，外部アクターが共有する秩序観と，一部国内アクターの主張の間には
離齬の目もあるという。とりわけ外部アクターが一層の民主化を求めていくと，
トゥアレグ系と政府の間，あるいはトゥアレグ系内での緊張感が高まる可能性
がある。こうした離齬が大きくなった時，紛争が再発したり，マリ政府と外部
アクターとの協働が維持できなったりする可能性もあると山根は指摘している。
中央政府に十分な安全保障提供能力があれば，第Ⅳ象限から，第Ⅱ象限の近代
型セキュリティ・ガヴァナンスへと移行することも可能である。しかし，マリ
のように依然として政府の安全保障提供能力が脆弱である場合，外部アクター
と国内アクターの秩序観の離齬が大きくなれば，それは紛争再発か，あるいは
前近代型セキュリティ・ガヴァナンスへの移行かということになる。国家建設
やテロ対策の局面を乗り越えたのち，外部アクターと国内アクターとの間で，
いかに秩序観の共有を深化させていくのかというのが，第Ⅳ象限の新しい中世
型セキュリティ・ガヴァナンスにおける課題といえるのかもしれない。

3　中央政府崩壊後のセキュリティ・ガヴァナンスの諸相

　中央政府が崩壊した際，国家を再建することは容易ではない。近年，国際社
会はそうした国家再建に積極的に関与するようになりつつある。本書では，そ
うした事例の中でも，旧ユーゴスラビア（特にコソヴォ），アフガニスタン，イ
ラクの３つのケースを取り上げた（第Ⅱ部）。中央政府自体が存在しない，ある
いはそれを一から建設するこうしたケースでは，やはり従来のセキュリティ・
ガヴァナンス論が想定してきたのとは全く異なる形で，多様なアクターの協働
によるセキュリティ・ガヴァナンスが試みられてきたのである。

コソヴォ：持続する奇妙な均衡の行方
　最初に，第３章（中内政貴）が取り上げた旧ユーゴスラビア，中でもコソヴォ
について振り返ろう。ユーゴスラヴィア社会主義連邦共和国（旧ユーゴ）は，
中央政府が強制力を独占し安全保障を提供してきた。しかし，連邦崩壊後，ク
ロアチアを除くいずれの国家においても，政府による物理的強制力の独占はな

されておらず，政府が単独で安全保障を提供できる状況にはない。いずれの国においても，政府と対立する民族集団が一定の武力を備えて対抗している。また，国際アクター自体も政府が強制力を独占して安全保障を一元的に提供することを望んでいない。というのも，中内によれば，国際アクターは，旧ユーゴの一連の紛争を通して単一民族による国民国家の建設はこの地域では可能でもなければ望ましくもないという教訓を学んだからである。

　コソヴォに焦点を当てて見ていくと，セルビア共和国からの独立を求めるコソヴォ解放軍（KLA）掃討の名目の下，セルビア側治安部隊が一般のアルバニア系住民に対する大規模な迫害を行った。この行為は国際的な批判を招き，1999年3〜6月にかけてNATOはセルビア側に激しい空爆を行った。そして，セルビア共和国政府に，治安部隊のコソヴォからの撤退，コソヴォとの境界領域への3マイル（約4.8キロメートル）の緩衝地帯の設置，国際軍事部隊の駐留などを受け入れさせた。国連はKLAを解体するとともに，国連コソヴォ暫定統治ミッション（UNMIK）を派遣して暫定統治を開始し，またNATOによる国際軍事部隊（KFOR）の駐留が開始された。こうして，国際アクター主体のセキュリティ・ガヴァナンスが構築され，セルビア共和国が実力行使によってコソヴォを取り戻そうとすることは抑止された。

　国際アクターは，高い安全保障提供能力を有していたにもかかわらず，その活動の焦点はあくまでも紛争再発防止に置かれた。それゆえ，そこに至らない範囲で起こったセルビア系住民に対するアルバニア系住民による報復や，北部地域のセルビア化は黙認された。コソヴォの地位問題がなかなか進展を見せない中，2008年2月，コソヴォ暫定自治政府（PISG）は一方的に独立を宣言した。これに対して，コソヴォのセルビア系住民およびセルビア共和国政府から強い反発が示されたものの，セルビア共和国政府は武力行使によるコソヴォの奪還の可能性は早期から否定した。国際アクターの存在が紛争再発を防いだのである。

　コソヴォ「独立」後も，国際アクターの存在が安全保障上不可欠な状況が続いている。依然として，KFORはコソヴォ駐留を続け対外的なセキュリティ確保を担っている。また，紛争時の犯罪や汚職事件の捜査を行うとともに，コ

ソヴォ警察の能力向上を目的として派遣されていた EULEX も引き続き活動を行っている。その一方，軽武装のコソヴォ治安部隊（KSF）が創設され市民保護の任務を担っている。加えて，EULEX の権限の一部もコソヴォ警察に移譲されるなど，現地のアクターが果たす役割も大きくなりつつある。こうした状況にあって，意外にもセルビアとコソヴォの対立は緩和しつつある。その背景には，セルビア共和国政府とコソヴォ政府の交渉進展を，EU が両者の EU 加盟プロセスの進展の条件としていることがある。また，民族問題の可決は困難であるがゆえに，セルビア共和国政府とコソヴォ政府は実利を追求し関係を改善させている面もある。

　このように，安全保障提供能力を有さないポスト紛争「国」コソヴォでは，国際アクターが外敵の攻撃を抑止しつつ，現地のアクターとの協働を深化させる形でセキュリティ・ガヴァナンスが構築されつつある。こうした「奇妙な均衡」はあくまで，コソヴォ政府とセルビア共和国政府が，EU 加盟という夢や，実利を追求する姿勢を共有することによって，保たれているにすぎない。それゆえ，第Ⅳ象限の新しい中世型セキュリティ・ガヴァナンスに移行することは期待薄である。かといって第Ⅱ象限の近代型セキュリティ・ガヴァナンスをコソヴォ政府が追求すれば，セルビア共和国政府の反発を招く危険性が高い。国際アクターが関与を続け，EU 加盟の夢が一定程度魅力的で，かつ夢が夢でとどまる限りにおいて，この均衡は保たれるのかもしれない。民族対立が残存するポスト紛争国で，安定的なセキュリティ・ガヴァナンスを実践することは容易ではない。

アフガニスタン：一時的部分均衡は全体均衡へとつながるか

　同様に紛争後，国際社会が主導する形で国家再建が進められているアフガニスタンの例を振り返ろう（第4章，工藤正樹）。アフガニスタンにおいては，1979年にソ連が侵攻して以降，内戦状態が長く続いた。ソ連撤退後も混乱が続いたが，1990年代半ばに台頭したタリバーンが1990年代の終わりには国土の大半を掌握するようになった。9.11同時多発テロ後，米英はタリバーン政権への空爆に踏み切り，政権は崩壊した。通常，紛争が終結し国家再建に向かう際，

終章　セキュリティ・ガヴァナンス論の新地平

紛争当事者間で停戦合意や和平合意が締結される。しかしアフガニスタンの場合，2001年にタリバーン政権を外国軍が実力行使で崩壊させた。そのため，和平合意などは存在せず，アフガニスタンにおける和平と復興推進のためのロードマップである「ボン合意」にタリバーンは参画していない。

　そうした中で，国際社会の支援の下，アフガニスタンでは国家再建が進展している。ボン合意の政治日程に従い，新憲法が制定され，大統領・議会選挙も実施され，民主的な政治制度の下での統治体制づくりが進んでいる。その間，アフガニスタンの安全保障を担ったのは，NATO軍などを中心とする国際治安支援部隊（ISAF）であった。このISAFは2014年末に任務を終了し，現在は訓練を中心とする「確固たる支援（RS）ミッション」に代わっている。そして，RSの支援を受けながら，アフガン治安維持部隊（ANSF）と呼ばれる国軍と警察が安全保障を担っている。加えて，地方においては，軍閥やコミュニティ長・村長，あるいは民間軍事会社も一定の安全保障上の役割を担っている。依然として地方には中央政府の統治が行き届かない領域が少なくなく，そうした地域では治安維持を軍閥や，あるいは反政府組織にさえ，頼らざるをえない場合がある。

　軍閥や反政府組織などの多様な主体が，セキュリティ・ガヴァナンスを担うアクターになることもあれば，攪乱アクターにもなることもある点が，アフガニスタンに見られる1つの特徴である。また，攪乱アクターの多くが，パキスタンをはじめ，国境を越えた地域の諸勢力とネットワークを築いている。それゆえ，中央政府が安全保障提供能力を向上させるだけでは，攪乱アクターを壊滅させることができそうにない。そうした中にあっても，国内外の多様な主体が協働して何とかセキュリティ・ガヴァナンスを追求している。これらのアクターは，対テロ戦争という目標を共有しており，そのことが協働を支えている。ただし，多様な主体間で秩序観が共有されているわけではない。対テロ戦争は，国際アクターにとってはあくまで国外問題であるのに対して，国内アクターにとっては切実な国内問題でもある。そうした認識のずれ，同床異夢が，協働のほころびにつながる可能性も否定できない。対テロ戦争という目標の共有によって国内外の多様なアクターが協働する第Ⅲ象限の前近代型セキュリティ・ガ

ヴァナンスは，不安定な均衡の上に成り立っているにすぎない，と工藤は指摘する。さしあたりはこうした同床異夢の中でも，協働を維持すべく努力するしかないのかもしれない。そして，一時的な均衡を脱するには，複雑な民族分布や宗教の多様性，民族間紛争の記憶を乗り越え，より大きなアイデンティティとしての「国民」を創出できるかどうか，そして個々の攪乱アクターとの関係を解きほぐしていけるかがカギとなる。第III象限の前近代型セキュリティ・ガヴァナンスを安定させたり，第I，第IIあるいは第IV象限のセキュリティ・ガヴァナンスへと移行させたりすることは容易ではない。

イラク：一時的均衡はナショナルな紐帯で持続できるか

アフガニスタンと同様に，国際社会の介入により中央政府が崩壊し，その後国際社会主導で国家再建が進められているイラクについてはどうであろうか（第5章，山尾大）。2003年の米国を中心とする有志連合の攻撃によって始まったイラク戦争で，強権的な統治を行っていたイラク政府は崩壊した。その後の安全保障を考える上での大きな特徴は，米国防総省率いる連合国暫定当局（CPA）がイラク軍と警察機構をはじめ，全ての暴力装置を完全に解体したことである。早急に安全保障を担いうる軍を再建すべく，CPAは質よりも量を優先したものの，そのような新生イラク軍が機能することはなかった。

新生イラク軍の安全保障提供能力不足を補ったのは，シーア派民兵や部族軍だった。シーア派民兵は，新生イラク軍と比較しても圧倒的な戦闘力を有していた。混乱した戦後イラクで秩序を回復する能力を有していたのは，シーア派民兵をおいて他になかった。また，イラクの内戦を自ら克服する能力や意思をもたなかった米軍は，現地部族の協力によってアルカイダなどの武装勢力を取り締まる戦略をとった。具体的には，一部の部族に資金と武器を提供し，地域社会の治安維持政策を委託した。米軍が組織化を支援した部族である「覚醒評議会」は，米軍の支援の結果，武装勢力よりも優位な装備を手に入れ，地域社会に根を張った部族のネットワークを利用して治安を劇的に回復させることに成功した。

いわゆるイスラーム国（IS）が台頭すると，ISがシーア派を不信仰者と断罪

したこともあり，シーア派の義勇軍や民兵組織が拡大していった。これらの組織や義勇軍は，人民動員隊として緩やかに統合されるようになった。シーア派民兵のアンブレラ組織となった人民動員隊は，軍と協力してIS支配地域の奪回作戦に従事し始めた。イランの支援を受け拡大を続ける人民動員隊は，次第に正規軍からIS掃討作戦の主導権を奪うようになり，2015年初頭にはIS掃討作戦の主力部隊となった。スンナ派部族の間でも，部族軍形成が進められ，これらの部族軍の役割が必須となっている地域もある。

　イラク政府軍と，シーア派民兵やスンナ派の部族軍の協働によるセキュリティ・ガヴァナンスは，イラク戦争後の秩序回復を可能にし，IS掃討作戦においても不可欠である。中央政府に単独で安全保障を提供する能力がない以上，中央政府は実際に戦闘力を有する組織と，セキュリティ・ガヴァナンスにおいて協働せざるをえない。こうした主体の関与には地域社会に根差した勢力が国づくりに参加しているという積極的側面もある。ただし，シーア派民兵内でもスンナ派部族軍内でも対立があるなど，民族，宗教的にもバラバラで多様な主体が協働することは容易ではない。正規軍が安全保障を提供できず，代わって多様な準軍事組織が個別にセキュリティを担うようになると，それぞれのアクターが独自の利害に従った行動を取ることになった。

　また，イランによる人民動員隊の支援，トルコや米国による一部のスンナ派部族への支援などの外部介入は，それぞれの準軍事組織を強化するとともに，準軍事組織の外部アクターへの依存度を高めた。それにともなって，中央政府は準軍事組織を管理する能力をますます喪失し，他方，外部アクターの利害がイラクの安全保障に反映されやすくなった。その結果，ナショナルなレベルで一貫した安全保障政策を担保できなくなった。

　このように，秩序観を共有するわけではない多様な主体の協働によるセキュリティ・ガヴァナンスの試みは，極めて不安定である。また多様な主体が，外部アクターと様々に錯綜した関係を有している場合，多様な主体間で一時的であっても利害を共有し協働することは容易ではない。山尾によれば，イラクにおいては，ナショナルな紐帯や外敵への対応などの点で，準軍事組織間の一致が見られる場合に共闘関係が形成されてきたという（前近代型セキュリティ・ガ

ヴァナンス）。こうした一致は，短期的なものにとどまる可能性が高い。ただ，イラクの場合，今後もイランやトルコの介入が継続することが予想される。それゆえ，継続する外部アクターの介入に対する反発を基軸にして，ナショナルな紐帯を強化・拡大することができれば，もしかすると多様な主体間の協働は，より安定的なものになっていくかもしれない，と山尾は指摘する。セキュリティ・ガヴァナンスをいかに安定させるかというのは，第Ⅲ象限の前近代型セキュリティ・ガヴァナンスに共通する難題である。イラクや，あるいはアフガニスタンの例からは，中央政府が崩壊したのち，ナショナルな紐帯，アイデンティティをうまく（再）構築できれば，より安定的なセキュリティ・ガヴァナンスに移行できる可能が示唆されているのかもしれない。

4 非西欧「近代国家」におけるセキュリティ・ガヴァナンスの諸相

　西欧諸国を念頭に置いたセキュリティ・ガヴァナンス論では，中央政府が暴力を独占する「近代国家」を経て，いかに中央政府が，秩序観を共有する多様な主体と安全保障政策において協働するのか，という点に議論が集中しがちであった。しかし，本書で繰り返し指摘してきたように，非西欧社会にまで射程を広げると，そもそも中央政府が暴力を独占する「近代国家」が理念型にすぎないことが明白となる。非西欧社会では，中央政府がある程度暴力の独占を確立している国であっても，特定の地理的領域や，特定の問題領域にはその統治が及んでいない事例も依然として少なくない。

　本書ではそうした事例としてスリランカ，フィリピン，トルコ，コロンビアを取り上げた（第Ⅲ部）。これらの国は，失敗国家と見なされているわけではなく，中央政府が崩壊しているわけでもない。しかし，スリランカやフィリピンには分離独立を目指して武力闘争を続ける集団が存在し，中央政府による統治が十分に及んでいない地域が存在した。トルコやコロンビアについては，反政府勢力が存在したのみならず，そうした勢力の脅威と他の脅威が重なり，複合的な安全保障問題が現出した。具体的には，トルコにおいては，分離独立を目指すクルド系武装組織が活動する地域と，ISとトルコの境界地域とが重なり，

終章　セキュリティ・ガヴァナンス論の新地平

またこの地域を通って難民が押し寄せたこともあり，トルコ政府が単独では対応困難な複雑な複合的脅威が立ち現れた。コロンビアにおいては，反政府活動を続けていたゲリラが麻薬密売組織と合流し，コロンビア政府が単独で対処することが難しい状況に陥った。

　このように，ある程度しっかりとした中央政府が存在する場合であっても，特定の地理的領域，または問題領域において政府が単独では問題に対処できないケースは少なくない。西欧諸国を念頭に置いた理念型の「近代国家」は，そうした状況が分析射程から抜け落ちがちである。しかし，西欧諸国も含め，実際にはこのような例は枚挙にいとまがない。非西欧社会に分析射程を広げることで見えやすくなった，こうした点にも注目をすることは，セキュリティ・ガヴァナンス論のゆがみを正す上でも不可欠であろう。

スリランカ：人権問題を抱える反政府勢力との協働の功罪

　最初に第6章（佐々木葉月）で取り上げたスリランカの事例を振り返ろう。スリランカでは，1970年代以降，シンハラ人とタミル人の間で民族対立が先鋭化した。80年代には，本格的な武力紛争へと発展し，80年代後半にはスリランカ北部を，「タミル・イーラム解放の虎（LTTE）」が実効支配するようになった。一部地理的領域に，政府の統治が及ばなくなったのである。スリランカ政府は，LTTEに対して軍事作戦と和平交渉を繰り返した。2002年にはノルウェー政府の仲介により，政府とLTTEの間で停戦合意が成立した。しかし，その後も和平交渉はなかなか進展しなかった。その間，LTTEは海外ディアスポラからの寄付などにより態勢を回復させ軍事力を向上させ政府に対抗する能力を強化していった。また，LTTEは豊富な資金力を武器に，アメリカ等への働きかけを行ったり，国際社会にスリランカ政府の人権侵害を訴えたりし，紛争の国際化を図った。

　軍事力を向上させたLTTEに，スリランカ政府が国際世論を意識しつつ対峙することは容易なことではなかった。しかし，2004年にLTTE軍事部門ナンバー2と見なされていたカルナ司令官が，LTTEから離脱すると，スリランカ政府はカルナ派との連携を進めた。タミル人の分離独立を避けたい政府と，

タミル人の自治と権利拡大といった「現実的」な目標を受容するカルナの立場は最低限の利益を共有していたのである。

　一方で，政府がカルナ派と連携したことで，タミル民族の唯一の代表を自認するLTTEは態度を硬化させ，2005年頃からはLTTEによるテロが活発化した。停戦合意は崩壊し，スリランカ政府はLTTEに対する全面的な軍事攻撃を開始した。政府とカルナ派は協働してLTTEと対峙し，2007年には東部地域をLTTEから奪還した。その後も，政府とカルナ派は有利な戦いを続け，2009年には北部もほぼ制圧され，政府が勝利宣言を出した。その間，カルナ派の政治的な取り込みも進み，カルナは「国家の和解と統合相」に任命され，紛争終結前には武装解除にも応じた。タミル人でLTTE元司令官であったカルナは，スリランカへのタミル民族統合の象徴ともなった。政府と反政府勢力の1つであるカルナ派が，一時的な利害の一致に基づいて手を結び内戦を終結させ，その間カルナ派は武装解除にも応じた。内戦終結後の2010年からの5年間で，スリランカは年平均6.4％の経済成長を達成するなど，秩序は安定している。

　ただし，政府と反政府勢力の協働に対しては，国際社会からは強い批判が上がっていた。とりわけ，カルナ派による子どもの拉致問題は，UNICEFや国際人権NGOが取り上げ国際問題化し，政府による間接的な関与も指弾された。そうした国際的な批判に，スリランカ政府は徐々に対応していくが，その間もカルナ派との連携を維持した。佐々木は，スリランカにおけるセキュリティ・ガヴァナンスにおいて，人権問題などをめぐって国際的批判が高まっても，反政府勢力との協働を維持した政府による政治的意思が重要であったと指摘している。LTTEの軍事的制圧は，子どもの拉致などを行うカルナ派等の人権問題に目をつぶる形で達成された。その結果，スリランカに国土の統合と安全，経済発展をもたらすことにつながった。

　紛争に苦しむ国や地域であっても，人権を重視すべきことは言うまでもない。しかし，内戦の終結と，人権保護の優先順位をどうすべきか，外部アクターがどこまで干渉すべきなのか悩ましいところである。スリランカについて言えば，内戦終結後，徐々に人権問題への取り組みも進展した。2015年に政権交代が起こると，シリセーナ新大統領は，前政権との差別化を図り国際的なイメージを

終章　セキュリティ・ガヴァナンス論の新地平

回復すべく，人権問題に熱心に取り組んだ。内戦終結の立役者であるカルナや
ピラヤンなどが逮捕されたのはそうした象徴である。その間にタミル人の既存
体制への統合が進んでいたこともあり，カルナらの逮捕が内戦再開へとはつな
がっていない。安全保障提供能力を有する，しかし国際的には人権面などで問
題のあるアクターと，いかに政府が協働するのか。またそうした協働に対して，
国際社会がどう対応すべきなのか。セキュリティ・ガヴァナンスを考える上で
はそうした点も重要な論点である。

フィリピン：政府と政治家一族との共存共栄関係の成立と崩壊

　次に第7章（山根健至）が扱ったフィリピンについて見ていこう。フィリピ
ンには共産主義勢力とイスラム勢力による反政府武装闘争が長きにわたって存
在する。ナショナルなレベルではフィリピン政府の保持する暴力が比較優位を
維持している一方で，特定の紛争地域レベルにおいてはその比較優位の程度が
著しく低下する。そのため，紛争地域のセキュリティ・ガヴァナンスにおいて
は，政府が多様な主体と協働することがある。そうした典型例として，ミンダ
ナオ紛争がある。これは，少数派のイスラム教徒が分離独立を求めて武装蜂起
した1970年代以降続いている紛争である。南部フィリピンの分離独立を目指す
「モロ民族解放戦線（MNLF）」とフィリピン政府は1996年に和平合意を締結し
た。しかし，MNLF から分かれたモロ・イスラーム解放戦線（MILF）は武装
闘争を続けた。そのため，ミンダナオ島の紛争地域には政府の統治が十分にい
きわたらず，政府のみで安全保障を提供することは，能力面，コスト面，効率
面から極めて困難であった。

　そうした地域で，フィリピン政府は，MILF 司令官たちとリド（経済的利
権，資源，土地や地方自治体の政治職，名誉をめぐる争い）を繰り広げてきた有力政
治家一族と協働した。そもそも，MILF の実効支配地域でフィリピン国軍が作
戦を行うことは容易ではないし，現地の情報にも乏しい。それゆえ，現地での
作戦遂行の際，現地の知識・人脈・資金を持つ地元の有力政治家に頼らざるを
えない。こうした政治家一族は大規模な私兵団を擁していることも多く，政府
による安全保障提供能力の欠如をも補う存在でもあった。実際，フィリピン政

府は，こうした有力政治家の私兵団を，国軍の補助部隊である市民軍地域部隊（CAFGU）や国家警察の補助部隊である市民ボランティア組織（CVO）に加え，安全保障政策に活用した。

　政府にとって，有力政治家一族との連携には，地元の情報に精通し安全保障提供能力を有する地元政治家一族と協働し安全保障政策を効果的・効率的に実施するという目的に加え，選挙時の支持・集票を期待するという狙いもあった。地元政治家の側にとっては，政府の安全保障政策に協力することで，政府の重要ポストや，中央から地方に配分される予算といった国家資源へのアクセスを確保することができた。政府と地元有力政治家一族は共存共栄の関係にあったと言える。

　このような協働関係は，秩序観を共有して協働する第Ⅰ象限のようなポスト近代型セキュリティ・ガヴァナンスとは似て非なるものであった。実際，このような協働には，弊害もあった。というのも，政府と政治家一族の協働は，政治家一族の地方支配を追認する形で進められたからである。その過程で，政治家一族は資産を増加させた一方で，住民生活は改善するどころか悪化するケースもあったという。また，政治家一族は，国軍や国家警察の補助部隊に自らの私兵団のメンバーを編入して，私的な武装集団に正統性や合法的装いを得つつ，私兵団をさらに増強し，あるいは国軍や警察の補助部隊を私物化していった。こうした私兵団の1つであるアンパトゥアン家の私兵団が私利私欲のため暴力を行使した際には，フィリピン政府に対する批判も高まることとなった。

　批判が高まると，政府はアンパトゥアン家との協働関係に終止符を打った。利害の一致に基づく協働は，協働による利益以上に，協働による不利益が大きくなると，かくも簡単に放棄されたのである。その後，フィリピン政府は，協働のパートナーを分裂したMILFに求め，MILFから離脱した強硬派の「バンサモロ・イスラーム自由運動（BIFM）」や，その他の武装集団の掃討作戦を実施している。このように，利害の一致に基づく協働は，簡単に崩れる一方で，柔軟に協働パートナーが組み替えられるという側面もある。また，中央政府が，他の主体に対して安全保障提供能力において比較優位にある場合，こうした協働のパートナー選び・組み換えは，政府主導で行われることになる点は強調し

てもよい。政府と MILF との協働は，和平プロセスの一環として従来捉えられてきたという。しかし，山根が指摘するように，こうした協働関係を，政府が協働パートナーをいかに組み替えたのかという観点から見るのならば，そのインプリケーションは大きく異なってくる。

トルコ：複合的脅威に対応する「消極的」セキュリティ・ガヴァナンス

次に，第8章（今井宏平）が扱ったトルコについて見ていこう。トルコは，しっかりとした中央政府が統治する「近代国家」と見なされることが多い。ただし，クルディスタン労働者党（PKK）による分離独立を目指した武装闘争が続いている。また，シリアのクルド民主統一党（PYD）やその軍事部門であるクルド人民防衛隊（YPG）は PKK と密接に連携している。国境を越えて活動する攪乱アクターを，トルコ政府が単独で抑え込むことは容易ではない。

そうした中，トルコと隣接するシリアで内戦が勃発・激化し，さらには IS が台頭すると，目の前の脅威に対応すべく，トルコ政府は国内外の多様な主体と協働して安全保障確保に努めた。当初，トルコ政府が安全保障上の脅威と認識したのはシリアのアサド政権であった。とりわけ，2012年にトルコ軍機がシリア軍に撃墜され，アクチャカレで5名が死亡する事件が発生すると，トルコ政府は速やかに NATO 緊急理事会開催を求め，シリアとの国境近くにパトリオット・ミサイルを配備した。また，アサド政権退陣の必要性で一致したアメリカ政府とともに，シリア攻撃を模索した。攻撃はロシア政府の反対にあい実現しなかったものの，トルコ政府は，様々な外部アクターと協働しシリア内戦がもたらす安全保障上の脅威に対応しようとしていた。

トルコ政府とロシア政府は，シリアをめぐって対立関係にあった。トルコ政府がシリアの反体制派を支持していたのに対して，ロシア政府はアサド政権支持を打ち出していたからである。2015年11月にトルコ軍によるロシア機撃墜事件が発生すると，両国の対立は決定的となった。しかし，トルコ政府とロシア政府は IS 対策に関しては利害が一致していた。それゆえ，アサド政権をめぐる意見の相違は存続していたものの，2016年に関係を正常化した後，両政府は IS 対策において緊密に協働している。

特定の問題への対処については，国際機関や国際 NGO の方が各国政府より
も豊富な経験とノウハウを有している場合がある。難民のような国境を越える
問題はまさにそうした問題である。難民問題それ自体が安全保障問題となると
は限らない。しかし，シリア内戦激化に伴いトルコに大量に押し寄せた難民は，
トルコにとっての経済的，社会的脅威と見なされるようになった。それゆえ，
トルコ政府は自国の安全保障確保のため，難民問題をめぐって国連難民高等弁
務官事務所（UNHCR）や世界食糧計画（WFP）などの国際機関や国際 NGO と
協働を進めた。

　秩序観を共有しない攪乱アクターである PKK や PYD などとの連携も，ト
ルコ政府は一定程度進めた。というのも，IS の拡大を阻止するためには，IS
と PKK や PYD が拮抗を保っていることが好都合だったからである。それゆ
え，トルコ政府は，シリア内戦にとって，とりわけ IS の勢力拡大阻止にとっ
て，PKK や PYD は「必要悪」であると見なし最低限の協働を行った。

　いわゆる IS や難民問題のように，本来的に越境的で，一国家だけで対処す
ることが困難な問題においては，中央政府が相当程度の安全保障提供能力を有
していたとしても単独で対応することは現実的ではない。このような越境型の
脅威に対応すべく，多様な主体との協働を迫られることは，西欧諸国も含め，
あらゆる国や地域において起こりうることである。トルコのケースについて言
えば，越境型脅威に対抗すべく，秩序観を共有しないアクター，時には攪乱ア
クターとさえ協働せざるをえなかった。西欧諸国においても，テロや難民対策
をめぐっては，同様に，秩序観を共有しないアクターとの協働が必要となる可
能性も皆無ではない。この点もまた，これまで発展してきたセキュリティ・ガ
ヴァナンス論では十分に検討されていなかった論点と言える。

　トルコについて言えば，こうした秩序観を共有しないアクターとの協働は，
目の前の脅威に対処する「消極的」協働でしかなく，それが秩序観を共有する
「積極的」協働につながることは期待できないと今井は指摘する。ただ，テロ
対策においては最低限のアクター間の協調や，その制度化が必要不可欠となる。
テロ対策の必要性やテロ撲滅という目的を，多様なアクター間で共有できるの
であれば，秩序観を共有しないまでも，多様なアクター間の協働による「低

終章　セキュリティ・ガヴァナンス論の新地平

度」のセキュリティ・ガヴァナンスは維持されるかもしれない，というのが今井の見立てである。テロ対策というのは，本書で扱った多くの事例で，多様なアクターの協働を可能にし，促進する目的として挙げられていた。テロ対策という共通目的のため，いかにすれば多様なアクター間の安定的で持続的な協働が可能となるのか。この点は，さらに深めていかなければならない重要な論点であると言える。

コロンビア：不足するリソースを外部勢力に依存する政策の功罪

　最後に，第9章（福海さやか）が扱ったコロンビアについて振り返ってみよう。コロンビアにおいては，1960年代半ばから，コロンビア革命軍や国民解放軍等の武装勢力がテロ・誘拐等を行ってきた。こうした勢力はそれほど大きなものではなく，コロンビア政府が「失敗国家」と見なされることはなかった。しかし，中央政府が完全には暴力を独占することはできずにいたことも事実である。徐々にこれらのゲリラ組織がカルテルと呼ばれる麻薬組織と連携するようになると様相が変わってくる。麻薬組織は，豊富な資金力を背景にコロンビアの政治・経済に大きな影響力を与えていた。その麻薬組織がゲリラ組織と連携した結果，その脅威は深刻なものとなった。麻薬組織から豊富な資金が流れると，ゲリラ組織は，武器を次々と購入し，構成員数も増加し強大化した。麻薬組織も，ゲリラ組織を用心棒，あるいは戦闘部隊として用いることで，より暴力的になっていった。麻薬問題は，国家の安全保障を脅かす問題となったのである。

　この問題には，麻薬組織やゲリラ組織を弱体化させるといった単純な方法では十分に対処できない。麻薬組織を1つ壊滅させても，別の組織の台頭を招くだけである。麻薬組織や，それと連携するゲリラ組織の活動の取締りと同時に，麻薬産業を生み出し，興隆させる社会的背景にも目を向けた対策を施さなければ，問題解決には向かわない。それゆえ，コロンビア政府は，麻薬密輸組織とゲリラ組織の関係を断ち切り，麻薬産業を衰退させるべく，安全保障，金融，代替開発，麻薬規制などを含む包括的な対策，「プラン・コロンビア」を計画した。

計画当初より，この包括的な対策を実施するだけのリソースをコロンビア政府は自前では有していないことを自覚していた。外部アクター，とりわけアメリカとEUの支援を得ることが前提の計画であったとも言える。その際，「麻薬問題は国際社会の共有責任」であると主張することで，外部アクターの支援を確保しようとした。軍隊の投入も辞さず麻薬密輸組織の撲滅，コカインの押収，コカノキの撲滅などに力を入れてきたアメリカと，インフラ整備や教育，代替作物を用いた開発援助政策を通して麻薬栽培従事者数を減らすことを目指すEUを中核に据えつつ，多様な外部アクターがコロンビア政府と「プラン・コロンビア」の下でそれぞれの得意分野において協働する，包括的な麻薬対策を実施しようとしたのである。

　しかし，麻薬問題をめぐっては，麻薬生産国と麻薬消費とでは問題の位相が異なる。また，ラテンアメリカから大量の麻薬が流入し，麻薬問題を深刻な安全保障上の課題と見なしているアメリカと，EUをはじめとするその他地域とでは麻薬問題の位置づけや急迫度が全く違う。それゆえ，各アクター間で「麻薬問題に対処することは必要」という共通認識があったとしても，麻薬問題にいかに対処し，いかなる秩序を目指すのかという点で共通認識をもつことは困難であった。実際，コロンビア政府が，アメリカの協力を確保することを重視しつつ「プラン・コロンビア」の策定を進めたため，アメリカ的な麻薬問題への対処方法に同意しないEUは「プラン・コロンビア」に参加することを拒否し，近隣ラテンアメリカ諸国も警戒感を強めてしまった。コロンビア政府は，「新しい中世型セキュリティ・ガヴァナンス」を目指したのかもしれないが，麻薬問題にどう対処すべきかという点で，多様なアクターが一致することはできず，当初想定したような形で「プラン・コロンビア」を実施することはできなかった。

　ただし，利害が一致したアメリカとコロンビアが協力して進めた麻薬対策は治安の向上につながった。その結果，EUや日本などが個別に進める経済支援プロジェクトも増加し，一定の経済発展につながっているという。多様なアクター間の協働の確保には失敗したものの，様々なアクターが，それぞれ個別に対策を進め，結果として全体としてコロンビアの安全の向上につながっている

のかもしれない。

　だが，こうしたバラバラの対策がお互いに衝突するようになってしまえば，多様なアクターが活動することの弊害も大きくなってしまう。コロンビア政府が単独で，麻薬問題に包括的に対処するだけの能力を有していない以上，多様な主体といかに協働するのかという点は，今後も課題であり続ける。問題は，いかにコロンビア政府が政策の主導権を発揮できるか，という点である。安全保障という国家の根幹に関わる問題において，安易に外部アクターの支援に依存することには問題もあると福海は注意を喚起している。問題や問題への対処方法について，しっかりとした共有認識がないまま安易に外部アクターに依存すると，政策自体が外部アクターの意向に左右されてしまいかねないからである。「失敗国家」ではないものの，安全保障提供能力が不足する政府にとっては，どの外部アクターに，どの程度の協力を求めるのかという点が，重要な論点となるのである。

5　セキュリティ・ガヴァナンス論の再構築

　本書では，特殊西欧的な国家観や安全保障概念を前提にするのではなく，非西欧社会の事例を取り込みつつ，セキュリティ・ガヴァナンス論を再構築することを試みてきた。西欧諸国を念頭に発展してきたセキュリティ・ガヴァナンス論は，中央政府が安全保障上の役割を独占していた状態から，徐々に多様な主体へと安全保障上の役割を分有・共有するようになりつつあるという流れを想定しがちであった。それに対して，本書では中央政府が安全保障上の役割を独占できていない事例を取り上げ，そこで試みられているセキュリティ・ガヴァナンスの実態を分析した。そうした分析を通して，より多様な形態で，様々な主体が協働して安全保障提供が試みられてきたこと，そしてそこには従来のセキュリティ・ガヴァナンス論では見落とされてきた課題や論点が存在することが明らかになった。

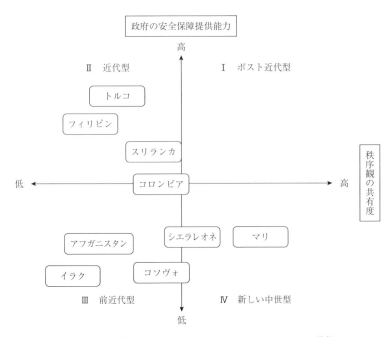

図終-1 本書事例におけるセキュリティ・ガヴァナンスの諸相

セキュリティ・ガヴァナンスの諸相

　本書で取り上げた事例におけるセキュリティ・ガヴァナンスの諸相をまとめたのが，図終‐1である。従来のセキュリティ・ガヴァナンス論の関心が，ほぼ第Ⅰ象限に限定されていたのに対し，本書で取り上げた事例は，第Ⅱ，第Ⅲ，第Ⅳ象限に位置づけることができる。こうした事例を，セキュリティ・ガヴァナンス論の観点から分析することで，セキュリティ・ガヴァナンス論の地平を押し広げることができた。取り上げた事例の数が限られていることは事実である。それゆえ，本書の事例分析のみから，失敗国家や紛争後中央政府が崩壊した国家などにおけるセキュリティ・ガヴァナンスついて，一般的な知見を引き出すことは難しい。そうした作業に向けた第一歩として，ここでは現時点で得られた知見や示唆，今後の課題についてまとめておきたい。

　近年，様々な外部アクターが，とりわけアフリカの失敗国家支援において協

終章　セキュリティ・ガヴァナンス論の新地平

働する経験を積み重ねてきている。シエラレオネやマリのケースからは，そうした協働の経験や，それに基づく協働の制度化が，多様な外部アクター間の調整を円滑にしている側面があることが明らかになった。とはいえ，外部アクターと，国内アクターとの間で，どこまで秩序観を共有できているのかは定かではない。中央政府が依然として脆弱なだけに，国内外の多様なアクターが協働関係をいかに持続させていくのかという点が課題であり続けると思われる。

　紛争後中央政府が崩壊したアフガニスタン，イラク，コソヴォでは，いずれにおいても，いかなる秩序を形成・維持するのかという点について，国内アクター間ですら一致が見られない。依然として攪乱アクターの勢力・影響力が強く，国内外の多様なアクターは，一時的な利害の一致に基づいて安全保障確保のために協働しているのが実情である。このような状況下で安定的なセキュリティ・ガヴァナンスを実現することは容易ではない。いずれの章においても，「一時的な均衡」といった表現が使用されていたことは象徴的である。その均衡をいかに持続させ，あるいは安定的なセキュリティ・ガヴァナンスへといかにソフト・ランディングさせるのかを考察することが課題である。

　スリランカ，フィリピン，トルコ，コロンビアの中央政府は，いずれも一定の安全保障提供能力を有しているものの，それぞれが様々な事情から多様な主体と協働していた。中央政府主導で様々な主体と協働するという意味では，従来のセキュリティ・ガヴァナンス論と同様である。しかしながら，本書で取り上げた事例では，政府が時として秩序観を共有しないアクターとも協働せざるをえないこと，そしてそうした協働には逆機能が伴うことが明らかとなった。

　従来のセキュリティ・ガヴァナンス論においては，多様な主体間の協働は効率性，説明責任，透明性といった観点から積極的に評価されがちであった。しかし，本書で明らかにしたように，実際には，従来のセキュリティ・ガヴァナンス論が想定していた以上に，様々な主体が，より多様な形態で協働している。また，それら主体は，秩序観を常に共有しているわけではない。それゆえ，いったい何が主体間の協働を促しているのか，そうした協働にはいかなる問題・課題があるのか，そしていかにすればセキュリティ・ガヴァナンスを安定させられるのかについて，検討することが重要となる。

283

中央政府主導のセキュリティ・ガヴァナンスの課題

　多様な主体間の協働が，一時的な利害の一致による場合，セキュリティ・ガヴァナンスを安定させることは極めて困難である。また，秩序観を共有しないアクターと，一時的な利害の一致によって協働することによる逆機能もしばしば見られた。それでも，中央政府が単独で安全保障を提供するのに十分な能力を有していないならば，一時的な利害の一致に頼ってでも多様なアクターと協働せざるをえなくなることが少なくない。

　中央政府が安全保障提供能力において，他の主体よりも比較優位を維持している場合，多様な主体間の協働は政府主導で行われることが多い。その場合，秩序観を共有しない主体との協働に伴う逆機能が大きくなると，政府はこうした協働関係を解消することが可能かもしれない。フィリピンのケースではそれは連携相手の変更という形をとった。スリランカでは連携相手を統治体制へと取り込んだ上で，人権侵害批判を受けていた象徴的人物を逮捕する形がとられた。中央政府がある程度しっかりしている場合には，一時的な利害の一致に基づく協働がもたらす逆機能は，一定程度コントロール可能ということであろうか。

　トルコやコロンビアの場合も，中央政府が主体的に，それぞれの脅威の性質に応じて，協働相手を選んでいた。ただし，トルコ政府は，秩序観を共有しない攪乱アクターとも協力した。コロンビア政府は，特定の外部アクターに過度に依存するようになり，安全保障政策の自律性が損なわれかねない状況に陥った。このように，同じ中央政府主導のセキュリティ・ガヴァナンスといっても，従来想定されていた中央政府主導のセキュリティ・ガヴァナンスとは大きく様相が異なる協働の実態が観察された。そしてそうした協働には，従来想定されていなかったような問題や課題が存在するのである。

目的共有によるセキュリティ・ガヴァナンスの課題

　一時的な利害の一致に加えて，何らかの共有目的がある場合，多様なアクター間の協働が促される。何らかの共有目的，あるいは秩序観の一致があれば，失敗国家や紛争後国家などのように，中央政府が主導的な役割を果しえない状

況下でも多様なアクター間の協働がうまくいく場合がある。シエラレオネの
ケースでは，多様なアクターが「民主主義」を掲げて関与したことが，中央政
府が極めて脆弱だったにもかかわらず，アクター間のスムーズな協働を可能に
した面がある。マリやアフガニスタン，トルコのケースでは「テロ対策」とい
う共通目標が，国内外のアクター間の協働を促した。一方で，コロンビアの
ケースでは，「麻薬問題は国際社会の共有責任」という言説によって多くの外
部アクターと協働しようとしたがうまくいかなかった。多くのアクターが共有
しうる目的であったとしても，その目的達成にいかに取り組むのかという点で，
アクター間の一致をみることは容易なことではない。多様な外部アクターが関
与する場合はなおさらである。

　目標を共有し，様々なアクター間で協働が進められているケースでも，それ
が安定するとは限らない。シエラレオネやマリでは，外部アクターが掲げる民
主主義やテロ対策と，国内アクターの想定するそれらとの間で今のところ大き
な齟齬は生じていない。ただ，マリのケースで指摘されたように，外部アク
ターが民主主義を強調しすぎると，国内アクター間の緊張が高まる可能性はあ
る。また，テロ対策という多くの国内外のアクターが共有しうる目標も，「麻
薬対策」ほどではないにせよ，国内アクターと外部アクターにとってその意味
合いが微妙に異なる。このあたりの齟齬をいかに顕在化させないかという点が，
セキュリティ・ガヴァナンスを安定させる際の重要な課題なのである。

外部アクター主導のセキュリティ・ガヴァナンスの課題

　セキュリティ・ガヴァナンスにおいて，様々な外部アクター，国際アクター
に依存せざるをえないケースがあるという点も，本書の事例分析を通してより
明瞭になった。紛争後中央政府が崩壊したケースにおいては，外部アクターが
当初セキュリティ・ガヴァナンスの中心的役割を担わざるをえない。失敗国家
などの場合も，現地アクターに十分な安全保障提供能力がない以上，外部アク
ターに頼らざるをえない。あるいは，コロンビアや，トルコで見られたように，
脅威や問題の性質上，外部アクターとの協働が不可欠になる場合もある。

　紛争後国家や失敗国家においては，外部アクターの協力なくして安全保障提

285

供が困難な一方で，外部アクターの存在が一部国内アクターの反発・反感を強め，かえって秩序の安定を阻害する可能性もある。それゆえ，いかに国内アクターへと権限を委譲／返還していくのかを検討することが重要となる。性急に国内アクターに安全保障上の役割を担わせることは，内戦への逆戻りの危険性を高くする。かといって，外部アクターがいつまでも安全保障上の役割を担い続けるわけにはいかない。外部アクターの関与を減らしつつ，いかに国内アクター間の協働を安定させるのかを注意深く検討する必要がある。

　比較的それがうまくいっているのは，シエラレオネのケースである。各外部アクターは，多様な利害に基づいて介入した。しかし，介入の大義名分として「民主主義」を掲げたことで，民主主義による統治が安定するにしたがって，外部アクターは関与を縮小させていくことになった。民主主義に基づく統治の安定が，外部アクターの支援の必要性を低減させた側面も無視できない。ただし，西欧的な民主主義が，非西欧社会において，必ずしも機能するとは限らない。あるいは，「民主主義」の意味するところに，国内アクターと外部アクターとの間に齟齬があれば，外部アクターの関与をスムーズに減らしていくことは難しいかもしれない。このあたりは，前述の通りである。

　本書で取り上げた事例を見る限りでは，現段階では自由主義的民主主義が，持続的で安定的な秩序形成にとっての必要条件なのかどうかは判断できない。外部アクターが自由主義的民主主義を強調しすぎることは波乱要因にもなりうる点が示唆されているのみである。何らかの伝統的，あるいは宗教的秩序観に基づいて，多様な主体が協働するセキュリティ・ガヴァナンスが成立しうるのか，という点については，さらなる事例分析を積み重ねる中で検討したい。

　イラク，アフガニスタン，コソヴォといったケースについていえば，今のところ外部アクターの役割をうまく縮小できているとは言えない。民族対立が残存する紛争後国家で，近代型セキュリティ・ガヴァナンスに移行することは容易ではない。攪乱アクターが多様な外部アクターと関係を有していると，それは一層困難となる。かといって，一時的な利害の一致による前近代型セキュリティ・ガヴァナンスを安定させることも容易ではない。また，一時的な利害の一致に基づくセキュリティ・ガヴァナンスには，中長期的には政府の統治を脅

286

かしうる主体の勢力拡大につながったり，その正統化につながったりする恐れもある。

前近代型セキュリティ・ガヴァナンスを安定させるには，時間はかかるが，複雑に入り組んだ民族対立を緩和し，政府と攪乱アクターとの関係を解きほぐしていくしかないのかもしれない。その際，ナショナルな紐帯を（再）構築できるかどうか，という点も一つの焦点になりそうである。コソヴォのように，それが困難で，望ましくもないと外部アクターに認識されている場合は，外部アクターも含めた「奇妙な均衡」を続けるほかないのであろうか。

結びにかえて

以上，本書では，非西欧社会における，多様な主体間の協働によるセキュリティ・ガヴァナンスの実態を分析してきた。そうした中で，西欧諸国を前提に理論構築していた際には見落とされていた多くの点が明らかになった。中央政府が暴力を独占していない場合，中央政府は時として秩序観を共有していないアクターと協働せざるをえない。多様な主体間の協働は，単に効率性，説明責任，透明性といった観点からのみ評価すべきものではない。そうした協働には，安全保障提供能力不足を補ったり，あるいは経費を削減したりするといった利点があると同時に，攪乱アクターの正統化や暴走といった逆機能を生んだり，国際社会からの批判を招来したりするといった欠点も存在する。重要なのは，そうした欠点をいかに最小限に抑えつつ，利点を最大化するかである。

多様なアクターの協働には，一時的な利害の一致に基づくものが少なくなかった。中央政府の安全保障提供能力が十分でない以上，一時的な利害の一致に頼ってセキュリティ・ガヴァナンスを追求することはやむをえない。一時的な利害の一致による協働を批判するのではなく，それをいかに安定化させていくのかを検討することが肝要なのである。安定的なセキュリティ・ガヴァナンスを実現する上では，秩序観の一致や，ナショナルな紐帯が重要なポイントとなりそうである。秩序観の一致は，たとえそれが表面上のものでも一定の意味をもちうる一方で，秩序観の一致度のレベルを深化させていこうとするとアクター間の離齬が大きくなりうる点には留意が必要であろう。また，秩序観の共

有が十分にない場合であっても，テロ対策といった短期的に消滅しそうにない共通の脅威への対処の必要性は，国内外の多様な主体間の協働をある程度持続させる効果がありそうである。

　現地アクターだけでは，十分に安全保障が提供できない場合，外部アクターによる支援が必要となる。そうした外部アクターの関与がいかなる問題を引き起こすのか，また，外部アクターの関与をいかに低減させていくのかという点は，これまでセキュリティ・ガヴァナンス論においては十分に検討されてこなかった。本書でも明らかになったように，外部アクターがセキュリティ・ガヴァナンスに関与することにはマイナス面もある。そうしたマイナス面をいかに抑え，また将来的に外部アクターの関与をいかに低減させつつ安定的なセキュリティ・ガヴァナンスを達成するのかという視点も忘れてはならない。

　本書が目指してきたセキュリティ・ガヴァナンス論の再構築作業はまだ道半ばである。本書がなしえたことは，せいぜいセキュリティ・ガヴァナンス論の再構築に向けた方向性，あるいはセキュリティ・ガヴァナンス論の新たな地平の存在，を示したにすぎない。非西欧社会が国際政治に与える影響が増大し続けている現在にあっては，非西欧社会の実情も踏まえた分析や理論構築が不可欠な作業となる。テロが頻発し，国際社会の不確実性が増す現在，非西欧社会のセキュリティ・ガヴァナンスの実態を捉える事例分析をさらに積み重ねていくことが重要である。そして，そうした事例も踏まえつつ，セキュリティ・ガヴァナンス論の再構築作業をさらに進めていくことでこそ，各国，そして国際社会が直面する安全保障上の課題により適切に対応できるようになると思われる。今後もそうした作業に取り組んでいきたい。

参考文献

遠藤貢『崩壊国家と国際安全保障——ソマリアにみる新たな国家像の誕生』有斐閣，2015年。

遠藤貢編『武力紛争を超える——せめぎ合う制度と戦略のなかで』京都大学学術出版会，2016年。

武内進一編『戦争と平和の間——紛争勃発後のアフリカと国際社会』アジア経済研究所，2008年。

終章　セキュリティ・ガヴァナンス論の新地平

Braveboy-Wagner, Jacqueline Anne, *Institutions of the Global South*, Routledge, 2008.

Hangmann, Tobias and Markus V. Hoehne, "Failures of the State Failure Debate: Evidence from the Somali Territories," *Journal of International Development*, Vol.21, Issue.1, 2009.

Kirchner, Emil and James Sperling, *EU Security Governance*, Manchester University Press, 2007.

Kirchner, Emil and Roberto Dominguez eds., *The Security Governance of Regional Organizations*, Routledge, 2011.

Krahmann, Eric, "Conceptualizing Security Governance," *Cooperation and Conflict*, No. 38, 2003.

Kupchan, Charles A., *No One's World: The West, the Rising Rest, and the Coming Global Turn*, Oxford University Press, 2013.

Meagher, Kate, "The Strength of Weak States? Non-State security Forces and Hybrid Governance in Africa," *Development and Change*, Vol.43, Issue.5, 2012.

Newman, Edward, Roland Paris and Oliver Richmond eds., *New Perspectives on Liberal Peacebuilding*, United Nations University Press, 2009.

Paris, Roland, *At War's End: Building Peace after Civil Conflict*, Cambridge University Press, 2004.

Paris, Roland and Timothy D. Sisk eds., *The Dilemmas of Statebuilding: Confronting the Contradictions of Postwar Peace Operations*, Routledge, 2008.

Roberts, David, *Liberal Peacebuilding and Global Governance: Beyond the Metropolis*, Routledge, 2011.

Wagnsson, Charlotte, James A. Sperling and Jan Hallenberg eds., *European Security Governance: The European Union in a Westphalian World*, Routledge, 2009.

Webber, Mark, Stuart Croft, Jolyon Howorth, Terry Terrif and Elke Krahmann, "The Governance of European Security," *Review of International Studies*, Vol. 30, 2004.

あ と が き

　国際安全保障，あるいは国際政治に関する理論の多くは，地域ごとのバリエーションを捉えるよりも，一般法則の発見に重きを置いている。そしてその際，暗黙裡に西欧出自の概念を前提とし，西欧の経験に基づいて理論が構築されていることがほとんどである。こうした状況が，近年国際政治理論の説明力が低下し，国際問題に対する有効な処方箋を提示できなくなりつつある１つの原因ではないか。国際社会において，西欧の重要性が相対的に低下する現在，非西欧地域の現状分析と，それを踏まえた理論再構築とを行うことの重要性が高まっているのではないか。このような問題意識の下，2013年に開始したのが，様々な問題領域，地理的領域における国家と市民社会の関係の実態把握を目指す「グローバル・ガヴァナンスにおける市民社会の役割」研究プロジェクトである。立命館大学人文科学研究所による支援を受けた本プロジェクトは，2014年からは，特に安全保障分野に的を絞り，セキュリティ・ガヴァナンスにおける多様な主体の役割の分析を進めていった。

　研究プロジェクトでは，「国際安全保障」とひとくくりにするのではなく，地域ごとのバリエーションを把握すべく，まずは，安全保障政策における政府と非政府組織の関係について，様々な地域の専門家を招聘する研究会を開催することとした。研究会では，セキュリティ・ガヴァナンス論を理論的な観点から批判的に検討した編者による問題提起を踏まえて，各地域の専門家に，それぞれの地域における安全保障政策の現状報告を依頼した。そして，様々な地域の専門家とともにディスカッションを行い，比較・相対化を試みた。そうした議論は非常に刺激的で，事例分析を踏まえて理論分析を精緻化し，それを受けて各地域の事例研究をさらに深めるという形で研究プロジェクトを進めていった。その成果の一部は，同研究所紀要『立命館大学人文社会科学研究所紀要』（第109号，2016年３月）「セキュリティ・ガヴァナンス論の新地平」特集号にお

いて公刊している。

　本書は，そうした研究成果をさらに発展させたものである。研究をまとめ上げていく過程では，2016年度日本国際政治学会研究大会において「紛争解決・平和構築をめぐる多層的セキュリティ・ガヴァナンスの探求」と題したパネルを研究プロジェクトメンバーとともに企画し，参加者から多くのフィードバックを得ることができた。紙幅の関係もあり，全てのお名前を挙げることはできないが，その他の様々な機会も含め，多数の方々にご教示を頂いたことに改めて感謝申し上げる。研究を進めるにあたっては，立命館大学人文科学研究所に加えて，科学研究費補助金基盤Ｃ（課題番号17K03605），立命館大学国際地域研究所からも支援を受けた。また，本書刊行にあたっては，立命館大学人文科学研究所より出版助成を受けている。記して感謝申し上げる次第である。本書が上梓可能となったのは，ミネルヴァ書房の前田有美氏のご尽力と温かいご配慮によるものである。心から感謝申し上げたい。

　セキュリティ・ガヴァナンス論，あるいは国際政治理論全般に見られる西欧偏重を修正し，非西欧の経験も踏まえた理論を再構築することによってこそ，現在各国，国際社会が直面する安全保障上の課題を，より的確に捉え，より適切な対応策を検討することが可能になると思われる。実際そうした問題意識から，西欧の経験だけに基づくのではなく，非西欧の経験も含めた「グローバル国際関係学」構築を模索する動きも強まりつつある。本書が，そうした「グローバル国際関係学」構築に，ささやかなりとも貢献できれば望外の幸せである。

　　2017年９月

　　　　　　　　　　　　　　　　　　　　　足 立 研 幾

人名索引

あ 行

アーミリー, ハーディー　137, 139
アキノ3世, ベニグノ　181, 190-193
アサド, バッシャール　207
アバーディー, ハイダル　136
アバチャ, サニ　38, 39
アハティサーリ, マルッティ　89
ウィクレマシンハ, ラニル　155, 159
ウェバー, マーク　6, 122
ウォルト, スティーヴン　210
ヴチッチ, アレクサンダー　95
エスコバール, パブロ　234
エルドアン, レジェップ・タイイップ
　216
オバマ, バラク　218

か 行

ガーニ, アシュラフ　111
カバー, アフマド・テジャン　23, 30
カルナ　153, 156, 162, 167
クック, ロビン　36, 39
クマラトゥンガ, チャンドリカ　155, 158
コロマ, ジョニー・ポール　31

さ 行

ザルカーウィー, アブー・ムスアブ　205
サンコー, フォデイ　33
サンペル, エルネスト　234
シリセーナ, マイトリパーラ　168
スィースターニー, アリー　141
セサイ, イッサ　36

た 行

ダーヴトオール, アフメット　217

タ 行

タチ, ハシム　86, 90
チェク, アジム　84, 86
テイラー, チャールズ　26, 34
ドー, サムエル　27

な 行

ヌジャイフィー, アスィール　138, 140
ノーマン, サムエル・ヒンガ　31

は 行

ハラディナイ, ラムシュ　86
パリス, ローランド　105
ビラヤン　160, 164, 167
ビン・ラディーン, ウサマ　101
フィダン, ハカン　217
プーチン, ウラジミール　219
フォンセカ, サラット　159, 164
ブザン, バリー　210
プラバカラン, ヴェルピライ　155, 157,
　165
ブレア, トニー　36, 39, 40

ま 行

マーリキー, ヌーリー　134
マスード, アフマド・シャー　110, 115
ミロシェヴィッチ, スロボダン　84
ムハンディス, アブー・マフディー　139
モモ, ジョゼフ・サイドゥ　29

ら 行

ラージャパクサ, ゴタバヤ　159
ラージャパクサ, マヒンダ　159, 163
ルゴヴァ, イブラヒム　84, 85, 90
ロック, アラン　161

293

事項索引

あ 行

新しい戦争　51
新しい中世圏　13
アハティサーリ・プラン　89, 90
アフガン戦争　101
アブサヤフ　180, 181
アフリカ統一機構（OAU）　38
アフリカ平和・安全保障アーキテクチャー
　（APSA）　52
アラブの春　205
アル＝カーイダ　115, 130
安全保障提供能力　11
アンバール県　133, 140
安保理決議1244　85, 88
イスラーム　177-180
イスラーム国（IS）　2, 101, 118, 127, 134,
　205
イスラーム党（Hezb-i-Islam Afghanistan）
　118
16事件（January-six）　33
イラク　127
イラク・イスラーム最高評議会（ISCI）
　131, 134
イラク軍　130
イラク戦争　127, 205
イラク・ヒズブッラー旅団　134, 139
イラン　135, 138, 139, 142
ウォーロード　51
エグゼクティブ・アウトカムズ社（EO）
　29
エンティティ　79
黄金部隊　134
欧州安全保障協力機構　206
欧州安全保障戦略（ESS）　52
欧州連合（EU）　77, 80, 81, 83, 89, 91-95,

238, 239, 242, 247

か 行

外国人戦闘員　219
開発援助　242, 243
外部アクター　11
外部介入　142
ガヴァナンス　249
ガヴァナンス論　5
化学兵器　211
覚醒評議会　133, 140, 146
革命統一戦線（RUF）　23
革命防衛隊　138
攪乱アクター　9, 104, 119
過去の教訓・和解委員会（LLRC）　167,
　168, 170
カマジョー　25
カリ・カルテル　234, 235
カルテル　232, 233, 236
カルナ派　153, 158-169
規制政策　238
北大西洋条約機構（NATO）　77, 79-81,
　83, 85
逆機能　15
脅威　239
脅威認識　209
脅威の均衡（balance of threat）　210, 221
共通安全保障・防衛政策（CSDP）　90
共有責任　239
規律アクター　104, 119
緊急展開能力　40
クルディスタン労働者党　207
クルド人民防衛隊　214
クルド民主統一党　213
クロアチア　77, 79
グローバル化　4

事項索引

グローバル・ガヴァナンス論　3
軍事的脅威　210, 211
軍の再建　129, 130
経済協力　247
経済的脅威　210, 214
ゲリラ組織　232, 234-236, 241, 247
ゲリラ対策　241
現状維持　208
現状打破　217
合法作物栽培　243
コカイン　232, 233
国軍革命評議会（AFRC）　31
国際アクター　19
国際安全保障部隊（KFOR）　83, 85, 86, 88, 90
国際機関　2
国際共同体のドクトリン（the doctrine of the international community）　40
国際司法裁判所（ICJ）　80
国際文民代表（ICR）　90
国際レベル　26
国内レベル　25
国民防衛隊　136, 138
国連旧ユーゴスラヴィア国際刑事裁判所（ICTY）　79
国連コソヴォ暫定統治ミッション（UNMIK）　85, 87-90
国連シエラレオネ派遣団（UNAMSIL）　35, 36
コソヴォ解放軍（KLA）　84-88
コソヴォ警察（KPS）　86, 87
コソヴォ暫定自治政府（PISG）　81, 85-87, 89
コソヴォ治安部隊（KSF）　91, 93
コソヴォ防衛隊（KPC）　86, 87, 91
国家建設　127
国家再建　10
国家暫定統治評議会（NPRC）　29
子ども兵問題　161-163, 166-168, 170
コロンビア　233

コロンビア革命軍（FARC）　236, 237

さ　行

サーマッラー　130
サドル派　131, 134, 139, 141, 142, 146
シーア派　136, 137, 141
シーア派イスラーム主義政党　131, 145
シーア派民兵　131, 134, 138
シエラレオネ人民党（SLPP）　30
4月19日運動（M-19）　236
自警団　2
自決（vetëvendosje）　91
失敗国家　16
私的な暴力　235
市民防衛軍（CDF）　23, 33
社会的脅威　210, 215
上海協力機構　222
宗教界　141, 142
自由主義的な民主主義　10
宗派　139
宗派対立　137
準軍事組織　2, 127, 137, 143, 144
消極的な平和　206, 220
シリア越境攻撃　221
自律　209
真実の民戦線　134, 139
人民動員隊　134-139, 146, 148
スポイラー　18
スリランカ政府　153, 155, 156, 158, 160-163, 165, 166, 168-170
スリランカ復興開発会議　156
スロヴェニア　77
スンナ派　133, 138
政治的脅威　210, 214
セキュリティ・ガヴァナンス　1, 248
　——論　1
　新しい中世型——　13
　近代型——　15
　結果を重視する——　209
　前近代型——　12, 145

低度の―― 222
ポスト近代型―― 12
積極的な平和 206
セルヴァル作戦（Operation Serval） 60
セルビア 77, 79, 84-86, 89, 91-94
全人民党（APC） 27, 29
戦略防衛見直し（Strategic Defence
Review） 40

た　行

代替作物 240
脱西欧化 3
タミル・イーラム解放の虎（LTTE）
153, 155-159, 161, 162, 164-167
タミル人民解放の虎（TMVP） 157, 160,
162, 164-168
タリバーン 105, 108, 115
治安部門改革（SSR）論 102, 103, 121
地域秩序の安定化 217
地位の前の水準 88
「地位の前の水準」政策 87
秩序観 8
中央集権的支配 127
東方問題システム 208
トルコ 140, 142
トルコ領事館人質事件 211

な　行

ナイジェリア 32, 37-39
ナショナリズム 141
ナショナルな規範 141
ナルコクラシー 235
難民の流入 215
西アフリカ諸国経済共同体監視団
（ECOMOG） 27, 28, 33
西バルカン諸国 83
農薬の空中散布 243

は　行

バアス党 127, 136

パストラナ政権 238
ハッカニ・ネットワーク 117
バドル軍団 131, 134, 135, 137, 139
バルーン効果 244
ピース・ラボラトリー 243, 244
非国家アクター 143, 144, 208
非西欧 2
ヒューマンライツウォッチ 161, 162, 168
貧困撲滅 240
フィリピン 177
複合的な脅威 211
武装解除・動員解除・社会統合プログラム
（DDR） 34
武装集団 247
部族 133, 136, 139-142, 148
部族軍 131, 135
部族動員隊 136
プラン・コロンビア 237, 238, 240, 241,
243, 245, 247, 248
紛争連動地域 25, 42
米国 128, 142, 238, 239, 241, 242, 247
平和構築 10
ヘテラーキー 209
ペルー 233
包括的な麻薬規制政策 238
法執行 239
ポスト紛争国家 16
ボスニア・ヘルツェゴヴィナ 77, 79, 81
ホラーサーンの平和部隊 134, 139
ボリビア 233
ボン合意（Bonn agreement） 111

ま　行

マケドニア 77, 80
マフィア 2
マフディー軍 131, 134, 139, 146
麻薬規制政策 239
ミトロヴィッツァ 88, 89
民間軍事会社（PSC） 2, 114
民族解放軍（ELN） 236

ミンダナオ島　177-179, 181, 183, 184, 186,
　　187, 189, 192
民兵　2, 142
ムッラー（宗教指導者）　113
メキシコ　233
メデジン・カルテル　233, 234
メンデ人　25
モスル　127, 136
モスル解放軍　135
モロ・イスラーム解放戦線（MILF）
　　180, 181, 183-185, 187-194
モロ民族解放戦線（MNLF）　179-181,
　　183
モンテネグロ　77

や　行

ユーゴスラヴィア社会主義連邦共和国（旧
　　ユーゴ）　77
ユーゴスラヴィア連邦共和国（新ユーゴ）
　　85

ら　行

ラテンアメリカ　233
リアリズム　1
リージョナルなレベル　25
リベラリズム　3
リベリア愛国戦線　26
リベリア民主統一解放運動（ULIMO）
　　28, 29, 32
冷戦終焉　9
レジーム論　4
レバント・カルテット　215
連合国暫定当局（CPA）　128-130, 136
ロシア　90, 94
ロシア軍機撃墜事件　213, 218

ロメ和平協定　34, 39

わ　行

賄賂　234

欧　文

CPA　→連合国暫定当局
ECOMOG　→西アフリカ諸国経済共同体
　　監視団
EU　→欧州連合
EU 法の支配ミッション（EULEX）　90,
　　95
FARC　→コロンビア革命軍
ISCI　→イラク・イスラーム最高評議会
ISIL フリーゾーン　214
KFOR　→国際安全保障部隊
KLA　→コソヴォ解放軍
KPC　→コソヴォ防衛隊
KPS　→コソヴォ警察
KSF　→コソヴォ治安部隊
LLRC　→過去の教訓・和解委員会
LTTE　→タミル・イーラム解放の虎
MILF　→モロ・イスラーム解放戦線
MNLF　→モロ民族解放戦線
NATO　→北大西洋条約機構
NGO　2
PISG　→コソヴォ暫定自治政府
SSR 論　→治安部門改革論
TMVP　→タミル人民解放の虎
ULIMO　→リベリア民主統一解放運動
UNAMSIL　→国連シエラレオネ派遣団
UNICEF　161, 162, 166
UNMIK　→国連コソヴォ暫定統治ミッシ
　　ョン

執筆者紹介 （執筆順，＊は編者）

＊足立研幾（あだち・けんき）　**序章，終章，あとがき**
　　編著者紹介欄参照。

岡野英之（おかの・ひでゆき）　**第1章**
　　1980年　三重県生まれ。
　　2013年　大阪大学大学院人間科学研究科博士後期課程修了。博士（人間科学）。
　　現　在　立命館大学衣笠総合研究機構専門研究員
　　著　作　『アフリカの内戦と武装勢力──シエラレオネにみる人脈ネットワークの生成と変容』昭
　　　　　　和堂，2015年。
　　　　　　『安定を模索するアフリカ』共著，ミネルヴァ書房，2017年。
　　　　　　「ブレトン・ウッズ体制と知識──シエラレオネ内戦の研究を事例として」『地域研究』
　　　　　　第16巻12号，2016年。

山根達郎（やまね・たつお）　**第2章**
　　1970年　新潟県生まれ。
　　2005年　大阪大学大学院国際公共政策研究科博士後期課程修了。博士（国際公共政策）。
　　現　在　広島大学大学院国際協力研究科准教授。
　　著　作　『安全保障論──平和で公正な国際社会の構築に向けて』共著，信山社，2015年。
　　　　　　『グローバル・ガヴァナンス論』共著，法律文化社，2014年。
　　　　　　『戦争と平和の間──紛争勃発後のアフリカと国際社会』共著，アジア経済研究所，2008
　　　　　　年。

中内政貴（なかうち・まさたか）　**第3章**
　　1976年　熊本県生まれ。
　　2008年　大阪大学大学院国際公共政策研究科博士後期課程修了。博士（国際公共政策）。
　　現　在　大阪大学大学院国際公共政策研究科准教授。
　　著　作　「平和構築──国家の枠組みをめぐる合意の不在」高橋良輔・大庭弘継編『国際政治のモ
　　　　　　ラル・アポリア──戦争／平和と揺らぐ倫理』ナカニシヤ出版，2014年。
　　　　　　「少数民族保護規範の受容とその影響──旧ユーゴスラヴィア諸国における履行と内面化
　　　　　　の過程を例として」『グローバル・ガバナンス』第2号，2015年。
　　　　　　「ローカル・オーナーシップと国際社会による関与の正当性──マケドニアにおける国家
　　　　　　建設を事例として」『国際政治』第174号，2013年。

工藤正樹（くどう・まさき） **第4章**
1978年　神奈川県生まれ。
2008年　大阪大学大学院国際公共政策研究科博士後期課程修了。博士（国際公共政策）。
現　在　国際協力機構安全管理部主任調査役。
著　作　『安全保障論──平和で公正な国際社会の構築に向けて』共著，信山社，2015年。
　　　　『平和構築における治安部門改革』共著，国際書院，2012年。
　　　　『アフリカ開発の新課題──アフリカ開発会議 TICAD Ⅳと北海道洞爺湖サミット』共著，
　　　　アジア経済研究所，2008年。

山尾　大（やまお・だい） **第5章**
1981年　滋賀県生まれ。
2010年　京都大学大学院アジア・アフリカ地域研究研究科博士課程修了。博士（地域研究）。
現　在　九州大学大学院比較社会文化研究院准教授。
著　作　『紛争と国家建設──戦後イラクの再建をめぐるポリティクス』明石書店，2013年。
　　　　『現代イラクのイスラーム主義運動──革命運動から政権党への軌跡』有斐閣，2011年。
　　　　『「イスラーム国」の脅威とイラク』共編著，岩波書店，2014年。

佐々木葉月（ささき・はづき） **第6章**
1977年　鹿児島県生まれ。
2016年　大阪大学大学院国際公共政策研究科博士後期課程修了。博士（国際公共政策）。
現　在　熊本大学大学院先導機構特任助教。
著　作　「国連における暴力的過激主義対策（CVE）の制度化に関する課題と展望」『国連ジャー
　　　　ナル』秋号，2017年。
　　　　『安全保障論──平和で公正な国際社会の構築に向けて』共著，信山社，2015年。
　　　　「グローバル・ガヴァナンス研究におけるガヴァナンス・ギャップ論の可能性と課題」
　　　　『国際公共政策研究』第19巻第2号，2015年。

山根健至（やまね・たけし） **第7章**
1977年　大阪府生まれ。
2007年　立命館大学大学院国際関係研究科博士後期課程修了。博士（国際関係学）。
現　在　福岡女子大学国際文理学部専任講師。
著　作　『フィリピンの国軍と政治──民主化後の文民優位と政治介入』法律文化社，2014年。
　　　　『共鳴するガヴァナンス空間の現実と課題──「人間の安全保障」から考える』共編著，
　　　　晃洋書房，2013年。
　　　　『フィリピンを知るための64章』共著，明石書店，2016年。

今井宏平（いまい・こうへい）　**第8章**
1981年　長野県生まれ。
2011年　中東工科大学（トルコ）大学院国際関係学研究科博士課程修了。Ph.D.（International Relations）。
2013年　中央大学大学院法学研究科政治学専攻博士後期課程修了。博士（政治学）。
現　在　日本貿易振興機構（ジェトロ）アジア経済研究所研究員。
著　作　『国際政治理論の射程と限界――分析ツールの理解に向けて』中央大学出版部，2017年。
　　　　『トルコ現代史――オスマン帝国崩壊からエルドアンの時代まで』中央公論新社，2017年。
　　　　『中東秩序をめぐる現代トルコ外交――平和と安定の模索』ミネルヴァ書房，2015年。

福海さやか　（ふくみ・さやか）　**第9章**
1973年　宮崎県生まれ。
2005年　ノッティンガム大学政治・国際関係学校博士課程修了。Ph.D.（International Relations）。
現　在　立命館大学国際関係学部准教授。
著　作　*Cocaine Trafficking in Latin America : EU and US Policy Response*, Ashgate, 2008.
　　　　「コカイン，ヘロインを撲滅せよ」臼井陽一郎編『EUの規範政治――グローバルヨーロッパの理想と現実』ナカニシヤ出版，2015年。
　　　　「EU コカイン市場の変遷と規制政策」関西学院大学産研論集 43，2016年。

《編著者紹介》

足立　研幾（あだち・けんき）

1974年　京都府生まれ。
2003年　筑波大学大学院国際政治経済学研究科修了。博士（国際政治経済学）。
現　在　立命館大学国際関係学部教授。
著　作　『国際政治と規範——国際社会の発展と兵器使用をめぐる規範の変容』有信堂高文社，
　　　　2015年。
　　　　『レジーム間相互作用とグローバル・ガヴァナンス——通常兵器ガヴァナンスの発展と変
　　　　容』有信堂高文社，2009年。
　　　　『オタワプロセス——対人地雷禁止レジームの形成』有信堂高文社，2004年。
　　　　『平和と安全保障を考える辞典』編集委員，法律文化社，2015年。
　　　　『市民社会論——理論と実証の最前線』共著，法律文化社，2017年。
　　　　『現代日本の市民社会・利益団体』共著，木鐸社，2002年，ほか。

MINERVA 人文・社会科学叢書㉓
セキュリティ・ガヴァナンス論の脱西欧化と再構築

2018年1月30日　初版第1刷発行　　　　　　　〈検印省略〉

定価はカバーに
表示しています

編著者　　足　立　研　幾
発行者　　杉　田　啓　三
印刷者　　中　村　勝　弘

発行所　株式会社　ミネルヴァ書房
607-8494　京都市山科区日ノ岡堤谷町1
電話代表　（075）581-5191
振替口座　01020-0-8076

© 足立研幾ほか，2018　　　　　　　中村印刷・新生製本

ISBN978-4-623-07953-7
Printed in Japan

西谷真規子 編著 　　　　　　　　　　　　　　A 5 判・392頁
国際規範はどう実現されるか 　　　　　　本 体 6000円
　　──複合化するグローバル・ガバナンスの動態

林　裕 著 　　　　　　　　　　　　　　　A 5 判・256頁
紛争下における地方の自己統治と平和構築 　本 体 4500円
　　──アフガニスタンの農村社会メカニズム

三須拓也 著 　　　　　　　　　　　　　　A 5 判・442頁
コンゴ動乱と国際連合の危機 　　　　　　本 体 7500円
　　──米国と国連の協働介入史，1960〜1963年

松下冽・藤田憲 編著 　　　　　　　　　　A 5 判・352頁
グローバル・サウスとは何か 　　　　　　本 体 3500円

藤田和子・文京洙 編著 　　　　　　　　　A 5 判・344頁
新自由主義下のアジア 　　　　　　　　　本 体 3500円

松尾昌樹・岡野内正・吉川卓郎 編著 　　　A 5 判・362頁
中東の新たな秩序 　　　　　　　　　　　本 体 3800円

木田剛・竹内幸雄 編著 　　　　　　　　　A 5 判・392頁
安定を模索するアフリカ 　　　　　　　　本 体 4500円

後藤政子・山崎圭一 編著 　　　　　　　　A 5 判・360頁
ラテンアメリカはどこへ行く 　　　　　　本 体 4500円

藤田和子・松下冽 編著 　　　　　　　　　A 5 判・408頁
新自由主義に揺れるグローバル・サウス 　本 体 5000円
　　──いま世界をどう見るか

松下　冽 著 　　　　　　　　　　　　　　A 5 判・356頁
グローバル・サウスにおける重層的ガヴァナンス構築 　本 体 7000円
　　──参加・民主主義・社会運動

──────── ミネルヴァ書房 ────────

http://www.minervashobo.co.jp/